每天的生活，都是靈魂的精心創造

You create your own reality.

You create your own reality.

每 天 的 生 活 ， 都 是 靈 魂 的 精 心 創 造

賽斯書 11

夢與意識投射

Seth, Dreams and Projections of Consciousness

作者——Jane Roberts
譯者——王季慶
總編輯——李佳穎
特約編輯——陳秋萍・陳美玲
校對——謝淑芬
美術設計——唐壽南
發行人——許添盛
出版發行——賽斯文化事業有限公司
地址——新北市新店區中央七街26號3樓
電話——22196629（編輯部）・22190829（讀者服務）
傳真——22193778
郵撥——50044421
版權部—— 陳秋萍
數位出版部——李志峯
行銷業務部——李家瑩
網路行銷部——管心
課程事業部——林佳筠
法律顧問—— 北辰著作權事務所
印刷—— 鴻柏印刷事業股份有限公司
總經銷—— 吳氏圖書股份有限公司
地址——新北市中和區中正路788-1號5樓
電話——32340036　傳真——32340037
2012年2月1日　初版一刷
2012年10月1日　初版二刷
售價新台幣 550 元（缺頁或破損的書，請寄回更換）

ISBN 979-986-6436-20-8
賽斯文化網站 http://www.sethtaiwan.com
賽斯身心靈診所專線 22180875

夢與意識投射

Seth, Dreams and Projections of Consciousness

Jane Roberts 著 王季慶 譯

關於賽斯文化

發行人 許添盛醫師

我是個腳踏實地的理想主義者。賽斯文化，是為了推廣身心靈健康理念而成立具公益性質的文化事業，希望透過理性與感性層面，召喚出人類心靈的「愛、智慧、內在感官及創造力」，讓每位接觸我們的讀者，具體感受「每天的生活，都是靈魂的精心創造——You create your own reality.」我們計畫出版符合新時代賽斯精神之書籍、有聲書、影音商品及生活用品，並將經營利潤致力於賽斯思想及身心靈健康觀念的推廣，期待與大家攜手共創身心靈健康新文明。

夢與意識投射

Seth, Dreams and Projections of Consciousness

目錄

第三部　探索內在的宇宙

調查夢實相

〈賽斯書〉

策劃緣起

許添盛

欣見賽斯文化將出版賽斯書全集。

二〇〇九年七月，賽斯早期課的學生瑞克（Rick Stack）來台舉辦靈魂出體工作坊，與我在花蓮賽斯村有一場東西方的交流對話。那時，許多賽斯家族朋友們見我在講座上莫名流下激動的淚水，老實說，我自己也頗感意外。不過各位想想，在台灣、大陸、香港、馬來西亞、美加的華人地區默默努力推廣賽斯思想一二十年的我，和在美國、歐洲推廣賽斯思想不遺餘力的瑞克，有朝「相逢」在台灣花蓮賽斯村，你說，這場面能不令我感慨萬千嗎？

其後邀請瑞克夫婦到我新店山上的家小聚，我才又靈光乍現，脫口而出：「一切都是我！」那年，初遇賽斯，心弦震動，彷彿風雲全為之變色，隨後找上中文賽斯書的譯者王季慶，死纏爛打的自願擔任她的翻譯助理，將一本又一本的賽斯書譯成中文，也找上當年的方智出版社合作。由於出版社擔心書的銷路，所以最早的版權費還是王季慶自掏腰包呢！終於促成中文賽斯書的出版。

王季慶是隱士型的人，不想出鋒頭，更不願找麻煩，但因為我對賽斯書的熱愛，於是在她內湖家中成立台灣最早的一個賽斯讀書會，隨後伴同陳建志南下台中、高雄成立賽斯讀書會分支。

因著我的堅持，雖然不願意，王季慶依然支持我由讀書會走向成立「中華新時代協會」。剛開始就只有讀賽斯書，後來才有人陸續帶進奧修、克氏、光的課程、靈氣等，而我始終如一，獨鍾賽斯。當年的我尚年輕資淺，於是王季慶擔任理事長在先，二屆之後才由我接任，開始大力推廣賽斯思想，以及經我整理賽斯書精髓並融合醫學專業（家醫科與精神科）的身心靈健康觀念。

這樣說來王季慶應該不會反對——我是一切的「元兇」，所有華人地區賽斯書的出現及推廣，我即是那背後最強大的推動力。當然，王季慶是我早期最大的愛護者及支持者。在我生命中最孤單、最無助、最關鍵的十五年練功期，她的呵護陪伴我成長茁壯。

我告訴瑞克這段往事，他似乎有所領會，自二〇〇七年起，「花蓮賽斯村」、「賽斯文化」、「賽斯身心靈診所」、「新時代賽斯教育基金會」、「賽斯花園」，陸續在我的熱情推動下成立，這些年來隨我打天下的工作同仁們，也都功不可沒。

其時，我並不知道美國賽斯書版權主要是由瑞克夫婦處理的——於是這麼一來，想當然爾，瑞克夫婦當然信任由我們賽斯文化兼具專業與熱誠的編輯團隊來出版，加上新時代賽斯教育基金會同步大力推廣賽斯思想，真是再完美不過了。

這就是賽斯文化出版全系列賽斯書的源由。事後看起來理所當然，當時卻也是創造實相的成功典範，正如我常說的：「結果先確定，方法自然來，輕鬆不費力，信任加感恩，但要有耐心！」

〈推薦人的話〉

品味夢與潛意識世界

許添盛

「到底人類生從何來？死往何去？」生死，大哉問！但在賽斯書《夢與意識投射》當中，賽斯進一步地解開了生死的謎團，讓我對於往生的各個階段，甚至死後中陰身的層面，以及靈魂出體的種種現象，有了全盤的認識和開悟性的了解。

在賽斯資料傳遞的過程中，魯柏也跟著開發出自身的通靈能力。比如在第六章當中，魯柏提到，他幫一名在一九四六年死於美國南達科塔州、享年四十六歲的梅爾巴傳遞訊息，描述其死亡過程：「她是死在農場的廚房裡，她正站在水槽邊洗盤子，並且看著外面乏味的平坦景色，和停在那兒的小卡車。突然她覺得胸口一陣劇痛，而死於心臟病發作。她跌倒在地，同時打破了一個盤子。

「下一件她知覺到的事就是，她跑過一片田野，找人幫忙，而不知自己已死了。當她回到那房子時，她看到自己的身體在地板上……」

多麼平凡的死亡方式，就像你我周遭的每一個人。那麼，到底梅爾巴死了之後到了哪裡，她還存在嗎？知覺得到她在人間的家人嗎？

「梅爾巴說，她現在所在的地方（一九六四年），她仍是個女人，她並不是透明的，對那些已死了的不同宗派的神職人員苦境深覺有趣，因為死後的境況與他們預期的如此不同。

「她目前比生前要快樂些，有時候和別人在一起，有時獨自一人。她不知道自己如何來去，但卻知道她能旅行到地球上別的地方……」

我相信這也許就是佛教提到的中陰階段，賽斯說：「中層（midplane）是給某個發展階段的人用的一個等待層面。中層包含一大堆的片段體……他們在這一點還沒有獲得更向前進的足夠知識或操縱能力。他們也許是在種種不同的發展階段，但通常只達到一個還可以的成就水準。他們不很傑出，也沒有落榜。他們在解決自己的問題，尚未承擔起下一層面的進展。在某些方面他們可能對人有益，他們的資訊可能極確實。在另一方面，有時資訊又不太可靠，只因他們的成就水平還不高，如果他們弄錯，是出於無知之故。」

我想有些尚未決定下次輪迴計畫的人，可能在中層，尚在學習「我如何創造我自己的實相」這樣的智慧。此外，大多所謂通靈人士接收到的訊息，可能來自這樣的階層，有時準、有時不準，看似有些道理，但穿鑿附會、胡說八道的也不少；總之，至少傳達出一個正確訊息：人的確死後猶存。

此外，本書最精采的地方應是關於夢境與潛意識的描述，以及我們如何透過記夢、夢的回想，來得到無數珍貴的內我訊息，並改善我們的健康。再來，如何將有意識的自己帶入夢境，甚至由夢境中引發靈體投射，都在本書中有詳細的描述與技巧的引導。

一般而言，人一共有四個層次的身體。最表層就是我們所謂的肉體，是專為到地球生死輪迴、學習成長的配備，下一層就是靈體（astral body），可以在地球上活動，穿梭過去、現在和未來，可以浮升在空中，卻不能穿牆而過，會遭遇潛意識產生的幻影，看起來將會非常真實。若你發覺自己正在投射，可以命令任何討厭的幻影消失，而它們就會消失。當你最後一次轉世、結束地球的生死輪迴時，這就是你會使用的身體。

再下一層是精神體（mind form），可以穿越實質的物質，可以更自由浮升，在太陽系之內旅行，但不能跑得更遠。可以和其他人在夢境相約見面，可以使用更多的內在感官。

再往下一層是真正的投射形體，可以越過太陽系，除了我們的系統之外，還能感知其他系統的過去、現在和未來，而且企圖使用到所有的內在感官。

各位，想了解更多嗎？真心希望所有讀者好好地研讀本書，你會發現，本書擁有超越你過去所知的一切知識和智慧，值得深入品嘗。

〔推薦人簡介〕許添盛，曾任台北市立仁愛醫院家庭醫學科專科醫師、台北市立療養院成人精神科醫師、台北縣立醫院身心科主任，現任賽斯身心靈診所院長、賽斯文化發行人、新時代賽斯教育基金會董事長。許醫師鑽研新時代思想十數年，尤偏愛賽斯；同時從事身心靈整體健康研究，對於癌症的治療及預防復發有獨到心得。成立「身心靈整體健康成長團體」、「美麗人生癌症病患成長團體」及「賽斯學院」，並定期受邀至全國各縣市、香港及美國等地演講。著有《絕處逢生》、《我不只是我》、《許醫師諮商現場》、《不正常也是一種正常》等十餘種書及有聲書。

〈序〉

做夢是意識的創造狀態

珍・羅伯茲

電視攝影機的燈光暖暖地照在我臉上。我的丈夫羅和我，正接受波士頓電視台WBZ的桑妮亞・卡爾森及傑克・寇爾訪問，節目是「今日婦女」。這天是我們《靈界的訊息》第一回合宣傳之旅的最後一天，時間是早上十點。這是我們第五次上電視。我試著顯出鎮定和有自信的樣子，雖然我仍覺得一天這麼早就面對陌生人有點不舒服，更別說是面對全世界——尤其是還得解釋我自己的通靈經驗及《靈界的訊息》的哲學觀念。

在開始訪問時，傑克告訴聽眾說，我是一位靈媒，替一個叫賽斯的人格說話。他強調，我出現在節目上，並不必然表示他或桑妮亞接受賽斯的獨立存在。我笑了，多少有點是苦笑。許多人覺得有責任表示懷疑，彷彿那就自動成了一個榮譽和知性優越的標誌。在過去，我也會做同樣的事，所以我能了解那種心態。

在訪問中，傑克問我賽斯會不會突然透過來。我答說那就看賽斯了。實際上，因為我在其他節目中從沒進入過出神狀態，所以我懷疑我現在會不會。但是，當傑克開始放一卷賽斯課的錄音帶，而我聽到賽斯那深沉宏亮的嗓音時，我就明白賽斯是在場的。

有那麼一陣子我頗心驚膽戰，滿腦子各式各樣的疑慮。自開始宣傳之旅後，我還沒開過一節賽斯課。萬一那些燈光干擾我，或出神狀態不夠深時怎麼辦？我對任何表演都有恐懼感。在我們自己客廳的私密性裡定時上賽斯課是一回事，在電視上進入出神狀態則又是另一回事了！驚惶失措地，我心裡說：「哦，賽斯！」

然而就在那一刻，我感受到一股莫大的撫慰、善意和信心的感覺。在一個低於語言的層面上，我明白賽斯是對的：時候到了。我全心地表示贊同。我伸手去握羅的手，迅速地喃喃說：「賽斯來了。」我的面孔在那時一定已開始改變，肌肉重組成賽斯很有特性的表情，因為在那最後片刻，我看見一個看來像是龐然大物的攝影鏡頭靠近來照我的「特寫」……

當我回過神時，羅在微笑，傑克和桑妮亞看來目瞪口呆，攝影組人員瞪著我，而節目已結束了。羅對我說：「賽斯很棒！」我大大鬆了一口氣。那麼，沒事了；賽斯在電視上現身了。我豈不是曾一下希望他會，一下又不太願意嗎？

傑克問：「妳沒問題吧？需不需要什麼？」他看來如此擔心，以致我不禁笑了出來。「不用。我覺得很好，我一向很容易回神。不過，我倒想要一個麵包和一杯咖啡。我現在餓扁了。」

一小群人圍著我們——製作人、助理製作人、傑克、桑妮亞和攝影人員。我略帶不安地看看羅，因為雖然我向傑克保證每件事都很正常，但實際上這回有些地方是有些不同：我覺得我似乎曾在一架飛得快得不得了的飛機裡，卻被突然拉停下來。如此龐巨的能量流過我，使我不知如何是好。有那麼一會兒，它令我打了個踉蹌，傑克抓住我的手臂。這只不過更令我發窘而已。我可以感受到我的臉紅了起來。我一向試著以非常合情合理的舉動，來顯示「出神狀態」並不是一件奇怪的事，而是很自然的現象，因此我一時的踉蹌使我自己都有點吃驚。羅立刻來到我身邊，我向他解釋了我的感受。一部計程車已在等著將我們載到下個節目，一個墊檔節目，我拿著我的麵包和咖啡上車了。

當我在出神狀態時到底發生了什麼事？傑克和桑妮亞在事後的短暫談話裡，描述給我聽了那節目的一部分，而當我們趕往下個節目時，羅補充了其餘的。

首先，一如往常地，我的臉部表情大大地改變了，然後我開始以一個低沉男人似的嗓音說話。我自己特殊的手勢消失了，而被賽斯的手勢取代。他轉向攝影機，直接對觀眾講了約十分鐘的話。到那時，桑妮亞和傑克才從驚訝中回過神來，而傑克問賽斯肯不肯談談轉世。

賽斯立刻開始談起桑妮亞的前世經驗。在有限的時間裡，他特別詳談某一生，說桑妮亞在那生有「顎裂」（口腔內的硬顎或更內部的軟顎破裂的一種口腔畸形）的情形而阻礙了說話。照賽斯所說，這點與她現在對傳播業的興趣有部分關係。他又說桑妮亞愛好色彩和布料，她在前世及今生都以之作為一種溝通的方法。他還提到了一些十四世紀的英國人名和地名，而這些正在查證中。

在事後，桑妮亞說賽斯所給的個性分析非常適切地描寫了她。她也告訴我們，她曾在一個教育電視節目上，用色彩及布料來與兒童們做溝通——這是不為我們所知的一個事實。

幾天後，我在家接到一個女人打來的長途電話，告訴我說賽斯在「今日婦女」節目上的出現說服了她死後有生命，雖然她以前從來都不相信。她又說，聽賽斯講話是她這一生中最深奧的宗教經驗，雖然他並沒以特別的宗教辭彙說話。自那以後，我們接到很多觀眾的電話、信件和拜訪。他們都是被那節目所震驚，然而，以一種奇怪的方式，我也一樣受到了影響。它教了我好幾件事。

最重要的是，它加深了我對賽斯及其心理洞察力的信任，而再度對「內在直覺性的我」了不起的能力印象深刻。因為就是我的這個部分，才使得我能與賽斯溝通。另一方面，由於節目的方式，出神狀態被中斷了，這也給了我機會由一個不同的角度研究出神現象。

通常，一節課長達數小時，所以當課結束時，能量也用完了。而在節目上，一節最多長達二十到三十分鐘，因此當它被中斷時，所有那些能量還在那兒，而我頭一回主觀地覺察到它全部的力量。

人們常問我，我怎麼知道賽斯的在場，而我一向不大知道該怎麼回答。在該節目後我檢查我的感受，而發現自己與那能量打了照面，我了悟到那是同一種能量，只不過略弱一些，就是我知道賽斯準備好要透過來的主要線索。

它並非中立的能量，而是具有強大情感衝擊力的能量，令人安心，又很奇特的個人化——溫暖而令人驚訝的親近。也許它裹住了我，但我並沒打瞌睡或落入「空無」中。我是我自己，但卻非常小。我彷彿退入一個與空間無關卻與心理焦點更有關的遠方。然而，在這似乎於我四周形成卻又來自我內在瀰漫的能量之中，我是被支持、鼓舞和保護著的！

我很失望沒能看到那個電視節目，因為除了在少數幾張照片裡之外，我從未看到自己在出神狀態裡身為賽斯的模樣。賽斯透過我顯現，跟別人說話，而他們感受到他的個性之衝擊，但我卻無法像他們一樣由外面客觀地看見此事。對觀察者而言，賽斯之異於我，可由我們的眼神、手勢及面部表情中明顯看出。我們根本是以不同的方式使用身體。

賽斯的在場即刻便會被感受到，並非以玄祕的方式，而是以我們感知到一個具有力量和能力的磁性人格方式。雖然這現象的客觀效應大半非我所能感知，我卻試著盡力去了解所涉及的主觀層面，因為關於這事，無疑沒有人比我處於更有利的地位。由於賽斯的出現，我已越發的覺察到，我們所有人所知的意識其日常狀態之外的許多其他狀態。

比如說，雖然我是在三次元的世界裡寫這本書，它的源頭資料卻是來自意識的另一邊——在我們的夢、靈感、出神狀態及創造力裡透露給我們的次元。這本書是有關賽斯、夢與「靈體投射」（astral projection）——全是與我們通常具有的意識之客觀面不同的一些層面。

如果你願意，你可以說賽斯是由一些無意識的次元侵入了我有意識的生活，但他現在卻又如此處是我的專業及個人經驗的一部分，以致我很多時間都花在研究及詮釋他的理論上。他出現在電視上，似乎代表了他更進一步的「客觀化」，那對我而言是很令人驚異的！

無疑的，我的生活已因一種奇特的主觀機動性而大大地豐富了。白天我在書房寫這本書，由一扇大凸窗望向街道及再遠些的山脈與河流。但當我為了某一章找新資料時，我就將注意力的焦點由外在世界轉向內在世界。那時我不再關心我的物質環境，而我正常的醒時生活反成了夢。

如果我發現，正如我現在以醒時意識寫有關夢的實相的書，我在夢裡也正在寫一本有關醒時意識的書，我一點也不會覺得訝異。如果我發現賽斯在一個全然不同的次元裡，替一個名叫珍的人說話，我也不會吃驚。事實上，我有時藉著想像一個狀況自娛，其中，賽斯則在奇怪是否珍是他執迷於某個不大可能的物質實相的次要人格呢！不過，賽斯可比我見多識廣，所以如果他在替我說話的話，還真委屈了他呢！

並且，就我所知，賽斯並沒有一個禁錮性的肉身；至少有時候，他投射他意識的一部分到我的身體裡。我甚至有一個奇妙的想法——我有時想像我們好像在玩某種愉快的「搶椅子遊戲」（musical chairs，譯註：音樂停止時，各人搶一把椅子坐的遊戲），我試著脫出身體，而同時賽斯則試著進入它。雖然這展現了一個頗滑稽的畫面，但其實它是不公平的。因為賽斯並沒多大興趣占據我的身體，我卻對脫離我的身體有種無法滿足的好奇心。

自從一九六三年以來，我每週有兩次替賽斯說話。至少，這使我對意識的改變狀態有了個人的經驗，並且對大半未被探索的主觀區域略見一瞥。無疑的，就是因為賽斯，我才會研究當身體入睡時才進入焦點的「夢的實相」。

遵隨賽斯的教導，我的先生和我首先學會回憶及記錄我們的夢。經過後來的實驗，我們發現能將自己正常的醒時意識帶入夢境，而在做夢時「醒過來」。後來我們開始更大膽地踏入這些內在領域，學著以對我們而言全新的方式去操縱意識。

按照早期課裡賽斯建議的方式，賽斯和我的關係是藉著預約而躍入焦點。在每週一及週三晚上九點，我坐在我偏愛的搖椅裡，羅則坐在我對面的沙發，拿著紙筆準備記錄。燈光正常。起初我可能覺得非常沒「靈」感，甚或煩躁，也許覺得很累，或其實想去跳舞。但在九點鐘課一開始時，賽斯就「活了起來」。

我並不是「變成」賽斯。不如說，我彷彿沐浴在他的溫暖臨在之中。有時候，我隱約覺知我的面部肌肉被重新安排，反映了賽斯而非我的情緒。但，就我而言，那房間消失了。雖然我雙眼大睜，但由它們看出去且對羅微笑的卻是賽斯。是賽斯經由我的唇說話，由一個不受三次元世界局限的觀點討論實相及存在的本質。

週二晚上我教一個ＥＳＰ班，而賽斯常常跟學生們講話，解釋他關於日常生活的想法，將之與個人行為連起來。他常對個別的學生說話，鼓勵他們用自己的能力解決自己的問題。他有絕佳的心理上的了解。他似乎是個喜歡享受經驗及潛能之完全豐富性的人。

單只為這個理由，我願相信他的能力是我的，在出神狀態裡，我自己潛在的能力無阻礙的運作，而沒有令我們所有人生氣、且妨礙我們發展正常的困擾和分心。我寧可認為，一週至少有幾個小時，我是在顛峯狀態運作——希望賽斯的精力和知識真的是我的。這是可愛的想法，而且可能具有一些真實性。

不過，說幸運也好，不幸也好，我猜我們的關係是複雜得多。至少我知道一件事：賽斯現在的基本存在並不在三度空間的世界裡，而我卻是的。他曾給過我們教導，使羅、我的學生和我自己有時腳步蹣跚地走出我們通常的物質實相之外。例如，他開啟了我們進入夢宇宙的探索，因而可以說這本書大半是由他導致的。但我們必須回到日常確實的次元，而賽斯則回到他的。

賽斯雖然沒有肉體，在我們的世界裡，他卻是非常有效率的。透過我，他正在製作「賽斯資料」，一份連續的文稿，談論實相的本質、意識和本體，現在已積有五十多本筆記了。他也口述了自己的書：《靈魂永生》。到今天，我們已上了近六百節的課。事實上，他在與物質實相的接觸裡，似乎比我在更自然地屬於他的次元裡的旅遊，運作得有效率得多！

舉例而言，我的出體經驗（out-of-body experience）並不如賽斯在此的行為那麼井然有序、從容不迫或有效率。賽斯口述他自己的書的定稿，而我呢，寫起書來則至少要打三次稿（現在這本書是自課開始後我的第三本，所以很難說是賽斯在「偷」我任何的創作力）。

賽斯自稱是不再聚焦於物質實相裡的一個「能量人格元素」。但不論他是誰或是什麼，他是很有資格來談非物質存在的本質，並作為另一面意識的嚮導，因為那是他的天然環境。他是個來自超過我們平常熟悉的覺察層面的訪客。

在《靈界的訊息》裡，我照當時的了解講過我的心靈啟蒙及認識賽斯的故事，並且在林林總總的主題上大略介紹了他的概念。我也強調了我們收到的「證據」資料——在賽斯課的本身裡，及做了一年多的「信封測驗」裡，賽斯自發的「千里眼」表演。對在美國其他地方及波多黎各的人和事，賽斯也曾給過千里眼式的正確描述。

在此我將強調主觀經驗本身，尤其是當它轉向夢境時，並且藉由賽斯的連續文稿摘錄來談談他對夢宇宙的觀念。這本書也會是個日誌，記錄者先是羅和我，然後是我的學生們，用賽斯的概念為地圖，主觀地旅遊進那奇怪的內在風景。我們曾涉入最深的探險裡，在其中平常的阻礙並不存在，通常的物質生活之假設也不適用。

照賽斯的說法，做夢是意識的一種創造狀態、一個心靈活動的門檻，在其中，我們拋棄了通常的限制，而去用最基本的能力，並且實現我們真正的獨立，不受三度空間形體的羈束。賽斯說，在夢裡，我們寫每日生活的劇本，並且感知我們的物質焦點通常遮住了的其他存在層面。

賽斯主張，夢宇宙有自己的基本法則或「基本假設」（root assumptions）——與我們的引力定律、時間空間相等的東西。換言之，夢的實相看起來彷彿荒腔走板或無意義，只因我們按照物質定律而非在其內適用的規則去判斷它。

那麼，夢並不只是想像的消化不良或心靈混亂。當我們做夢時，並非一時瘋狂，如某些理論家所主張的那樣。剛好相反，在某些夢境，我們可能遠比平常時候還要精神健全且警醒得多哩！我們無疑是更具創意的，甚至可能更「活躍」，正如你從自己的某些經驗裡可看到的。

既然這本書主要強調的將是賽斯的夢觀念，所以我很歡迎讀者自己去試試。舉例來說，在這遊戲的早期，賽斯告訴我們，許多夢是預知性質，但個人經驗最具說服力，而當我們跟著他的指示去追憶、記下日期及記錄夢，然後再與事件對照，我們自己也發現就是如此。

賽斯談可能性，或談比如說，無線電星星（radio stars）的許多概念，除了專家外，沒人可證實。不過，大多數談夢的資訊，都可以被任何有足夠好奇心、決心及冒險性去遵循「賽斯資料」所提供的指導原則的人證實。在他早期談夢的一席話裡，賽斯說：

你認為你只在醒時是有意識的。你假定當你入睡時是無意識的。以佛洛伊德的術語來說，骰子的確是偏重於意識心（conscious mind）。但暫且假裝你正從另一邊看這個情況。假裝當你在夢境裡時，你在關切實質的意識和存在。由那個觀點，畫面就全然不同了，因為當你睡著時，你真的是有意識的。真正的情形是這樣的：在醒時狀態，全我是貫注於物質實相的，但在夢境裡，它則是聚焦於一個不同的次元。它仍是完全一樣的有意識和覺察的。

當你醒來時，如果你記不太得你的夢的地點，那麼就請記住，當你在夢中時，你也記不太得你的醒時地點。兩者都是真的，兩者都是實相。當身體躺在床上時，它與做夢的自身可能居住的夢地點分開得很遠。但，親愛的朋友，這與空間卻毫不相干，因為夢地點與身體睡著的房間是同時存在的。

在第二十八節課裡，他用一個比喻來解釋這雙重的意識焦點：

當然，在這兒有個明顯的矛盾，但它之所以明顯，是由於你的難題為：如果你有另一個有自我意識的自己，那麼你為何會無法覺知到它？假設你是個有兩張面孔的怪獸，一張臉面向一個世界〔夢實相〕，而另一張臉面向另一個世界〔物質實相〕。

再進一步想像這個可憐的生物的兩張面孔都各附帶著一個腦子，而每個腦子都以它看到的世界來詮釋實相。然而這兩個世界是不同的，更有甚者，這兩個生物還是連體嬰。同時，想像這兩個生物其實是一個，卻具有明確的部分去處理兩個全然不同的世界。

在這個滑稽的比喻裡，潛意識將會存在於兩個腦子之間，而令這生物能以一個單獨實體的樣子去運作。同時——而這才是難以解釋的部分——兩張面孔都永遠「看」不到另一個世界。他們不會覺察彼此的存在，然而每個卻都是完全有意識的。

實際上，這只是個簡單的比喻，而且只能撐一段時候，但在一開頭，賽斯用它作為一個方法，來讓我們對人與夢實相目前的（並且人工的）關係有些許概念。後來，藉由遵循賽斯的資料及教導，我們發現自己能化解這些阻礙到某個程度。至少對我們自己。我們能證實，夢事件是相當真實的。例如，飛翔的夢並不像佛洛伊德主張的全是偽裝的性幻想。在許多這種夢中我們是在飛，而我們到達的目的地是十分實質的。我們的記錄明白顯示，我們在有些這種插曲裡所見的，並非想像的地方，卻是當身體睡著時我們遊歷的地點。在這書裡描述了其中一些。

換言之，雖然大多數的書寫都是關於在醒時實相裡發生的事，這本書主要談的卻正是當意識由正常客觀生活轉開時所發生的事。這裡涉及的，遠比夢境的本質及人能由身體抽離意識的迷人本事，還多得多呢！這些現象只不過是我們每個人與生俱有，並且活躍於我們內在更大的創造意識——我們所知甚少的內在宇宙——的證據而已。

今天我收到一位NASA（美國航空與太空總署）的科學家詹姆士・畢爾（James Beal）的信，對於賽斯說的所有物質粒子的基礎「單位」給予了科學確證。這資訊——在課裡給我們的——刊印在《靈界的訊息》附錄。詹姆士寄給我的報告是如此的專業，我幾乎無法理解它，因為它是以專門的數學語言措辭的。然而經由賽斯，我們曾收到相同的資料。某人——我自己的無意識或賽斯——能通達它；那至少是確定的。創造性意識是遠在我稱為我自己的意識「底下」運作的。

當我們不那麼執迷於肉體感官資料時，我們全都能通達這創造性意識，尤其是在夢境及離體狀態。關於它的證據往往在「心血來潮」或創造性靈感的裝扮下，浮現到意識裡來。真實地並且象徵地說，在我看來，往往只有當我們閉上眼睛時，我們才開始看見。這多少有點言過其實，然而我的、羅的及我學生們的經驗，卻使得幾個事實變清晰了。我們平常的意識只讓我們看到實相的一個明確畫面。當我們學會暫時關閉我們的感官，並改變覺察的焦點時，對內在宇宙十分合理的一瞥才開始現身。

當然，這在做夢時是最顯然的。很可能夢代表了我們最具創造力的樣子，因為我們不但處理過去時光的活動，並且當醒時的自己靜定下來時，我們也從所看到的無限可能行動裡，選擇明天的事件。

在種種不同的意識階段玩「跳房子」，旅行到罕為人了解的主觀領域，探索那些內在風景，並帶回關於它們本質的任何清晰線索，還真得有點本事！不過，這種探索卻極為重要，令我們能接觸到基本的內在實相，那是在我們個別的有意識思維與存在之下，並且也是我們文明的根柢。

到某個程度，我在每節賽斯課裡都這樣做——將我通常的意識擱到一邊。一個我仍不了解的奇怪「放下」是必要的，連同一個簡單卻深刻的信任。也許那是當我們潛入海洋裡時，相信我們不會沉下去（知道如何游泳有點幫助）的同一類信心。

水的比喻令我深感興趣，雖然無法跟著它走太遠而不產生扭曲。舉例來說，用水肺潛水的人，探索他在海底找到的東西，而帶給我們來自這廣闊水底世界的線索。我試著做同樣的事，不過卻是由我們內在存在的隱蔽層面打撈線索。但如果他潛得夠遠，潛水者在某處必然會到達海洋的底，而我卻不相信這個內在實相有任何的底或邊界。相反的，我懷疑那兒甚至還有更奇怪的裂縫和開口，進入我們相當不覺察其存在的其他世界——創造性、意識及經驗之淵，不只是我們的三次元實相，其他的實相也都是由它躍出的。

〈引言〉

我對你的愛未變

羅勃・柏茲

我覺得很不可思議，我的妻子珍・羅伯茲，已去世十三個月了。我是在一九八五年十月初開始替她的書《夢與意識投射》寫引言的。如我已通知了許多來信者的，珍在連續住院了五百零四天後，於一九八四年九月五日在艾爾麥拉的一家醫院去世，當時我陪伴在她身邊。她死亡的直接原因是蛋白質枯竭、骨髓炎及軟組織感染。這些狀況是來自她長期的類風濕關節炎。我將在其他的書裡更徹底地討論珍的「症狀」。事實上，我計畫終有一天寫一本她的傳記，而我現在正在為那個方案做些研究。

珍去世之後，我變得極端忙碌，我必須對付我的悲傷，而我選擇的方法之一就是，立刻開始為一系列的「悲懷記事」詳盡地記錄並寫些小品文。我沒告訴任何人那些小冊子，以及我畫了三幅珍死後躺在床上的畫像的事。我有義務要花許多個月去完成一本賽斯書《夢、進化與價值完成》——我們在一九七九年九月開始的書，早在珍入院之前；照計畫，在她死後第二天我就恢復了那本書的工作（按照我們幾年前就同意的一個過程，珍在第二天火化）。我也繼續寫她入院後我們合作的另外兩本書。還有很多法律上的事得處理，很多信待回，並且還有新的來信。

當我領悟到我的妻子已死去一週時，我實在無法置信。我在房子裡生活和工作，它看來並沒有兩樣。雖然我心傷痛，卻對世界表露一張愉快的面孔；我說話且開玩笑，做每件我該做的事。我也發現了一個必然是非常普遍的現象：那些知道珍逝世的人，當我們碰面時，立刻變得羞怯起來。我感受到他們為他們抑制的同情而生的窘迫，以及他們怕同樣的事發生在他們身上的恐懼。他們不想再進一步傷我的心。令人驚奇的是，我發現自己在安慰他們，幫助他們越過這種阻凝，以便我們能談話。我的訪客重新提醒了我，珍的死亡對於我是多麼私人的一件事，卻又是多麼的普遍。光是在我們的星球上，從「生」到「死」的過渡，就不知發生過多少兆億次！而我不相信任何人曾比珍更英勇地試圖應付過生死的問題。

不過，隨著時間漸漸過去，我開始想寫一點正式的東西談談珍的去世，所以，上個月當 Still-point 出版社的吉姆・楊給我這個機會為這本書寫篇引言時，我立刻接受了。

吉姆寫道：「對我來說，這會是一個特別的機會，讓你對珍及她的工作做一個聲明。對珍的許多讀者而言，有個機會聽聽她的配偶講的話是很好的，因為你曾在賽斯書的誕生上給予如此美麗且不可或缺的協助。」

一旦接受了吉姆的建議，我便知這引言不會包含很多有關此書的事。這書本身已經很完整了。那麼，這篇東西包括的不只是有關珍的資料，也包括了我自己與她、她的工作和她的死亡。

我相信，縱使實體上我妻子不再與我在一起了，她卻同意我的抉擇，因為她助我學到，我能給世界的唯一真正獨特的東西，就是我對它的創造。

到如今，許多人已知珍的死亡，而這使得我不可能在她的書裡按照時間順序處理那件事。當然，我不應以順序的方式提及它，直到當珍住院時她和我完成的兩本書都面世以後——那時宣布她的死訊才沒問題！但為了方便之故，在本書裡，我依時間順序談到某些事件；我覺得因為這本書是在好些年前寫的，使它成了我討論珍的死亡及統合「過去」、「現在」和「未來」的理想之處；我認為它是在《夢、進化與價值完成》之後的一本書。在《夢、進化與價值完成》裡，我固守著她傳述那本書時所說的「賽斯資料」，加上對我們當時的個人生活的報告。我沒向前跳過時間去寫她的死亡，因為那件傷心事還遠在未來——兩年半之後。

較明確的說，我將這篇探討珍的死亡的短文圍繞著以下這些項目組織起來：她在一九六六—六七年寫這本書，及我們試想出版它而未果；我對肉體死亡後人仍然倖存的接受；在我太太死後不久，我有一次清醒地感覺到她的經驗；我為她的死創造的一個隱喩；一個夢，在其中我不僅接觸到珍，並且給了我自己中肯的資訊；另一個關於珍的死亡隱喩；我有關「存有」（entities）之間的通訊之猜測，不論他們是否真有肉身；可能來自已離開肉身的珍的一封信——由其收受者寄給我的，一位我將稱她為華樂莉的讀者；我寫給蘇・華京斯的小箋，有關她母親的死；我已出版的信中的一些摘錄；珍談我們的關係的短文；以及最後，她提到她將來的非物質旅程的一首詩。

這本書怎麼會由 Stillpoint 出版公司發行，它又如何可被認為是一份「失落的稿本」，是個非常有趣的故事，我只在此述其大綱。不過，首先，我提醒讀者，珍在一種出神狀態為一個自稱「賽斯」的沒有形體的人物說話；他自己定義他為一個不再貫注於物質實相的「能量人格元素」。去年七月，我的經紀人譚・摩斯曼打電話來，叫我找找他記得珍十七年前給他看過的一本文稿，那時他還是剛開始在 Prentice-Hall 出版公司起步的年輕編輯。那份稿子是《夢與意識投射》。那時，他一讀完它，就叫珍寫本談賽斯本人的書。其結果就是《靈界的訊息》。那書在一九七〇年出版；珍在裡面用到本書的一部分。

珍在一九七〇年一月開始口述《靈魂永生》。在三月裡，譚代表 Prentice-Hall 和她簽了《夢與意識投射》的合約。《靈界的訊息》出版了。珍充滿了創意，她一直在將未用在那本書裡的部分加到《夢與意識投射》裡，同時她自己的新作又一直把它擠出去。最後，在一九七一年，譚將她這本書的合約改為給《靈魂永生》的合約。珍沒再繼續試想賣出這本書，我也沒有。而不知怎地這本完整的好書就被打包收起來了。譚在一九八二年離開了 Prentice-Hall，珍去世之後，他變成了我的經紀人。當我在三個月之後應他要求重新發現這本書而檢查它時，我無法相信這完成了的稿子竟從未出版，我真高興吉姆・楊立刻接受了它，我知道珍也一樣高興！

在此，沒將其他生命形式的要素納入考慮的話，我相信人類人格死後仍倖存嗎？鑒於珍和我致力了二十餘年的充滿了愛心、熱情的「工作」，當然我相信。對我而言，沒有其他答案有直覺或意識上的合理性。我認為若不相信這一點的話，在心理上和心靈上是相當局限的，因為這種信念只會阻礙或延遲我們對正在創造的個人及群體實相——其整個「本質」——更進一步的了解。我想我們全都在尋找答案，而我們的追尋表現在我們生命本身。

以那種說法，我有我自己關於「倖存」的證據，就如珍也一樣。關於這種事。我們一向有太多問題，而無法滿足於我們的宗教和世俗體制提供的非常局限的「答案」。我無法相信在生死大事上，我的心靈會愚蠢到去沉溺於「一廂情願」，只告訴我那些我想有意識知道的概念。每一次，當我可能感覺到我自己對甚至我們自己的物質實相的無知（更別說別的實相了），我會求助於我自己的感受和信念。真的，我沒有別的辦法，珍也一樣。如賽斯以好幾種方式告訴我們的：「永遠不要接受一個與你自己的經驗矛盾的理論。」珍和我找到好得多的答案，縱使它們只是更基本，甚或不可理解的真理的一個近似說法而已。我未受阻的、有創造力的心靈直覺地知道，心靈的問題存在著正面的答案，否則心靈不會費神去問自然的神妙架構之內的那些問題，而且心靈也知道，自然是活生生的，而且就我們感官能理解的極致而言，它是永恆的。我的心靈知道，在大自然的脈絡內，人類人格死後就湮沒無跡是不合理的。

我想，自從珍在十三個月前去世之後，我有過幾次珍和我在其間相互通訊的醒時和做夢經驗。別人也有這種經驗。我將提出我自己的兩個經驗，而我從未謀面的朋友華樂莉也提供了一個。

我和珍第一次有意識的接觸發生在她死後不到兩小時。在離開醫院前，我用電話安排了一些喪葬事宜，清晨四點我開車回家。

我後來告訴一個朋友：「那是個暖和而星光明亮的夜，美極了。」而當我下了車，仰望那無垠的天空時，我感覺珍就在那兒，在車子上方。她跟隨我回家了。我大聲說：「珍，謝謝妳。」便進屋去了。

第二天我回去寫一本早就過期的賽斯書，但別讓我決心繼續珍的工作唬了你。我內心裂開一道口，而我只能信任它會療癒自己。在我太太死後五十七天，我每天還是為她哭上好幾回。一連看著珍在醫院裡五百零四天，我學到人類有巨大的、常常令人意想不到的力量儲藏，然而我還是不了解，我怎麼能感覺如此痛苦卻依然活著。

除了我與珍有意識的接觸，我還為她的死創造了幾個隱喻，或隱含的比較。我現在先描寫一個，隨後再插入另一個。這些構建，有時相當的不費力，顯示縱使在極大壓力之下，我如何開始非常有創意地表達我對妻子的思戀。我常常覺察到下面這個隱喻：它讓我想到某些我想一直會與我同在的臆測和真相。

但首先，珍和我在一九七五年買的美麗小屋，位於靠近艾爾麥拉西邊一座略微陡峭的小山巔上。我們很快就稱它為「坡居」。

以下改寫我在一九八四年九月二十六日——或珍死後十六天——記在我的「悲懷記事」裡的一段話。

昨晚是我在加了紗網的後陽臺上躺在新睡袋裡睡覺的第五晚。我這樣做，一開始並非為了要逃避在過去九年裡，珍和我共用的坡居臥室，而是因為我一直想要而現在能做到了。珍不再在那兒讓我日夜相依，我不用在她需要我時跳起來照顧她。她從未能睡在陽臺上——那本是我們當初加建陽臺的理由之一。

夜是那麼暖，我將睡袋的拉鍊一直拉開到我的腳。在半明半暗中，我大聲跟我太太說話，告訴她，我希望她是跟我在一起的。我睡著了。約四點三十分時，我因一陣大風的聲音醒了過來。覺得冷得多的空氣悄悄爬進來，包圍了我的身體。掛在陽臺一角的風鈴不斷碰撞。當雨水潑濺兩次到我身上時，我拉上了睡袋。在屋子北邊，樹木由山頂一路長下來，而風以一種像潮水般的聲音疾吹過樹梢，向南吹拂，經過房子而進到山谷裡。珍和我一向喜愛那吼聲。路對面我鄰居院子裡的樹木猛烈擺盪。整個畫面是一個關於變遷、能量與神祕的畫面。

「哦，甜心，只盼妳能在這兒跟我一起看這個。」我大聲對珍說。而當我跟她說話時，我突然發現，在這半暗的夜裡，風的嘶聲和吼聲中，我又哭著想我太太了。深沉痛苦的啜泣由我的腿和胃部開始，而經由我的胸膛升上來，我試想繼續跟她說話，但沒辦法。「妳在的地方一定更好，」我終於喘過一口氣來，「但妳該看看這個。真是太美妙了……」而當我說話時，我直覺地了解，風的動作是珍靈魂的動作的一個絕佳創造性隱喻，而我臉上感覺到的涼意可以是她「從她在的地方」關懷我的具體版本。在一會兒後，我的悲痛風暴減輕了些，但風和微雨仍在繼續。打了個盹。我在半小時後醒來，風減弱了許多，我覺得筋疲力竭，走進廚房倒杯水喝。珍的靈魂在由她先前的大騷動歇息一會兒？或她暫時離開，而在探索她新實相的其他面，那也許是我們居於地球的生物無法觸及的？我爬回我的睡袋，一覺到天亮。

每當我睡在「坡居」的後陽臺上，聆聽北方樹頂的風聲時，我常常感覺這隱喻又回來了。在珍死後三十五天，我和她有這場會面，部分包裹在夢的成分裡。以下改寫自我的夢筆記。

一九八四年十月十日。我倆都在我老家，賓州塞爾市——艾爾麥拉西南十八哩——的大醫院裡有個職位。但那環境和房子並不像「真的」塞爾醫院。那是個燦爛的夏日，珍比她在五十五歲時去世的樣子年輕多了。她仍有漆黑的長髮、苗條活潑的身形及熱烈的個性。我可能是我自己的年紀，六十五歲。我們在數層樓高的磚造醫院建築旁的一大片碧綠草坪上休息。然後，我十分驚訝地看見，那房子靠近我們這端的頂上，立著一個老舊、矩形、兩層樓、有斜屋頂的房子，風吹日曬到變成一種單調的灰色，而屋子的窗子全裝有百葉窗。一件薄而透明的粉紅色衣物，像件睡衣，夾在其中一扇百葉窗上，在微風中飄動。珍和我好奇地向上望著那房子不和諧地棲在那兒，我們在談要上去看看它內部是什麼樣子。

同時我明白珍對別人有某種很深的承諾。可是，這並沒阻止她給我一連串非常親密的臉貼臉擁抱。她微笑的樣子，就與昨天我在檔案裡找到的一些她的老照片一個樣。但我提防著別對她的殷勤反應太過，因為我不知她的承諾是什麼。當我們在談話和擁抱時，我右邊有一座美麗的石拱橋。在橋下綿延出去的草地，是一種極端華美的綠色——發光且悸動，好像它是活的一樣。

然後，我在那房子內的一架電梯裡，向屋頂上升。珍沒和我一塊兒。另一位年紀大些的女士正在修理電梯門邊牆上掛著的一樣小機器，有點力不從心。我自願替她修好；我用手將一些大螺絲釘轉好。當我在這樣做時，電梯在一層停下來，門開了。那女士離開了，而當門開著時，我急忙插入最後幾個釘子。我剛做完或幾乎做好時，門開始關上。我向它跳了過去，肩膀擠入門及門框間，強令它開一條縫，以便能擠出去，到了醫院的一條走廊上。門在我後面關上了。

當我在早上六點十五分起身時，我急忙寫下這最重要的事，而開始我對它的詮釋（賽斯不來，所以我不能請他替我做）。

我寫道：「既然我信任我的感受，我就知道我再度碰到了珍。在這意識的探索裡，她讓我做選擇——而我非常清楚地告訴我自己，我還沒準備離開這俗世。這經驗充滿了非常有創意的意象。」

我們為何在醫院裡有份工作，珍在世時很怕醫院！我詮釋我們在那做事，及她快樂的情緒，是指，從她現在所在之處，她不再怕醫院及醫學機構了——她已超越在三歲時開始建立起來的種種恐懼，那時她的母親因類風濕關節炎而漸漸變得永遠不良於行。我想我自己與塞爾醫院有比較愉快的早期經驗，包括我替一些醫生做無契約的自由繪圖工作，使我把這探險的地點設在那兒，而非珍死在那兒的艾爾麥拉醫院。更有進者，我們婚後很快樂地在塞爾市住了好幾年。

老房子的出現代表我們平常的物質實相——但其高高的位置及關起來的百葉窗，令我無法望進去，望進另一個實相；睡衣代表我知道珍是在那個次元裡。我們的會面是她給我的訊息，告訴我她很健康、復元了，而死後她的能力和人格都未受波及。我不情願完全地回應她的擁抱是個記號，表示我還沒準備去加入她。她的年輕也代表了時間的可塑性。

那發亮的、非常美而活生生的草，也代表了珍的新實相。拱越草皮的橋象徵那個宇宙和我們物質宇宙之間的另一個連接物。珍沒叫我現在過橋。我想那個結構物也代表了珍和賽斯上課時，她和賽斯在上面碰頭的「心理橋梁」（不過，賽斯不在這夢裡）。

我從那將我升上醫院屋頂的房子及一個新實相的電梯衝出來，而強力掙脫到自由，是件千鈞一髮的事。我因修理機械而被耽誤；修理它意味著我在地球上仍有事得做，那位和我一同在電梯裡的女士也一樣。我在電梯裡待得太久，而差一點出不來代表我為珍的悲傷，也代表我對「她現在在哪兒」的強烈質疑及臆測。我雖知她仍活著。我想知道更多——但我沒準備現在就死以便找到答案，寫這個及想念到她，我覺得很悲哀。

那醫院顯然代表進入另一個實相的起跳點。她死在這樣一個機構裡。但人們多半到醫院去阻止肉體的死亡，盡量離珍現在的實相越遠越好。我也認為在我們歷史的這個時候，醫院——任何醫院——是我們人類力量和弱點的一個有力社會象徵。藉著衝入走廊，我以一個正面方式利用醫院；我給自己一個信號——我想要繼續肉體生活。

現在，這兒是我先前提到過的第二個隱喻——當我繼續試圖理解，珍是真的在世俗來說去世了時，我找出那些直覺的比較。在上述醫院的意識探險之後不過三天，我就創造了這一個。

離「坡居」西邊一條街處，主要道路直直地墜入艾爾麥拉的郊區。路左邊通向一連串短而平坦的支路，晚上我常常在那些路上跑步。最初，跑步幫助我實質地應付我因珍的逝去而生的悲傷；慢跑時，我常常哭，並試圖理解她現在在哪裡。我天生善跑，但因為工作以及當珍變得越來越痛時要照料她的緣故，近年來我只能偶一為之。在她死後，若我想要的話，我可以每晚慢跑。我發現那個活動仍然很私密，也給我啟發。路樹在頭頂合拱；那枝和葉的交叉模式間歇被街燈的光刺透。在某些時候，不同相位的月亮一路跟隨著我。唯一的聲響可能是樹梢的風，以及我的鞋子踩在柏油路上的吱吱聲。遠處可能有狗吠。當我做得正確時，我毫不費力地向前飄浮。而在我的淚水當中，我終於讓那明顯的事實對我變得明顯起來。以下修改自我的「悲懷記事」。

一九八四年十月十三日。珍已去世三十八天。我終於想到，我跑過那些街道的黑暗通道，連同它們對未知的神妙暗示，以及這種街道能引起對黑暗的恐懼，是珍已完成了到另一個實相過渡的比喻。以我們的說法，通道的形狀導向一個不可測的新實相，那假定是充滿了宇宙之光的。不時照透通道的街燈象徵那個光，而暗示了更遠的那無比燦爛的實相。此時這個比喻尤其適當，因為樹木仍長著茂密葉子——但當秋意漸濃時，它甚至可能變得更適當，當葉子枯落，而與宇宙之光相比很可憐的街燈，可以更為明亮地照透下來。

我的醫院探險對我而言，以最親密的說法，仍是既象徵又真實。它令我常常思考，「死者」能選擇提供「生者」極多形形色色的再保證。有幾位珍的讀者曾寫信給我，宣稱他們曾替我收到珍在死後狀態裡給我的訊息。我收集這些以備研究。在我哀悼妻子的當下，如何得知這些通訊哪一個是來自她？或有些訊息的任何部分可能是來自她？我很快就明白，在每個例子裡，我都必須仰賴自己的感官和心靈設備，以直覺地知道去相信什麼，或被什麼感動。有時到垂淚的地步。顯然，我能判斷自己與一個無肉身的珍的經驗是對還是不對，遠比我能估量別人的通訊要容易得多。但既然我相信賽斯資料的確實，若我認為除我之外，珍的讀者都不能正確調準到她目前在的地方，或也許觸及她的「世界觀」（world view），那我就不免太傲慢了。

（見《未知的實相》卷二，珍及賽斯給了相當多的「世界觀」資料。一個「世界觀」是對物質宇宙的個人化詮釋，必然會涉及情緒。賽斯在第七一八節裡告訴我們：「每個人都有這樣一個世界觀，不論他以你們的說法是死是活，而不管時間或空間，那『活生生的畫面』都存在。它可以被其他人感知。」）

所以，若我堅持我有時曾與珍溝通過，那麼我也必須思考其他人同樣的宣稱。但以變通的說法，縱令我妻子的死亡令我更脆弱，更向心靈的可能性開放，我仍不願提供任何一種全面的保證。（「是的，我確信你觸及了珍，正如同我一樣。」）我並沒有自相矛盾，當我說也許——而我久已懷疑這終究是正確的——在我們此「時」不了解（甚至無法了解）的意識和通訊之某個遙遠層面上，每個想與珍接觸的人，至少都觸及了一個回應得夠清晰的珍。她會繼續這樣做。以這種看法，在這種訊息裡，於我無意義的那些成分，可能只是媒介者或寫信者或詩人的曲解而已。我真的認為，不論他們是有形體或無形體，「存有」之間的溝通是永遠在進行的，且是由每一個想像得到的角度及每一種方式。這很難說是個新想法，但理解它，甚或加以臆測，就是觸及了一部分生命的神祕。（珍，由妳所在之處，妳認為我非常謹慎的探究方式如何呢？）

最初，我收到我未謀面的讀者華樂莉的信，是在珍去世後不久。我寄給她一張我印的卡片，上面有關於珍死亡的一些細節，及我決心繼續我們工作的聲明。華樂莉以與珍之去世，以及我對她死亡的反應有關的一些詩回應，我認為對珍和我非常有意義。關於這資料的來源，當時我不知該相信什麼，縱令我發現它加強了我自己與珍的接觸。華樂莉的訊息是來自她自己的潛意識？從珍的世界觀？從珍本人？

我寫信告訴華樂莉她有心靈上的稟賦，建議她可以謹慎地進行，以便更進一步地了解她的能力。華樂莉現年三十八歲，與她先生住在西部的一州裡；他們有兩個小孩。她在教育界做兼職。她正在研究和練習發展她的潛能。在一年中她寄給我幾個「來自」珍及關於珍的資訊。其中有一些我直覺地覺得正確；它們不費力地反映或回響了我與之共同生活了近三十年的珍常常說話和寫作的方式。事實上，這些資訊和珍自己的氣氛相似得驚人。

當然，華樂莉的資料引起的問題，就與它提供的答案一樣多。她的資訊真的是來自珍？或她「只不過」是心電感應地從我收到我想要聽的東西，而由她的出神狀態返照給我，當作是來自珍的通訊？一個不相信的科學家會說華樂莉並沒與一個無形體的珍接觸，因為科學並不接受死後的生命。觸及珍的世界觀，或由我得到的心電感應，兩者在科學上都不會被接受。最儉省的——最簡單、吝嗇的——觀念會是，經由研習賽斯資料，華樂莉潛意識地識破我想由我已死的太太得到的答覆，而以全然主觀的無邪得到她給我的資料，及符合我自己對珍的存活之頑固信念。

也許我在此是在投射自己的恐懼，但我不同意科學對以上方案所有部分的拒斥。我不覺得那反對是對的。他們不只質疑華樂莉的忠實及表現，也質疑了我的。我一直在思考珍和我放進賽斯資料約二十年的想法和研究。顯然，我與珍的接觸，以及有稟賦、有熱誠的人，像華樂莉的工作，讓我們以非常具挑戰性的方式看到人類的潛能，暗示出關於我們個人和集體的意識，我們沒學到的還有多少。而出自我自己自私的需要及對已逝太太的懷念，我要人們讀她的書，以便他們能了解她偉大的貢獻。

不過，現在，我想提出華樂莉在一九八五年九月六日，清晨六點三十分醒來時收到的一個資訊。以下是華樂莉的本文：

〈給羅〉

你將與我，如我與別人般的會合。
沒有具體形狀或思維
能表達我的存在。
愛這個字，及其關懷別人的訊息，
是我們在肉身裡
最重要的訊息。
「賽斯二」現在對我而言
就是賽斯之於你。
我高了一階卻沒遠離。

然而，自「我的死亡」之後
我已變得夠多，而
有時很難
與你的存在發生關聯。
你感受的愛及情感是
我們之間的連接物。
我對你的愛未變，卻以
你不了解的一種方式擴大了。
具體的生物才有具體的需要，
而我了解且明白此點。
觸摸在你的層面是重要的。
我新的心或我已返回的心愛你
比我們在一起的時候更深，
但它也更了解身體的需要。
當我說「為我而存在，一如我為你而存在」
我並不是要局限你。

做你需要做的實體的人，
因為你是為一個局限且有目的理由
才成為實體的人。
在其他人之間，享受物質實相吧。
因為心能持久，能存在
它超過你的了解與存在。
我愛你如往昔之你
也愛未來之我們。
你的現在是給你去享受的。
我從未判斷你的行為，而
我以愛和最大的了解重複這點。
做你自己，而在做你自己當中
你將為我而存在，一如我為你而存在。
你做得很好而我常在觀照你
當你是實質時
繼續愛實質的生命。

再談

（珍）

（在《未知的實相》卷二附錄十九裡，我提供珍和賽斯談及那聽來無謂、非常遙遠的「賽斯二」的資料。當時我說：「賽斯二與賽斯的關係，多少有點像賽斯與珍的關係，雖然那比喻不應該被看得太認真。」）

「羅，」華樂莉在她資料的末尾寫道，「我希望這對你有意義，而不管它是不是珍的，或我潛意識的話語，它是美的、有智慧且有用的——祝好，再談。」

的確。這個例子要求我這方的一個承諾：我認為華樂莉給我的訊息是來自珍。可能那資料是與華樂莉收到的珍的世界觀互相交織的，而珍並不一定涉入其中——只不過是珍在物質生活中個人化和情緒化的經驗實體。我無法客觀地證明這兩個主張的任一個。但我有自己直覺的證據，因為我強烈地感到華樂莉的訊息非常符合實體和非實體的珍・羅伯茲。

除了珍提供給我明顯的再保證之外，作為一個有肉體的生物，我可以廣泛地評論她所提出的一些要點——尤其是我下面短短提到的兩點；讀者也可以按照他對賽斯—珍哲學的了解，擴展那訊息的某部分。珍說「然而，自『我的死亡』之後，我已變得夠多，而有時很難與你的存在發生關聯」及「我對你的愛未變，卻以你不了解的一種方式擴大了」。這些聲明多有意思啊！珍自相矛盾了嗎？沒有——然而它們之內的意義需要直覺性的探索和有意識的理解。它們是非常私人的觀察，那在同時又回應了我一直在提到的生命之神祕。我十分明白那些聲明與其中所隱含的挑戰，那與下一段內容也有關聯的。

在一九八五年十月底，我開始思考及草擬這篇引言。當我重讀本書時，我發現珍將好幾章相當大的部分用在有關我們的朋友蘇．華京斯的資料上——她在愛、投射及可能實相方面的探險——在別的章節裡也提到她。蘇在一九八〇—八一年出版了她上下兩卷的《與賽斯對話》（暫譯）；她父親在兩年後去世。有一位現在與我一同工作（特別是幫我校對和回信）的年輕女士叫蘿柔，自從她八月裡由西岸來此後，就一直想會見蘇，蘇住在紐約州北部。我們三人終於會面——在蘇的母親於十月十九日去世後不久。兩晚前，蘇有個關於她母親死亡非常強烈的預知夢；她預備於她正在寫的書裡討論此事。當我們聽到她母親的死訊時，蘿柔給蘇做了一張卡片，在裡面留了地方讓我寫個小箋。以下是我隨興寫的。

親愛的蘇：

關於妳母親的死，我說什麼都不足以安慰妳。但在另一方面，我可以說所有的事——因為她的生命包含了世界、宇宙，就如妳的、我的或蘿柔的生命也一樣。那麼，她是活著的，正如我確信妳知道的。由我自己的經驗，我能說她一定會與妳通訊，表達宇宙之新的、不可測的面貌和態度——永遠是極聰明的，也許無法以平常的用語表達，但卻以無法預期的方式碰到妳、觸及妳。我想我現在對自己雙親的了解要勝過當他們還「活著」時。我現在對他們要了解得多，而懷著同情地看，且感受他們的奮鬥及希望、愛、成功和失敗。我想，這種提升的知識和覺察永遠降臨到那些仍「活著」的人身上——但，那些已「死」的人是比過去更活潑、更有冒險心，至少有時候以我們根本無法理解的方式。我知道珍是這樣子的。所以，我想，妳和妳母親及父親也會是一樣。給妳及妳兒子我的愛。

羅

就我而言，即使是想到一個已死的「存有」，都是與去世的那個人的精髓——不論其本質、形狀或複雜性以前為何——的一種通訊。在此，我們必然仍有許多可學的。想像我們的星球與太陽的照明無關地滑行於其軌道上。我常常想，如果由於在地球上進行的意識活動，每個誕生與死亡都是以一道閃光做記號，在太空裡的一個觀察者，會看到一個永遠沐浴在閃爍明滅的光裡的地球。那會是多麼奧祕且具啟示性的畫面啊！

那個畫面提醒了我，剛在《實相改變》（*Reality Change*）出現我的一封信，那刊物是德克薩斯州奧斯汀市出版，專談「賽斯資料」的一本雜誌。應主編的要求，我短短地描述了一下我在珍死後一年的感受。我提到，去透澈研究我相信是構成地球主要力量之一的持續不斷全球性療癒過程，將是多麼有價值的事，因而我們能有意識地用它們來「引領我們族類到新的思考和感受的領域」。現在我再藉宣稱這種過程應在地球甚至更大的「生死循環」——我那神祕的觀察者會由太空裡看到的「明滅柔光」——之中來研究，以擴大那個想法。我想，終有一天，我們會以這種方式去看在我們行星——或任何其他行星——上所有的生命，我們自己的需要及創造性的好奇心，會帶領我們去那樣做。而在那之外，我們會如珍已做的，去探索實相更基本的非物質本質。

很顯然的，經由認識珍，增富了我的生命許多未預期的地方，而我覺得自己仍在成長，仍在問問題。那麼，我是有福的——一個當我年少時幾乎不敢企求，而我的信念卻夠開放去創造出的一個情況。在珍死後，我覺得在我內心張開的一個深洞正在閉合而療癒它自己，同時卻也留下了它不可避免的心靈印記。

這些日子裡，我夢到珍，我在給《實相改變》的文章裡寫道：「而與以前一樣地感覺到她的存在，然而我的哀悼，不可避免的，被新的力量和經驗照耀。這正是珍希望的方式；在她死前不久，她告訴我，她不要我在悲傷和孤獨中過我的生活。當她說這些事時，我同意她，卻不明瞭，當一個人變得夠自由自在地再轉向外在世界前，他必須面對並承受多深的悲傷和渴望。」

賽斯說過許多次，每個人放出需要和欲望之不可見的信號，而被有相似挑戰的人收到並反應。在我們自己的例子裡，在我們相聚之後，珍和我一直深刻地覺察個別地解決我們之間的「交流」有多難。以下是她在一九七六年九月二十六日的隨筆，照她原來寫在日誌裡的樣子。

思考一下羅和我的關係——那些挑戰、歡喜、希望、緊張，及我們自己的人格特徵。也許這整件事是——個別地對我自己及對配偶反應——體驗我自己個人的反應，然後對這些反應——再對自身也體驗到同樣過程的他反應。我們……創造性地一直改變自己及我們的配偶。由於這過程包括了在改變的事件，因此我們在一開始無法是「完美的」。當我們終其一生在形成心理的「藝術品」——或學習藝術化的生活時，我們的成長必然會有一些不對稱。在這樣一個關係裡，每個人在跟他自己及另一個人的關係中都在不斷改變，直到——運氣好的話？——將死時你已盡所能地善用了自己人格的特徵。把它們與你配偶的特徵混合，因此，你倆在一起，以一種心理的加乘得到一個新的創造性混合物……你試著以不同方法用自己的特點等等。

在約七年半後，珍已住院超過十個月。我們在治療的大多數日子裡一同工作；到那時，她也幾乎將她對個人生活及她「心理上的生活『藝術』」之探索帶到了極致。在她於一九八四年三月一日在醫院病床上即興地口述給我的一首無題詩裡，她非常有創意地思考那些旅程，以及她的新目標。在兩次看護者的干擾之間，她只花了七分鐘寫成這首詩：

我的歷史充滿了

失去的與尋獲的王國，
與開向嶄新的宇宙地圖之
魔鏡，
而在我腦子裡
無數燦爛的世界開展
直到足以填滿
一千部書。
多重的視野引導我前進
踏上形成新的
真實世界之路。

六個月之後，一九八四年九月五日那天，珍死了——到那些她告訴過我她知道而且如此想看的「燦爛世界」、那些「新的真實世界」去了。

第1部

內在宇宙的侵入
主觀的記錄

Chapter 01

夢、創造與無意識

我看到內在宇宙的第一眼

（摘自〈物質宇宙即意念建構〉）

三個特殊的夢事件凸顯出我靈異能力的開啟，並且間接地導致這本書。第一個夢比較而言是個不重要的夢，當它發生時很令我驚訝，但它可能會被我輕易地遺忘了。第二個夢來自一個我記不起來的夢，是個令人驚奇的經驗。第三個夢則給了我對另一種實相的驚鴻一瞥。

第一個夢發生在一九六三年七月，在我對靈異現象根本還一無所知的時候，第三個發生在一九六四年二月，賽斯課開始後不久。在這兩個日期之間，我發現自己被推入一個我以前完全不知的經驗次元裡。

最開始的夢涉及了一位鄰居，康寧瀚小姐，早在我們還不知這公寓存在之前，她就住在這裡了。當羅和我在一九六〇年搬到這兒時，她已在她的三個小房間裡度過了四分之一個世紀，被詩集和劇本環繞著。當我們走上前台階時，常常看到她坐在樓上窗前，看著底下的車流。但我們搬來那年，她的生命開始萎縮了。她自高中戲劇老師的職位退休下來，而在她的小公寓裡待得越來越久。

一開始，羅和我只在陰暗的公寓玄關處和她碰過面，通常是在信箱那裡。她極端獨立，又高又瘦，有著梳理得整整齊的髮型和手工裁製的衣裳。她的英語毫無瑕疵。她曾是位名望極高的教師，偶爾有以前的學生來拜訪她，她則以茶招待。過年過節時，她的信箱總是塞得滿滿的。

這些小事是我們對她僅有的認識，而我們從未變成密友。然而，我第一個預知夢卻牽涉到她。以一種奇怪的方式，我的靈異經驗與她的生活結下了不解之緣，我彷彿在我的夢裡與她保持聯繫。當她的世界於她變得越來越小時，她彷彿向外伸入了我的世界。

那個夏天，羅和我在緬因州度假。我們根本沒和康寧瀚聯絡。但在我們回到艾爾麥拉那晚，我突然醒過來，還記得一個令人不安的夢，它使我非常心煩，於是我叫醒了羅。他坐起來，聽後驚愕不已。我們兩人一向都根本不記得夢的。

我說：「真是怪事，我沒看到別人，倒看到了康寧瀚小姐。我們是在一家醫院裡，她穿著一套黑色套裝，而她的眼睛紅腫得可怕。她正在哭，一遍又一遍的說：『哦，天哪！我必須離開，而我不想離開。』她就在醫院門廳的左手邊有個玻璃圈住的地帶，你可以在那兒買禮物給病人的地方。一切都如此的逼真。」

羅說：「也許妳該把這夢寫下來，並註明日期。」

這令我更不安了。「為什麼？你不會以為它具有象徵意義或什麼的吧？或以為它會成真？並且我為什麼該夢到康寧瀚小姐呢？我們幾乎對她一無所知啊！」

羅說：「但寫下來也不會有事啊！對不對？」

我喃喃的說：「對。但我有種極為奇怪的感覺，就好像記下這夢的話會給它某種不應有的重要性。不管怎麼說，我寧願忘掉它。」我說：「我希望我根本不記得它。」但我卻仍滿懷睡意地下了床，記下夢，並且註明了日期。

一早起來，我還是覺得不安。昨夜我們的電視壞了。那時我們家沒有電話，所以我決定去向康寧瀚小姐借電話叫修理工人。事實上，我想如果我看到她精神矍鑠如常的話，我會覺得好些。我自忖，那時我就能摒退我的夢而忘掉這整件事。

我一敲門，康寧瀚小姐立刻應門，並且向我懇求地伸出雙手。通常她都是彬彬有禮且相當冷漠的。她態度的改變即刻令我警覺。我嚇了一跳，退縮了一下子，才問她什麼事不對了。她說：「哦，我真高興看到人。我是如此心煩。我剛知道我得了白內障，兩眼都必須開刀，真令我難過極了！」她的聲音顫抖起來。以一種絕望的手勢，她指向從地板直到天花板的書架以及堆在咖啡桌上的雜誌。「我看這麼多……這麼多書。如果失明了，我該怎麼辦！」

我仍舊如此驚愕，不知該說什麼。她的眼睛看起來非常紅腫，就像在我夢中的樣子。我陪了她一會兒，試著盡我所能的安慰她。最後我回到自己的公寓，一面由於她的狀況，一面由於其與我前一晚夢的關聯而苦惱不已。

然而，在那天晚些的時候，我設法說服自己它只是個巧合。我跟羅說：「無論如何，她沒穿黑衣裳。而我們也沒在一間醫院裡。也許我只是潛意識地注意到她的視力在減弱，然後杜撰出那個夢來。」

「也許。不過，我們幾乎有一個月沒見到她了。」羅說。

「嗯，一定是那麼回事！」我說，「我承認這整件事是……發人深省的，但它也令我很氣惱。我是說，如果我們能在夢中看到未來，想想看，生命會更艱難多少？像現在的樣子就已夠我受的了。」

當時間過去，我或多或少遺忘了那個夢。只不過它偶爾會以令人不安的暗示在我身邊絮聒。我焦慮地覺得，事物的常規已撕破了一個小而重要的裂口。向回看時，我確信我嗅到了危險！就如任何動物感覺到在牠的環境裡有些陌生和新的東西時——或如任何成人當被「現狀」的改變所威脅時一樣的確定。因此，我把那夢排出了我的腦海，而繼續過我的日子。後來我在靈異方面的第一本書《實習神明手冊》裡提到這個夢。甚至在那時，我全沒想到它會是涉及康寧瀚小姐的一連串靈異事件之一而已，我也沒看出它在我自己發展上真正的重要意義。

夏天過去了，而在下一個改變我人生的經驗之前，秋天便開始了。我在一個秋日早晨醒來，覺得夜裡我有過一個最不尋常的夢，一個會影響我至深的夢。然而我完全記不得那個夢，當一天繼續下去時，那感覺就消失了。那晚，我一如往常地坐下來寫詩，寫了一小時，而突然間，隨著第一個夢打開的非常小的細縫現在張開了大口。

雖然我在《靈界的訊息》裡描寫了那個經驗，但因為它是升自夢的世界，而與無意識的活動如此密切關聯，所以在這兒，我想以一個不同的觀點來檢視它。康寧瀚小姐的夢曾嚇了我一跳，但這一次，我卻被到那時為止人生中最激起我的敬畏感的事件席捲而去；不過，我並不害怕。

前一刻我還坐在書桌旁，紙和筆就在身邊。下一瞬，我的意識卻衝出了我的身體，但它本身是無身體的，根本不占空間；它彷彿與窗外的空氣混合起來，跳入樹梢休息，縮在一片葉子裡。

狂喜與領悟、新的想法、感受、新奇的影像與字句的聚合如此衝過我，我根本沒時間叫出來。沒有現在、過去或未來：突然地，無法回頭地，我知道了這一點。

然後，逐漸地，我變得覺察到，我的意識又回到了身體裡，但，緩慢地，像微塵般透過黃昏的空間下降到我坐直在桌旁的身體。我的頭低著，我的手指正狂急的將發生的事潦草記下，好像它們自己長了腦子似的。

但，當我回來時，那經驗的強度開始褪色。那奇蹟開始撤退了。三個小時已過去了。只留下一堆潦草的筆記，已被自動寫下並標好標題：「物質宇宙即意念建構」（The Physical Universe As Idea Construction）——唯一由那了不起的經驗實質地搶救下來的東西。而我毫無疑問地知道，那些意念最初是在前一晚被遺忘的夢中給過我的。

既然那些筆記是如此直接的生自那事件，並且，既然它們代表從內在宇宙到我自己生活裡的第一個強烈入侵，我仍覺得它們令人深感興趣。我現在正看著它們，當我大約五年後寫這一章的時候，它們彷彿帶著一種狂暴的活力，那引得我去思量創造性的曖昧本質。因為，如果那些意念與經驗本身在我之內開啟了一種新的意識，它們也擁有一個爆炸性的力量，力量大到足以拆解掉我思維和理念的先前架構。我的世界平常表面真的被震開來，而那時，我對它裡面還會冒出什麼來，根本一點概念也沒有。

在《靈界的訊息》裡，我只由「物質宇宙即意念建構」裡摘錄了些許，但在這兒，我將多少更徹底地進入那篇稿件裡，因為它是與採自那經驗的「天然形態」如此接近，而我相信，它代表了賽斯後來要給我們的資料「胚胎」。那稿件本身包含了大約四十頁潦草的筆記，是在那經驗的高峯中寫下來的。後來，當我試圖重新抓住那時的感受和洞見時，我又寫了五十頁。

此我只涵括當我離開了身體時，我的手指在不為我所知之下寫的一些訊息。對我的某些讀者而言，這些概念完全不是原創性的。我後來發現，世代以來它們許多都曾出現在「玄祕的」稿件裡，但對我而言，它們不只完全是新的，並且還由這麼強烈的確信陪伴著，以致我再也不可能懷疑那確實性。

以下是「物質宇宙即意念建構」的摘錄。在原始的稿本裡，這整個部分是以定義的樣子給了我的。

能量　是宇宙的基礎。

意念　是被一個存有變成為物質實相的精神能量。

意念建構　是意念之轉形為物質實相。

空間　是我們自己的意念建構不存在於物質宇宙裡的地方。

肉體　是存有對「在物質屬性底下的自己」的意念之物質建構。

個人　是我們在日常生活裡覺察到的存有或全我（whole self）的那個部分。它是我們能在一個物質層面上透過意念建構來表達，或使之成「真」的全我的那部分。

潛意識 是一個意念浮出而進入個人有意識心智之門戶。它連結了存有與個人。

人格 是個人對所接收及建構的意念之整體反應。它代表在任何特定「時候」對個人之意念與建構的情感性染色。

情感 是將意念推入建構的驅策力。

本能 是為肉體存活所必要的最起碼的意念建構能力。

學習 是由「現存的意念」建構新意念複合物之潛力。

意念複合物 是幾組意念像積木般聚在一起，在物質實相裡形成更複雜的建構。

溝通（通訊） 是存有間在能量的非物質層面上的意念交換。

行動 是在動的意念。感官是投射的管道，意念藉之向外投射以創造表象的世界。

環境 是一個人用以包圍他自己的整體意念建構。

物質時間 是物質宇宙裡，在一個意念出現與其被另一個意念取代之間的一段明顯間隔。

過去 是對曾經是、但已不再是物質建構的意念之記憶。

現在 是任何意念浮現到物質實相裡的明顯之點。

未來 是一個意念在物質實相裡消失及其被另一個取代之間的明顯間隔。

心理時間 是在意念之孕育間的明顯間隔。

衰老　是組成建構的物質屬性對一個意念建構之影響。

生長（成長）　是一個意念建構遵循物質屬性，朝向其最完美可能的物質化。

睡眠　是一個存有除了為肉身存活之最起碼需要外，暫時休息不從事意念之建構。

物質宇宙　是所有個體的意念建構之總和。

記憶　是「過去的」意念建構之鬼影。

每個演化性質的改變都是由一個新意念所引發，而後才出現的。當這意念處於被建構入物質層面的過程中時，它為自己的實現準備物質的世界，並創造出必要的先決條件。

演化是能量的運動，朝向在物質宇宙內有意識的表達邁進，但它基本上是非物質的。在任一既定時候，一個物種是其個別成員之內在意象或意念的具體化，每個成員都形成自己的意念建構。

我們並不能確實地說，在某一點一個建構消失，而另一個取而代之，但為方便之故，我們人工地採取了某些點為過去、現在和未來。在某個點，我們同意物質的建構不再是一樣東西而變成了另一個，但，實際上它們仍包含那「過去的」建構成分而已在變成「下一個」。

雖然一個意念之建構物看來彷彿在實質上消失了，它所代表的意念仍存在。

睡眠是存有自物質的意念建構中休息。只有足夠的能量被用來維持個人的意象建構存在著。

存有退回到基本的能量界，而既然意念建構是在一個最少的層面，存有相對地不受時間的拘束。夢中這存有在一個潛意識領域是與其他存有有所接觸的。

在死後，存有將可自由運用其鬼影（記憶），雖然其明顯的順序將不再適用。記憶是「潛意識能量存有」之所有物，它本身是不可摧毀的（雖然在種種不同的情況下，它們可能無法被那個人得到）。

下一個存在層面，將涉及在能量利用及操縱方面更進一步的訓練，組成這存有的能量是自己產生的，並且永遠在尋求更複雜的形式和覺察。

每個物質的粒子，都是由組成它的那「個別化的一小點能量」所形成的一個意念建構。

每個存有在物質層面上只感知他自己的建構物。因為所有建構都至少是同樣的基本意念在物質裡的忠實複製品（既然一般而言，在這層面上，所有個別的人都是在同樣層次上），那麼他們在空間、時間和程度上有足夠的同意，因此表象的世界有一致性和相對的可預知性。

物質的組織

所有的物質都是意念建構。我們只見到自己的建構。所謂的空間是充滿了非我們所造，而我們無法感知的建構。我們的皮膚將我們與其他物質建構連在一起，透過它，我們涉足於連續的物質複雜組織。每個這些最小粒子的行動都影響另一個。一粒沙之微動在星辰的分布及所有東西的組織裡都造成了相應的改變，從一個人腦殼裡的一顆原子，直到一個微生物的行動裡最微小的變化。

所有物質都是意念建構，交織在一起；每個建構是個別的，然而又與整體一致。最小的粒子對整體也是必要的，形成那物質設計的一部分。

宇宙作為一個物質的實體

宇宙可以被理解為像一個物質實體，一個有機物，其個別的細胞（物體）被連接組織（空氣的化學質和元素）維繫在一起。這連接性組織（譯註：即結締組織）也是活的，帶有電性的脈衝。在其內，就如在人體的連接組織內，有某種彈性，某個分量的再生，而組成它的原子和分子在不斷的取代。雖然整體維持其形狀，物質本身則不斷在出生及被取代。

下頁這粗略的圖與以上的資料一同來到。它假定代表了存有的能量，當它向外流，經過潛意識到意識，為的是響應自己對「它是什麼」的意念而建構物質的影像和環境。

我捲入了這圖形和文字背後的「純」經驗。我得到的啟示是，自己並沒有真正的界限，皮膚並沒有將我們與別人分開，卻以一個能量的網絡連接我們。我們所認為的「自己」及「非自己」是相關的；而且，至少在此生，意念是不斷被改變成物質。以下是「意念建構」中更進一步的一些摘錄。

存有具有將能量轉化成一個意念，然後實質地建構它的能力。這種能力決定此存有在物質演化層面的地位。簡單的有機體能「收到」的通訊較少，牠們的範圍較小，但其建構之活力與有效性卻是極佳的。在像草履蟲和變形蟲這類簡單的有機體裡，接收到的少數鮮明意念幾乎即刻就被建構，沒有反思。那有機體不需其他的機制去轉譯意念。牠所有的就已足夠了。

比較複雜的有機體——例如哺乳類——由於能感知更多的意念，所以需要更進一步的機制去建構意念。在此，記憶是個要素。現在這有機體有一個對過去建構天生固有的鬼影，藉之以改進及考驗新的建構，產生了某種反思，有機體因之而有進一步的建構。慢慢地，在其接受性的範圍之內，在意念構成物質實相的確實建構中，牠被給予一些選擇。

這反思是很短暫的，但有那麼片刻，這動物分享了一個新的次元。過去建構之仍不完美的記憶留連在牠的意識裡，時間的影子在牠眼中一閃。然而，那時記憶的儲藏仍小，但現在以我們的說法，即刻的建構不再是即刻的。那兒有個停頓：那有機體——狗或虎——能選擇去攻擊或不去攻擊。變形蟲必須不經反思，並且不經我們所知的時間去建構牠小小的世界。

接受範圍更廣闊的存有需要更複雜的結構。牠們接受的範圍是如此之大，以致簡單的自動神經系統是不夠的。變形蟲建構牠收到的每個意念，因為牠只能收到這麼幾個，所有的都必須被建

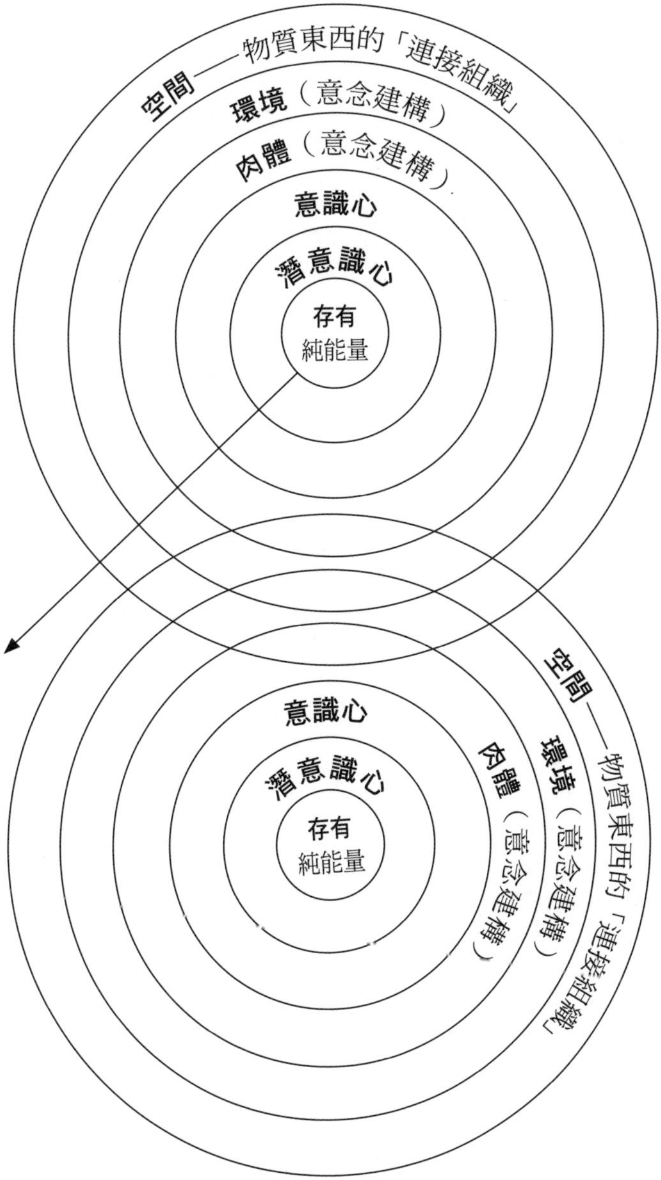
空間——物質東西的「連接組織」
環境（意念建構）
肉體（意念建構）
意識心
潛意識心
存有
純能量
空間——物質東西的「連接組織」
環境（意念建構）
肉體（意念建構）
意識心
潛意識心
存有
純能量

構以保障存活。就人而言，則情形相反。他有如此廣闊的接受範圍，以致他不可能實質地建構他所有的意念。當他的範圍變寬廣時，必須有一種機制容許他去選擇。自我意識與推理即為解決之道。

突然間，時間像一朵奇葩似地在他腦殼裡綻放。在這之前，他是「怔怔地」站在現在的。但記憶在動物裡產生了另一個次元，而人將之更往前帶了一步。記憶不再短暫地閃一下就消失，將人再封閉於黑暗中。現在它明亮地在他身後延伸，也向前延伸，彷彿形成了一條路，在這條路上，他永遠看見自己改變中的影像。

他學到「連續性」。而由於他能支配他集中焦點的記憶，人的自我誕生了。自我能跟隨它自己的身分，穿過包圍著它的熾燃衝動的迷宮，它能在不斷建構的模式間認知自己，並且能將自己與自己在物質世界裡的行動分開。在此，主體與客體誕生了，即那個作為施行者或建構者的「我是」（I AM），以及他建構出的構造物本身。

這新次元讓人類能操縱及認識他自己的建構，而有自由集中更多能量去投射一些意念勝過其他的。換言之，實質地，有意識的目的變得可能了。不過，在這過程的某一點，人開始幾乎全然地及人工地與他自己的建構分開了。從而造成了他的摸索、他與自然的疏離感、他對「第一因」或「造物主」的追尋，因為他已不再將自然認知為自己的創造了。

要描述這稿件對我造成的印象，根本是不可能的事，更別提要說出伴隨它而來的經驗了！所有這些意念對我而言全是嶄新的，而且相當與我自己的信念相反。以前我從未寫過任何像這樣的東西。當時羅在他的畫室裡作畫。當他出來時，我是如此的興奮與驚奇，以致幾乎說不出話來。

那晚我們熬到深夜，一直在聊。我試著解釋所發生的事，頭一回發現在文句和主觀感受之間的鴻溝。所以我給羅看這篇稿子。附帶地說，若沒有它，我根本拿不出任何具體的證據。然而，當事情過了之後，我的知性又作起主來。這整件事是什麼意思？我毫無疑問地知道我收到的概念是對的，然而，知性上，它們完全令我震驚！

現在，七年之後，我了悟到內我（inner self）能突然令人格重生且重獲活力，打開新的感知方法，粉碎阻礙物，並以洪流般的能量充滿人格，以使它步上正軌，且以更有意義的方向重新組織自己。那是個第二次誕生。這種事件就像是突然爆發的噴泉一樣，將我們帶得離存在的中心更近。它們來自主觀而非客觀的實相，而至少在我的例子裡，它們變得客觀化，它們的力量將它們推進成確實的物質了。

Chapter 02

主觀背景之一瞥

在「無意識的侵入」背後的推動力

但，是什麼啟動了「意念建構」的經驗？甚至當我寫《靈界的訊息》時，我也沒清楚地了解它為什麼發生了，也無法將它與我先前的生活或信念連接起來。它看來好像是個完全的侵入。目前這本書，專門談夢和主觀的經驗，引導我進入了更深的自我檢查。在準備當中，我重讀了我自己的記錄和詩。詩本身提供了主觀思緒和情感的一個清晰記錄。而就是經由讀這些舊詩，我才找到了一些線索，讓我看到在我通靈能力開啟之前與之後，我生命的連續之處。

當我回顧時，顯然我曾不自知地到達了一個發展的危機——在我們初成年時來到每個人身上的危機。我們的餘生就仰仗這時所發生的事。要不就成長到對存在的意義有了一個新的了解，要不就失去了青春自動賦予的大半力量和目的。

我在這章裡包括了幾首詩，作為一個主觀自傳的小註，以顯示是什麼事件觸發了我這邊第一次無意識資料的釋出，打開了通向內在宇宙的門；因為現在我相信，某些個人的狀況是這種發展特有的先決條件，按照個人需要之強度打開了直覺知識之傳述。我們不一定有意識地認知這需要，就如在我的例子裡一樣，但它必然是存在的。

這些詩顯示出，剛在我的通靈經驗開始之前，我對人生的一般態度。當你們看到我那時所寫的詩的類型，你們將立刻了解為什麼在「意念建構」裡的概念對我有那麼大的啟示。附帶一提，我認這些詩為美學上的創作。在當時我完全沒費神去檢查自己的主觀狀態——我只盡可能地表達它們，然後就美學價值去批評它們。我以為生命本來就是我當時看待它的樣子！我從沒想到自己的態度對生命有何影響。

這些詩全是在一九六三年的春天和夏天寫的，都是關於一般的人生：

〈一加一〉

一加一等於零。
算術毀滅我們全體。
對於我們的假設
減法是答案。

早晨對任何動物
都有意義，
而每個都感受到
死亡之十進制。
縱然我們這麼多人拚命努力
我們都從沒學會加法。
除法和減法

加起來將等於死亡。

我記得在一個午後我寫了這首詩，那是一連串沉悶的下午之一，那時我覺得，彷彿一般而言生命沒有多少意義了。

〈在這多霧天〉

在這多霧、懶散的日子
所有的思緒都落到突然的終點，
彷彿這陰沉的空氣
在自己身上鑿了一個洞，
樹木、房屋及我們所知的一切
都被輕輕地吸引去跟隨——
迅速地，像一次大屠殺，
容器終於傾倒——
我們所有的思緒溜入
一個時間造成的洞裡。

羅一直享有極佳的健康，但在一九六三年他患上了嚴重的背疾。這確實嚇壞了我，因此表達出下面這首詩裡的感受——我想，那是在初成人時期十分普遍的感受：

〈神奇是〉

神奇是我的別名，
我是如此勇敢高大。
我是誰
那時沒人知道，
尤其是我自己。
十年之前我並未
觸及愛，甚至痛。
世界觸及了我或未觸及我
對我毫無分別。
但那時血肉知道它是血肉，
並嚎出它的挫敗，
而點燃我的生命的

是我坦然的脆弱。

下面這首詩，在美學上來說沒其他的那麼好，但它是為羅寫的。它清楚地顯示我對過往歲月越來越深的恐慌感。我記得我泫然欲泣地寫它。

〈給羅〉

不如縱情吧，你和我，
像傻瓜似地在穹蒼下曲折而行，
跟隨瘋狂的墜月
像哭泣的小丑般通過祕密的鄉鎮，

看那廣闊的世界馬戲團開展
在地球的偉大聖地上。
面具在午夜滾落
而巨石般的面孔瞠目不動。
海灘在星光下閃爍。
它們將在那兒一百萬年。

海水躍起無盡的波濤，
我們卻活得短暫。

不如縱情吧，你和我
在我們尚未變得老而懦怯，
膽小到不敢呼吸，害怕到不敢眨眼，
謹慎到不敢穿過一條安靜的街之前。

那時將不會有魔法推動我們的血，
也沒有月光衝湧過脆弱的骨。
那麼趁還有時間
讓我們深深躍入重重世界
再回首凝望。

換言之，我的詩最後透露給我，在「意念建構」和賽斯出現之前，我的精神狀態。用它作為一個引導，其他的記憶也回到我腦海裡來了——和真正的悲劇比起來全都很瑣碎，然而，對我而言，卻非常的令人沮喪。那年，一隻小貓之死令我這樣寫：

死神進來，
與我的狗擦身而過，
取走了我的貓。

死神追逐她
通過客廳
越過羊毛毯。
我就坐在那兒一無所知。
我就坐在那兒一無所見。

一隻貓的死亡，一個小小的家庭悲劇，然而對我來說，它包含了生命之獨特和意識之價值的問題。有沒有任何人或任何東西在意一隻貓死了？即使是思考這問題，我也覺愧疚。在一個人類不斷殺戮同類的世界裡，哪個精神正常的人會花一分鐘時間去思考一隻貓的意識？然而，要不所有的生命都是神聖的，要不就沒有一個是神聖的。所以我陷入沉思。

而當我游目四顧，看起來好像，人儘管懷著所有的善意，卻只傳下他族類的錯誤：每個人不知不覺地延續他們家族特有的罪及過失。我寫了我最悲觀的一首詩：

〈舊恨〉

舊恨埋伏以待那嬰兒
等他長成一名男子，
等他穿上他父親的外衣時
撲上他。
當父親的骨頭入土，
當黑土落下
跳蚤蜂擁而上
咀嚼一個兒子愧疚的愛。

沒有一個男人能注視他兒子的臉，
他所曾承受的他也依次施予，
因為他在他的血裡帶著舊恨。
被遺忘的昔日鬼魂，

未被看見的
未被說出的悲劇，
在過去的驕傲血肉裡等著，
沒有東西能甩開它們。

而就人類全體而言。我只看到一個答案：

〈那些條件〉

我尊嚴地
掘我自己的墳墓。
我們全都去了。
再沒什麼可說的。

噩運是個玩具皮球。
我們將它高高扔起
笑看
火箭上升。

我們如骨灰的笑聲
漫灑在鄉間。
我們從未了解
那些條件。

現在我記得那個春天，想起我坐在桌旁寫詩，感到大自然違反了它給我們希望和重生的承諾。

我想，它幾乎是機械化的，好像什麼二手貨的神，每年一而再地重用同樣的葉子，而我們竟天真到看不透那欺騙。

然而那同一個五月，雖然我寫著最悲觀的詩，卻也記得我情緒的一個改變，精神的一次振奮，那是反映在兩首性質相當不同的詩裡。第一首是在我生日寫的。

〈生日〉

我永遠也不會成人
但我將越來越聰慧
像腦子裡有鬼的
瘋狂聖嬰。

在午夜我奔到河邊。
吠月，如果我能的話。
魚和鳥和天空和沙
在我血中瀑布般飛濺。

我的手指是沙沙作響且墜落的樹葉。
鳥穿越我骷髏的眼孔飛翔。
雲朵浮在我旋轉的頭頂
而星星灼傷我足趾的新月。

山嶽與山腰橫切過我的手臂。
河流飛越過我的脈搏
世代的鬼魂笑我癡言
當我的肌膚焚燒而上升成煙。

兩天後，我坐在書桌旁。無所事事地看著我光溜溜胳臂上的陽光，而突然被皮膚的奇蹟震驚，我寫了下面這首詩。後來賽斯提到它，說它是一個指標，表示幾乎準備好要爆入意識的內在知識。

〈皮膚〉

雖然這十字形交叉的肉網
嘗來似桃，摸來似桃絨，
全是金、綠與紅之徹底混合。
渲染著陽光，暈眩而美味，
不過，以目觸之就像窺探
一扇圍籬
一吋裡有一百萬條鐵絲，
靈巧相連。

臂上的風吹著汗毛，
底下有顆黃金痣，
正如桃子的斑點，

但汗毛向後拱出一個大孔，
每盎司肉都是個籬笆，
圓而緊地矗立
在隱藏的風景、太陽與陰影四周，
鑲著多刺灌木叢小徑。
窺視進去。孔太小看不到多少，
但夢卻旅行過神奇的鐵絲網。
比秋月更明亮的火
在臂上拋下跳躍的影子。
日與夜燃燒似星辰
在頭顱的閃爍草原裡，
而透過桃花夭夭的肉籬，
其他的果花盛放，遙遙不可及。

那麼，我想我的「意念建構」經驗之所以會啟動，至少部分是來自這些詩裡顯而易見的需要。

最後兩首顯示關於正冒出頭的直覺知識早期跡象。我相信我的理性和正常的創意已走到了頂點，而當我最需要新的管道時，這些管道便打開了。我想，一般而言，當我們不再依賴別人給的大部分答案，並覺得不足時，這些其他的管道就打開了（順著這方向，我心想，鎮靜劑可能會阻止我們去努力對付可能出現在這種經驗之前真正的「靈魂黑暗期」，並讓我們接受暫時的、客觀的、人工的答案，而常將我們與這種直覺性的突破切斷）。

如果沒有這稿件經常的提醒，我想「意念建構」經驗可能漸漸自記憶裡褪色，失去大半的活力；但這很難想像。相反的，那理論在我的生命中彰顯出來，變成了我存在的事實。若無那初始對非物質資訊的引介，我再也不可能接受賽斯及賽斯課。那麼，那經驗導致了賽斯課及這本書，包含了足夠的能量和啟動力，不只改變了我的生活，並且也影響了其他人的經驗。

我在此大規模地談到這個，因為創造性的、無意識的能量常如此是夢境的一部分。很明顯的，在我那時的情形裡，「侵入性的」無意識資料必須在我清醒時經過我的意識，因為我無法完全記得那提供我資料的原始夢。

一而再地，我們存在的內在中心經由主觀的鼓舞——在醒時、夢裡或出神狀態裡——對我們施以援手。經由後來在這本書裡提到的夢經驗，這會變得相當清楚。夢、靈感、神祕的意識裡的經驗——我相信，它們的主要來源全都在我們的平常意識和活動模式之外。

這書主要是講夢，但它也會強調意識的真正機動性。就是我們的意識，使得做夢（及靈體投射）和那些無意識的能力成為可能，而這些全都對我們的生活運作非常重要。

當然，在「意念建構」經驗的當兒，賽斯課本身也還沒人夢想得到。所以，雖然這本書是專論賽斯「夢的本質」的理論，及他對其用法的指示，它卻無意作為一個最終的聲明。在談論其他主題的期間，賽斯也繼續傳述談夢的資料。想對賽斯觀點有更一般性概念的人，可以參閱《靈界的訊息》。在這裡，我將提供夢的資料，並且是照著隨後的上課形式——尤其是在本書的前半。這自動地依序展示了資料，維持住連續感，並且在羅和我及後來我的學生們，跟著賽斯的建議時，可被用為夢經驗一個逐步、主觀的日誌。這展示方法本身就給了讀者一個機會去做那些實驗，正如當我們一邊做練習、賽斯一邊把資料給我們一樣。

在賽斯開始夢的探討之前，作為一個準備，他解釋了人類意識的自然機動性，並且概括出「內在宇宙」的主要特色，那在醒時與夢境裡都可略見一斑，並且它也是物質實相的基礎。這個介紹提供了一個自然途徑，以進入（內在宇宙之一部分的）夢的領域，以及在夢架構內可能的其他意識狀態。因而這本書的第一部分，將處理這資料以及我們進入那內在實相的第一次探索。

Chapter 03

引介賽斯

更深入內在宇宙

在一九六二年那個九月的其餘日子裡，我重讀了多次「意念建構」的稿子，試圖了解它，並希望重新抓住在傳達時我曾有的感受。偶爾，我得到些靈光乍現的洞見，但大半時間，我只坐在那兒，深感挫折。我的理性就是無法越過某些點，而我心知肚明。

可是，突然間，我進入了一段密集的創作活動，結束了差不多一年之久的腸枯思竭期。尤其是寫詩的點子來得這麼快，以致我幾乎沒時間把它們寫下來。這些大部分的詩作可以很容易地追溯到「意念建構」的稿件。同時，我還開始了一本新書。

由於康寧瀚小姐的夢及「意念建構」經驗，羅建議我試做一些ＥＳＰ及意識擴展的實驗，而寫本書披露實驗的結果——不論正面或負面。那些讀過我在這領域其他兩本書的人，都知道那實驗是令人驚奇地成功，並且，透過靈應盤，我們和賽斯有了第一次接觸。

我在別處已描述過那些早期的課，但在此，我將收錄一首詩，那是我當時感受的一個戲劇性、直覺的寫照。事實上，幾件事都在這詩裡濃縮成一個了。直到我們玩過四次靈應盤後，賽斯才正式出現。而我則是在第八節的中間才開始替他說話。不過，幾乎從一開始，我便預知那「盤」將要「說」什麼，而這詩的正確性，等同於我能對那些課所做的嚴格事實聲明。

〈訪客〉

一夜，我們試玩靈應盤，

我的先生羅和我。
貓坐在明豔的藍地毯上，
熱咖啡在爐上沸騰著。

「這東西絕不會起作用，」我說，
「我們一定是瘋了。」
但我們並沒有瘋，至少還沒有。
貓展開笑顏卻未發一語。

然後那小指針動了，
彷彿一千個分子長了腳，
而把它揹在背上，
閃電般快地滑過盤面。
「你在動它。」我叫道。
「親愛的，這話不公道。」
「太胡鬧了。」我想要大笑。

「我沒搞鬼。」羅說。

「你們可稱我為賽斯，」字拼出來。

羅抬頭望但沒說話。

貓在溫暖的燈光裡漫步。

「咖啡一定已煮好了。」我叫道。

我衝進廚房。「你現在想喝一點嗎？」

羅搖搖頭。

「有東西要妳回到盤上來。

妳最好再坐下。」

我瞪著他，他是認真的。

我很了解他。

我盡可能叛逆地說：「那只是個遊戲而已，

並且，我們也不認識任何叫賽斯的人。」

但我的腦子卻感覺，
快被非它自己的思緒擠出去了。
好似某個未受邀約之人，
在我頭顱裡安頓下來。

然後我的訪客與我先生並坐，
而經我的雙眼對貓微笑。
把我擺在不會阻礙他的位置後，
他似乎「賓至如歸」。
「晚安。我是賽斯。」我的唇說道。
他開始用我的身體走來走去，
彷彿在適應臂和腿。
我從未如此吃驚過，
像那樣被鎖在我自己之外。
但他像是一位主教似地和善與快活，

你可以請進來喝杯下午茶的某人。
而當他讓我透過他的雙眼向外窺視時，
我熟悉的客廳卻看似非常陌生。

現在當季節去而復返，
他一週來訪兩次，
從既無風又無雪，
但仍有諾言得守的世界。

事實上，靈應盤首先由一個叫做法蘭克・韋德的人給了幾個訊息，他堅持他曾認識我們的鄰居康寧瀚小姐。最初我沒把他的話當真，但他說他認識一位老婦人，她是我在那兒兼差的當地畫廊的同事。當我問她時，這婦人告訴我她真的曾認識這樣一個人，雖然與他只不過是點頭之交。

這已足夠使我去康寧瀚小姐的公寓，希望在閒聊中帶出法蘭克的名字（我才不會告訴任何人關於靈應盤訊息的事）。我也覺得不可解，康寧瀚小姐會與我們的靈應盤活動有任何牽扯。當然，這關聯立刻提醒了我七月的夢。

這陣子以來，這是康寧瀚小姐第一次和我真正一起談話，而我對她的改變大為震驚。她的頭髮蓬亂，常神經質地扯她的衣裳。當她說話時，會突然停在句子的半中間，開始哼一個調子，然後忘了她說過的話。下一刻，她又恢復了原樣。然後這循環又重新開始。

我終於問她：「妳認識過一個叫法蘭克・韋德的人嗎？有一天有人提到他的名字，說妳認識他。」

「韋德？韋德？」她說，「嗯。」她又哼起一個小調。

「法蘭克・韋德。」我說，覺得很愧疚打擾了她。

「是的，是的。」她的聲音漸小，消失了又回來。「我有很多學生叫那個名……有好幾個……」

我等她說下去。

「我們在說什麼？妳想要什麼東西？看到妳真好。」她開朗地說。但，那愚鈍已開始回來了，所以我知道再說也無用。我不安地回到我的公寓。

當日子過去時，我有時發現她在走廊間遊蕩，就會惴惴不安地刻意不時去探她一下。但我們一直被自己的事占滿了時間，所以我不常見到她。

那是段奇怪的日子。剛在我們的課開始之後，甘迺迪總統就被暗殺了。熟悉的物質世界看來不像是個很安全的地方。老的思考方式帶來了可怕的果實。接下去是個不安寧的十二月——全國的光景顯得充滿敵意、陰鬱與消沉——而在我們當地，天氣陰暗，積雪盈尺。然而，在我們小而明亮的起居室裡，我們覺得自己正有所建樹，獲得無價的洞見，並在混亂的世界裡找到了一個神智清明之點。

在同時，我們一週玩兩次靈應盤。當我在那些冬日下午從畫廊回家時，天已黑了。晚餐後，我洗好碗，寫詩一小時，然後羅拿出靈應盤。這些課往往一直到半夜才結束。羅從一開始就逐字逐句記錄。前十節的大部分是談轉世，並包括了羅的家庭一些令人著迷的資料。

「它們是了不起的故事。」我說。

「我注意到我們現在一直在用有關我父母的洞見，而跟他們處得比以前都好多了。」羅說。

「真的……好高興啊！」我說。「而轉世是個很值得玩味的理論。記得我在《幻想與科幻小說》雜誌裡刊出的第一篇文章〈紅馬車〉嗎？它就是以轉世為主題的。但那並不表示我相信它，認為它是真的或是事實。」

「也許甚至在那時妳也知道它是真的。」羅說。

「哦，親愛的。」我帶著不安與相當不自覺的責備回嘴。早期的課確實令我深感興趣，但在理性上，我無法接受轉世。有趣的是，轉世並非「意念建構」經驗的一部分。那些個意念是如此徹底地深埋在我心內，以致我再也不會懷疑它們。

到目前，我們也在為我的書嘗試其他的實驗，每天早上我寫那本書。而在我們的第十二節裡，賽斯給了我認為像是一個基石的東西，那會是其餘「賽斯資料」建立其上的初步架構。我曾在其他的書裡引用其中一部分，然而賽斯給我們的比喻，是對內在宇宙以及他的想法之如此精采的引介，以致幾乎是不可少的。每次我閱讀時，都得到新的洞見。

在第八節課之前，所有的答覆皆來自靈應盤。在第十二節課幾節之前，我才開始替賽斯說話。整件事在我看來似乎如此瘋狂。「就像那樣地變成了另外一個人！」我以前常說。第十二節課是在一九六四年一月二日舉行，長達三小時之久。上課時我們鎖上門，並關上百葉窗，卻總是讓燈開著。我們用靈應盤開始這一節，但只在幾分鐘之後，我就把它推到一邊，而開始以賽斯的身分口述。以下就是那節課的簡短節錄：

就第五次元（dimension）而言，我說過它是空間（space）。我會試著建立起一個結構的意象以助你了解，但隨之我必須拆散那結構，因為根本就沒有結構存在。

那麼，設想有個金屬絲網，有點像卻不同於珍的「意念建構」觀念——一個由連鎖的金屬絲無窮無盡地建構成的迷宮，以致當我們看穿它時，看起來會好像是沒有開始也沒有結束。你們的層面，好比是在四根非常細長的金屬絲中間的那一個小小位置，而我的層面可比為在另一邊鄰線內的一個小位置。

我們不僅是在同一些線的不同邊，同時，按照你們觀點的不同，我們是在上或在下。而如果你想像那些線在形成立方體……那麼這些個立方體也可以一個放在另一個裡面，而不至於對其中任一立方體內的居民打擾分毫——這些立方體本身也在立方體裡面，並且我現在只說到你的層面和我的層面所占的那一丁點小空間。

再次想你們的層面，被它的一組細長的金屬絲圍成，我的層面在另一面。這些如我說過的，有無限的團結性和深度，然而對這一面而言，另一面是透明的。你無法看透，但兩個層面經常彼此穿透。

我希望你明白我在這兒做了什麼，我創始了動的概念。因為真正的透明性不是能看透，而是能穿透。這就是我所謂的第五次元的意思。現在，移開金屬線和立方體的結構，一切行為卻好像有金屬線和立方體存在似的，但對甚至是我層面上的人這是唯一需要的架構，為的是使這能為我們或任何存有的感官所理解。

我們只不過造出了想像的金屬線以便在上面行走。你們房間的牆壁構造是這麼真實，以致在冬天沒有它你們會凍死，但既沒有房間，也沒有牆。因此，與此相彷彿地，在宇宙裡我們所建構的金屬線是真的，雖然……對我而言，牆是透明的。我們建構來表達有關第五次元的金屬線也一樣，但為了實際的目的，我們必須裝作好像兩者都存在……

再次的，如果你們願意思考一下我們的金屬線迷宮，請想像它們占滿了一切存在的東西，而你們的層面和我的層面像兩個小小的鳥巢，窩在某株巨碩大樹像鳥巢似的結構中……舉例來說，想像這些線是會動的，它們不停地顫抖，並且還是活生生的，因為它們不但攜帶著宇宙的材料，並且它們自己是這些材料的投射，而你們就會明白這多難說明了。我也不怪你們會厭倦，在我叫你們想像這個奇異的結構後，又堅持你們把它撕開，因為就像你不能實際地看到或觸摸到百萬隻隱形蜜蜂的嗡嗡聲，它們也一樣地不可見不可觸。

羅說：「讓我念給妳聽剛才口述的一些資料。」他念了幾頁（在這兒只給了一點點摘錄）。

「它比我讀過的任何東西都有道理，」我說，「但它是從哪兒來的呢？現在，在我意識的平常狀態，我只能欣賞它，甚或批評它。那來源已經不見了。」

「是嗎？」羅問，「或許，只在懷著極謹慎的態度且在某些明確的條件下，妳才容許它自由？」

當他說這種話時，我就會懊惱，而熟悉的起居室看來彷彿很陌生似的。在溫暖的燈光下，桌、椅、沙發和地毯看起來相當的正常，然而我覺得這些形狀都非常重要，只不過是其他肉眼不可見但永遠活躍的實相的侵入。

「如果換作是你，」我說，「你也會很慎重的。」

但羅只展開笑靨：「我會嗎？」

在所有的這段時間，羅和我有了我們對意識機動性的最初經驗。意識還能做什麼？我的意識能做什麼？這些問題令我充滿了好奇，而我們還嘗試了各種各類的實驗。

其中最令人著迷的，是有天晚上我們單獨做的一個實驗。我將羅所作的筆記摘錄在下面，以提供你們對我們在嘗試的形形色色事物有點概念。我確信這類實驗極有價值，因為它有助於將我們的意識抖離它通常在客觀、自我取向的實相焦點。

就我而言，那插曲是令人驚異地鮮活，在我的心眼裡，景象清晰而明亮，有點像是看一場內在的電影（或者可以說，像清醒時做著鮮明的夢）。但，那時就我而言，它根本是意識和覺知的一種全新狀態，一個我前所未有的心理經驗。

我現在對我們關了燈這事覺得相當不好意思，因為我們的課一直是在正常光線下進行的。然而，在那些日子裡，我們並不知道該如何進行，而由於我們讀到過說，這種事情是在近乎黑暗的情況下處理的。所以羅和我坐在我的木桌旁，就只點了一支小小的電燭。經過了相當一段時間後，我開始看見畫面，而當羅記錄時，我以我自己的聲音大聲說話，描寫我所看見和經驗的東西。結果是下面的獨白：

「我看到名字：莎拉・威靈頓。她是在一間補鞋匠的鋪子裡……是在一七四八年的英國。在補鞋匠的鋪子後面房間裡吊著幾張大牛皮，而乾牛皮則掛在另一間裡。第一間吊牛皮的房間非常冷，沒有通風設備，也沒有窗子。

「不過，在前屋裡是有窗戶的，還有板凳和石頭地板。那是個有壁爐的石頭房子。九月，下午約四點鐘，潮濕而多霧。莎拉有著金髮。她不很美，卻很瘦削。她十七歲。

「她的父母不在那兒，而莎拉也不住在那兒！」

我停下來。羅等了一會兒，不知該不該打斷我。最後他安靜地問：「她住在哪兒？」

「離這兒三個店面。」

「她活了多久？」他問。

我又停下來，然後我非常清楚地看到整件事，而我興奮地說：「她在十七歲時死了，在補鞋匠的鋪子裡。她被燒死。補鞋匠從裡屋走出來，而她就在那兒，全身著火，並且慘叫。他將莎拉推到街上，使她在石頭和泥裡滾動；但她死了。

「她……她住在左邊的第三間屋裡，一間暗暗的前屋。她有兩個兄弟，一個出門到什麼地方去了；是個水手。另一個較年輕。因為莎拉的父親替補鞋匠做了些事，為了回報，鞋匠替她弟弟做了鞋子，而莎拉到鋪子裡來拿。」

又一次停頓。「什麼？」羅說，「妳能不能說清楚一些？」

「是一件手工藝品，」我說，「莎拉的父親用來換一雙鞋……某個和魚網有關的東西。那村落就在海邊。雖然還有其他的村子，但補鞋匠的店是附近唯一的一家。莎拉的父親用海草做魚網，是乾的海草。他們把它像繩子一樣的編織起來，然後做成網子。

「漁夫們有簡陋的木船，在運氣好的日子裡漁獲成堆。黑魚，有些只幾吋長，有些則長得多，平均約一呎長。他們整年都捕魚，而非季節性的。冬天水是暖的，那就是這裡如此多霧的原因。由於土地貧瘠而多石，非常陡，所以他們不耕作；因此他們靠打魚維生。」

「妳知道村莊的名字嗎？」羅問。

我一直看到我所描述的東西，而現在那名字就這麼出現在我腦海裡。「賴文郡。它在英國東北海岸，居民少於三百。人們也由更北的另一個村子得到一些食物。由於某種理由，那邊的土地要好些。」

我一直看到更多東西。我也以為我一直在跟羅說我看到的每個景象，但隨著他問的一個問題，我才發現我有一陣子沒說一個字了。

「他們種什麼作物？」他問，而我試著提起精神到可以繼續談話的程度，而同時仍保持焦點在這些變來變去的奇怪景象上。

「我看見番茄，但縱使在我說這話時，我彷彿記得我曾讀到過在那些日子裡的人們是不吃番茄的。但沒錯，在這小村子裡的人吃番茄；還有小麥和大麥。他們養牛。

「補鞋匠是個老人。他也是個英國國教小教堂的司事。他擔任敲鐘的工作。他的太太安娜五十三歲。她戴眼鏡，有一頭灰白頭髮，而且非常肥胖和邋遢。

「在鋪子裡還有一個男孩——不是他們的兒子，而是補鞋匠的學徒。他睡在廚房裡。他的名字叫亞伯特．藍。我想他是十一歲。補鞋匠和他太太沒有孩子。她的眼鏡有點毛病……大多數人都不戴眼鏡。它們是手工自製的；他們必須磨那玻璃。它們像放大鏡一樣，嵌在她鼻子上的架子裡……

「比較來說，補鞋匠家境還算小康，雖然並不富有。當他去世時是五十三歲。那男孩還太小，無法繼承鋪子，有兩年那村子裡沒有補鞋匠，男孩去當了漁夫。然後另一個補鞋匠來了，而亞伯特又回到店裡幫忙……他最後結婚了。他太太的名字也叫莎拉，是莎拉・威靈頓的一個表妹。在村莊裡的人多少有些親戚關係；他們沒有別的地方可去。」

我又停下來幾分鐘。我不知道我的眼睛是睜開還是閉起來的，而且，無論如何，房間這麼暗。只夠羅剛好能看得見以便作筆錄。而我只看見鮮活的地方和人們，我以斷斷續續快速的句子說話，有時並沒努力去說出完整的句子。

「妳現在看到什麼？」羅問。

「主要的大街。」

我笑出聲來，因為我如此清楚地看到它。「我看到房子和一兩間店鋪，然後一條升高許多的狹窄圓石路——它是圍繞著一個小港口的部分泥造、部分石砌的路。但它從沒被淹沒過；那條路保持村子的乾燥。但那兒沒有任何的沙灘。」

「如果妳現在在實質生活中看到它，妳會認得它嗎？如果妳去英國旅行呢？」羅問。

「不會。它現在不在那兒了。我不以為我能認出那個地點。它只是個小港口，有著崎嶇的山丘，但沒多少草。它並非一個海港。大船靠不了岸。只有足夠的空間容得下小船出去打魚……」

我的內在視線攀爬上村外的山丘。我覺得自己在爬高。但羅打斷我：「它距倫敦有多遠？」

而突然我「知道了」答案，自上方看到一片暗暗的風景。還有我也描述了的其他騷動的影像。

「由陸上行走，驛馬車要花兩天，騎馬要花兩天。他們一天約走二十哩。他們不喜歡在天黑後旅行。太危險；有太多強盜。所以他們總住宿在差不多半途的一家旅舍。它叫作『塞吉維克』。他們會在第一天的黃昏前到那兒。

「在旅舍裡有個很大的壁爐。他們的碗盤是陶製的。他們有麥酒……配著餐喝。他們的肉食是排骨——羊排以及某種叫『braunsweiger』的東西。他們有麵包……大麥麵包和湯……魚湯和孔雀貝。他們沒有鹽。他們有乾豆；我不知是哪一種。

「他們也帶手槍。那種手槍黑而長，比現在的手槍長很多。在頂上有個小玩意兒，他們把火藥存放在裡面——我不知道是為了什麼。」

突然我開始笑出來。我很清晰地看到這手槍。但我對槍根本毫無興趣，而且完全不懂，所以很難解釋那手槍是如何製造的。我不知道那些零件的名字。看起來好像很荒唐，我對這樣一個簡單的物件能有一個「影像」，然而卻沒有描寫它的字彙。

我似乎知道有關槍的每件事。有部分的我覺知到這情況的怪異性和羅在其中拚命趕作筆記的搖曳燭光。但我意識的另一部分則集中在那槍上，而我有意盡可能地好好描寫它。

「他們……他們造子彈，然後放火藥進去。火藥和子彈分開放，除非它們被放進槍裡，雖然總有一、兩顆子彈是準備好的。在發射子彈後，如果他們能找到彈殼，就會保留起來。因為不容易得到金屬。那些槍重得不得了。這些子彈是新玩意兒，但不經用；他們不再製造了。因為某種我不懂的理由，這些子彈可能會爆炸。那些男人不想把火藥和子彈放在一起。有時候火藥是鏽色的，有時發白。它們是大子彈——這是那些槍如此大的原因之一。

「人們不常去倫敦。有些人從沒去過。第一位死於十七歲的莎拉從未去過。亞伯特的莎拉去過。愛德華國王那時是在倫敦。亞伯特和莎拉賺了不少錢，而能夠有錢去倫敦。當愛德華加冕時，他們去了。他們沒見到加冕禮。那時莎拉四十一歲，亞伯特四十六歲。他們有兩個或三個孩子。我不知道他們怎麼了。

「亞伯特喜歡打獵，但由於土地太不平坦而無法常打獵……鹿和兔子，一種特別的兔子，不是大尾兔，而是某種灰兔。還有灰色的松鼠。」

然後影像散了，有一段很短的時候，彷彿有一重灰霧，而透過它，我好像看到在更久遠以前的那個村子。「那個村莊在那兒至少有三百五十年了。我曾告訴你它的名字——賴文郡，在那之前，它有個不同的名字……

「有敵人入侵過。較早時他們大半來自沿海，挪威人，我猜，還有高盧人。高盧人看來像法國人，皮膚黝黑；而他們很矮小。每個人都知道挪威人的長相……」

然後突然地，我又回來了，看到後來的時代。「我不知道為什麼，在倫敦，亞伯特的太太喜歡到麵包店去。在倫敦有比在村子裡講究的麵包店。而莎拉……第一位莎拉……如果她沒被燒死，她也會在十七歲時死於肺病。她的肺功能很糟。那是個不適宜居住的地方。村子沒多少陽光，而他們老是關著窗。其實本來也沒有多少窗子。土地是那麼崎嶇不平……而他們會在一大片岩石上蓋房子，而房子永遠是潮濕的……莎拉的衣裳骯髒。那是毛織品，由於沒染色，呈現一種天然的棕色。它本來不會燒得那麼厲害，但它上面有油漬，而油漬著了火……」

我顫抖了一下，看著那衣裳著了火，而再度看著補鞋匠將女孩推滾到街上，拍打著火焰。然後我似乎又在村子上方，向下看，但很模糊。「侵略者的後代也住在村子裡。有姓勒文的、姓迪瑙和姓柏林的家族。他們睡在乾草上。氣候是那麼潮濕，乾草從沒乾過……」

我又安靜下來。羅不知道到底該做什麼，所以他只問了第一個出現到他腦海裡的問題：「那裡的人們快不快樂？」「那是個傻問題。」我回嘴道，但卻帶著一種非常不偏不倚的口氣；就好像根本不是我在回答。「他們就和當時的任何人一樣快樂。他們不喜歡他們的嬰兒早夭，但他們只認為……人生就是如此。他們喝很多酒。他們大半不識字。嗯，教堂司事會一些，但不多。人們不認為識字是必要的。他們沒有書，所以學認字又有什麼用呢？

「有些人會寫他們的名字，但通常不會認別人的名字……他們沒有水喝。海水裡有鹽——那就是他們為何在那兒洗浴的原因。但他們認為喝水是不健康的。村莊後面是陡峭而崎嶇的，但在高處有條溪流，他們用馬和桶子去汲水。但他們不喝那水，而喝麥酒。不過，他們用水來煮湯。他們很幸運。那溪水是由高處流下，不然的話他們就必須挖得很深才行。

「他們燒開那水來做湯；這殺了很多細菌，所以他們實際上比其他有更多水的社區還健康些，因為大半的水都被污染了。當他們燉東西時，是用動物的天然液體。」

我停下來。突然所有一切都不見了。我告訴羅，而他打開了電燈。

「那真不簡單，」我說，「我是不是不知怎地回溯了時空，或我幻視了這整件事？」

「它感覺起來如何？妳對它做何感想？」

「我不知道，」我說，「我看見這麼多，這麼清晰。我彷彿在空中改變了位置，雖然我知道我是在這兒，在這房間裡。我是否可能在孩提時看過一部老片子，已忘了它，然後由它幻想出景象來，而完全不自知？」

「那顯然是可能的，」羅說，「甚至那樣也顯示出心智了不起的能力。但我也有些事要告訴妳。在妳剛開始之前，我自己也看到了一個畫面。」

「你為什麼沒告訴我？」我問道。

「我沒辦法。在它剛剛消失時，妳就開始講英國的事了。」

「那你看到什麼呢？」

「嗯。我看到……一個男人的腳。他正在一條平坦、多土、帶紅色的路上走。我想他是光著腳，雖然現在我猜想他應該是穿了某種很原始的拖鞋。他有一件帶棕色的長袍，在他小腿邊拍打。他的腿很瘦。」

「他的臉長得什麼樣子？」我問。

羅笑了。「我看不到他的頭、肩，甚或腰部。土地非常的平坦——紅棕色。在左邊，越過那雙腳，遠處什麼也沒有。不過，有一下子，在右方遠在天邊的地方，我以為我看到了一堆金字塔。它們有著冷而燦爛的顏色——藍或綠色。不過，我看不到它們的基底，我甚至不確定它們是不是金字塔。但我看到那人的腳底，棕黑而多皺紋，沒穿鞋，每跨一步後提起來。它們布滿了塵土。」

「我的經驗很棒，」我說，「但有點像是我由某個瘋狂的角度在看一場電影。景象也會變。我會正在看那條大街，然後突然又會在村外的山上。不像我現在在這房間裡那樣的在那兒……卻是……部分在飄浮。有時候非常模糊。你的靈視比較快、比較狹隘，但非常精確。」

「我要把它畫成一幅素描或油畫，」羅說，「色彩棒透了。」

「你知道那個人是誰嗎？」我問。

「我會問賽斯，」羅笑著說，「或者他可能誰也不是。」

「我很好奇，不知我所看到的村莊是否是真的。對我而言它是……」

「那麼，就目前而言不就夠了嗎？」羅說。我點頭；至少，有足夠的資料寫個好的短篇故事了，我想。然而那村莊和那些景色卻一直留連在我的記憶裡。「我們才涉足於這玩意不過一個多月，」我說，「所以目前我已滿足了。但如果它繼續下去，我們就必須嘗試去核對一下這些東西。」

「我們會的。別擔心。同時，它是什麼就是什麼了。」羅說。

「是啊……但它是它是的東西嗎？像我們的貓威立就是隻貓？」

羅開始發笑。「去查明，那就是它好玩的地方囉！」他說。

Chapter

04

我對夢實相的第一瞥

一次瞎撞上的出神狀態
兩個來自夢世界的逃亡者

賽斯在一九六四年一月六日那一節，的確提及了羅的靈視。我們以靈應盤開始這節。羅大聲說：「賽斯，關於我兩晚前的靈視，你能告訴我任何東西嗎？」

指針拼出：羅倫，此人是個在朝聖途中的僧侶。

「我弟弟羅倫？他要旅行到哪兒去？」

他在往聖地的途中。當他睡覺時，他的鞋子被偷走了。你看到的建築並非金字塔，而是在遠方的修道院遺跡。

「這是在哪片土地上？」羅問。

指針回答：亞洲是你看到他的地方，不過他到過許多其他地方，按照當時的習俗，他在中年時上路旅行，為他的罪做苦行。

「我那時活著嗎？」羅問。

沒有。

「你可否告訴我們，精神酵素是什麼東西？你在以前的一節課中有一回提到它們。我想我希望現在就多知道一些。」羅說。

現在，身為賽斯，我將靈應盤推到一邊而開始口述：

就如精神基因可以說是在肉體基因背後，所以精神酵素也是在你們層面（plane）上可以檢查的實質東西背後。葉綠素就是這樣一種精神酵素。往後我還會跟你描述更多。

換一種說法就是，顏色或任何那種性質的特質都能被認作一種精神酵素。舉例來說，在精神與物質之間可以說有一種交換，若沒有它的話，色彩無從存在。我以顏色為例，因為你們也許比較容易了解顏色為什麼可以是一種精神酵素，而不易了解葉綠素也是的。附帶一句，葉綠素不只在顏色上是綠的。

儘管如此，這裡有一種交互作用賦予葉綠素其屬性。我希望讓你更清楚明白這一點，但它涉及了你目前對它並沒有適當了解背景的一個更大觀念……不過，葉綠素是個精神酵素，而它是在你們層面裡的推動力之一。在所有其他植物裡，都存在著一種變體。可以說，它是個精神的火花，令其他每樣東西動了起來。

這也與感受有關，感受也是一種推動力。你必須試著不用老法子去把東西分門別類，但當你開放心胸時，你會看到在作為一個精神酵素或推動力的葉綠素，和永不安定的情緒之間，有一種相似之處。「固體化」的情緒則又是另一回事了，那或許是其他世界的架構……

說真的，珍，妳太歸功於妳的潛意識了。功勞該歸給應得者。我建議休息一會兒。

羅對有關我潛意識的那句話發笑，但賽斯並沒讓我們休息而又繼續說了一會兒。

或許我可以將精神酵素說得更清楚些……在你們自己的經驗裡，你們熟悉蒸汽、水和冰。這些全是同一樣東西的展現。所以一個看似實質的葉綠素，也可以是看來好像非物質的情緒或感受的一部分，卻是以一種不同的形式——而，當然，按照某些法則，它被導入這種形式或被令採取形形色色的形式——正如你們的冰本身無法在你們的夏天當中存在。約瑟，縱然我或許不能與一首交響曲相比，但你必須承認，我用一支比喻的指揮棒可是很揮灑自如的呢！

這裡，我們休息了一會兒。羅總是很喜歡賽斯的幽默感，我回過神時，他還在為最後一句話而面露笑容呢。他說：「他又叫我約瑟了。」

「和你很配嘛。」我笑著說。賽斯叫我「魯柏」，叫羅「約瑟」，說這是我們存有的名字。存有即體驗很多次轉世的全我。兩個名字我都不怎麼喜歡，所以我們常拿它開玩笑。不過，我們並沒時間多談，因為賽斯在差不多十分鐘內就回來了。而休息時，羅對固體化的情緒評論了一句，賽斯就以此開始：

你為什麼覺得「固體化的情緒或感覺」很古怪？你倆現在都了解你們的層面是由固體化的思維組成的。當你們的科學家大驚小怪完了之後，他們也會發現事實就是如此的。

先前，當我叫你想像穿透過存在著的每樣東西的金屬絲結構時，我的意思是要你想像這些金屬絲是活生生的，正如我自己就是一條活的金屬絲。但玩笑歸玩笑，我現在卻要你想像，這些金屬絲是由我剛才講到固體化的情緒所構成的。你必然也明白，感覺或情緒這種字眼，至多也不過是描寫別的什麼東西的象徵物而已，而那別的什麼東西就極為近似你們的精神酵素。

實際上，在一個精神圍場（mental enclosure）內發生了一個反作用。一個精神圍場將它本身一分為二、分裂、分開、增殖，作用於種種不同部分上，而這產生了一個物質的顯現。這「物質」是物質的，然而它卻是在精神層面產生的。在圍場內的精神酵素即是啟動那行動的因素，而——聽好——它們也是那行動本身。

換句話說，精神酵素不只在物質世界產生了行動，而且它們還變成了那行動。如果你再讀讀以上三、四段話，你幾乎可以看到精神與物質變為一體的地方。

你倆都知道愛和恨是什麼東西，但如我先前告訴你們的，試試看以新的方式去思考。舉例來說，愛與恨是行動。它們是行動，而它們兩者都暗示了在肉體內的行動……

再回去談精神酵素，它們是固體化的感覺，但並非以你們通常用的說法……我說過，我們所想像的那彷彿瀰漫滲透我們的模型宇宙的金屬絲是活的；現在如果你還能容忍我的話，我要說，它們是精神酵素或固體化的感覺，永遠在動，然而又永恆到足以形成一個或多或少有一致性的架構。你們幾乎可以說，精神酵素變成是形成物質的觸鬚——雖然我不覺得那句子有多美……

再說一次，那架構只是個方便的說法，如我先前提過的，就如你們物質的牆是為了你們的方便一樣。那牆其實並不在那兒，但你最好裝作好像它在，不然你就可能撞斷脖子。在我自己的層面，我也仍得尊重許多類似的架構，但我對它們的了解使它們較為透明。

你明白嗎？雖然知性上的真理是個必要的前提，它卻無法令你自由。若果真如此，你們的牆就會塌掉，因為，知性上，你們了解它相當含糊可疑的本質。既然情感往往是心智用來建構的黏著劑，如果你想不受活在你們特定時間、特定層面存在的束縛，要改變的必須是情感本身。那是說，改變情感會讓你看到變數……而且，出於必要，這些討論具有一種簡單而不複雜的性質。如果我以比喻及意象來說，那是由於我必須與你們熟悉的世界有關聯。

這一節事實上由晚上九點一直持續到午夜，所以這裡只是摘錄。談精神酵素的資料激起了我們的好奇心。可是當我們回顧時，便看得出，賽斯要介紹對他是非常基礎、對我們卻相當新的概念，必然是件吃力的事。因為接下來很久之後，他才又給我們一些有關物質及其「精神」成分本質的絕佳資料。但在這一節，他只告訴了我們所能了解的，同時也讓我們開始慢慢建立起必須有的背景和觀念。

賽斯課開始於一九六三年十二月二日，此時只不過是一九六四年的一月中。我們自己曾嘗試其他的實驗，有些像先前給過的例子，有些則全然不同。在早晨，我寫我的書，下午則在藝廊工作。如果不是上課的晚上，晚餐後我會寫詩一小時，然後我們會再試其他的實驗。羅花了很多時間打賽斯課的字，現在仍舊如此。他無法再多做什麼，除非減少自己畫畫的時間，所以我常常自己做實驗，他則在畫室工作。

到如今，我們兩人都深信，人類的心智或意識有遠超過我們以為可能的感知能力和方法。如果事實是如此，那麼我的意識就擁有這些潛能，而我決意要發現它們的性質和範圍。我從沒把它們認作是超常，或是超自然的。另一方面，我也從沒想到，除了研究自己意識外，還有任何其他的方法去研究意識——一個進入主觀的旅程，那時彷彿，也依舊彷彿，與進入客觀的旅程同樣合理。

由於我們對有關神通的文獻如此無知，以致我們並沒受到對這種現象之迷信和恐懼的阻礙。我並不相信神或魔，所以我不怕它們，只想了解。羅和我一同發現了一整個嶄新的世界，而我們將要去探索它。

不過，我經常會天人交戰，因為有些結果與我的理性想法極為衝突。一開始，我理所當然地視賽斯為一個個人化的潛意識幻想，因為我壓根兒無法接受「精靈」或死後生命的可能性。然後，當很明顯地可看出賽斯課將繼續下去之後，我們對我的人格特徵就開始保持經常的檢查，而且去看了一位心理學家——正如在當時任何健全、強壯的美國人在那種情況下會做的。賽斯看來彷彿遠比那位心理學家要來得成熟且平衡，所以我最後不再擔心了。此外，我的人格並沒顯示出任何不利的不穩徵兆。在處理實際事務上，我反而更能勝任。這並不是說那經驗沒有引起某些壓力，那是可能出現在任何一個進入嶄新領域的有價值冒險裡的。

在回顧時，有一個插曲尤其滑稽——現在回頭看，它顯然是不熟練的——但至少它並沒被有闗惡魔的迷信恐懼蒙上陰影，而且導致了我將用以結束此書第一部分的那個插曲。那件事是我不小心撞入的一個很深的出神經驗。這第二個經驗說服我相信夢境人生極為真實，因為在其中，一個夢在我眼睜睜的注視下裂開了。

有天晚上，當羅在畫室裡忙著時，我決定用一個水晶球做做實驗。我並沒有水晶球，就用一個盛滿了水的可愛藍玻璃瓶來代替，然後我專注地瞪著它足足半小時之久。而在我剛結束時，羅走出畫室來看我在搞什麼。他覺得我太過安靜了。

我笑著說：「水晶球占卜術算不了什麼。我只看到你可以預期的東西——光、影和一些東西。我猜正如人們所說的，你無法百戰百勝哪！」接著我砰的一聲坐入我的木製搖椅裡。然而在下一瞬間，卻發生了一連串有趣的事件，最後達到了此書先前提及的第三個夢境經驗。在此我將引用第二天寫的筆記。這樣，我們當時對那些事件的態度就變得很明顯了：

在瞪視那瓶子之後，我開始在起居室裡和羅談天。我提到，當我在畫廊裡事情變得棘手時，我能將自己置於一種「解離」（dissociated）狀態，而這省了我不少事。然而當我在說話時，我的聲音似乎突然變得粗嘎了。我笑起來說，希望賽斯不會想用我的嗓音就用我的嗓音。

就我所能回想起的，這是在我開始覺得怪怪的時候——好像有些事快要發生似的。但我制止了那種感覺，當它只是出自想像。可是我幾乎立刻覺得昏昏欲睡而坐入搖椅裡——卻沒在搖。我的眼皮非常沉重，頭猛然歪到一邊。我幾乎難以保持清醒，但感官極為敏銳；我能聽見屋子裡的每個聲音。

羅問我出了什麼事。我答說我覺得很怪異，並且不像我自己。那時我的身體非常輕——至少對我而言沒有重量。我根本沒意識到任何肌肉的重量或壓力。我的手臂和肩膀感覺像水或空氣。羅叫我站起來。他開始顯出擔憂的樣子。但我幾乎無法從椅子裡起身，他必須扶著我到沙發旁，我覺得我的身體不夠實體化到可以挪動。

我知道我正朝向一個非常深的出神狀態走去。一方面，我很想順著它去做，既然我本來就是在做實驗。一路上我是能夠維持我的現狀，而沒再進去得更深些，但我不知道如何能迅速地掙脫出來。

羅泡了咖啡給我喝。我不相信我能拿起杯子。當我終於拿起杯子時，我的動作極慢，就像在一個慢動作影片裡一樣。羅讓我喝了兩杯咖啡。他叫我站在廚房窗邊，把頭伸出窗外的冷空氣裡，但好像什麼都沒用。我只不過像是在一個我不大感興趣的無重量的身軀裡。到現在我已相當害怕了，但我卻在想，如果我真的用我所有的意志力——或知道如何用力的話——我就可以迅速脫身。

羅認為集中精神寫一篇我感覺如何的聲明會有幫助。結果相反地，我的努力只不過顯示出我是在怎樣的一種瘋狂狀態。我的字跡根本不像我的。幾乎無從施壓在筆尖上。字寫得很顫抖又細小，而且越來越小。散文的風格完全不像我的，而是非常幼稚的。思緒或訊息源源不絕，我就以這古怪（沒有修改）的文字寫下它們：

當我開始覺得怪怪的時，我正坐在書桌旁。我不知是怎麼搞的。然後我坐到另一張椅子去，但覺得更怪。我的雙手感覺非常輕，我的肩膀亦然。輕，然後就好像它們根本不在那兒。

不過我的確覺得奇怪，毫無疑問。羅說我只在扭動我的手指。

約瑟。

剛想起傑瑞是六十六歲。

這次是試吃。你覺得好吃嗎？不錯。蠢，蠢。厚臉皮。

傑瑞一個人走了，不論他為何那樣做……不需要理由。你並不真的在乎。最強音快速板。筆記早就該交了。告訴瑪莉。她會想知道，而那是重要的。漢娜。

我的感官仍非常敏銳——視力……及聽力。我們決定，既然我沒辦法脫離出神狀態，我們不如利用它來做些實驗。除了用手寫外，我還試試打字。但這更嚇著了我，因為我沒有足夠的力氣去敲鍵盤。所有這段時間裡，我都覺得完全無重量，無法在物質世界裡運作。由於我的動作是如此奇怪，羅就有我的四肢很沉重的印象，可是對我而言，它們卻輕如空氣。我覺得完全地放鬆，然而我的感官是從所未有的銳利和清晰。我也能毫無困難地和羅講話。當羅摸摸看我的手時，它是濕而鬆弛的，而我的身體則彷彿完全沒有實質抗力似的。

羅叫我念一個火柴盒上的小字及一本書上的幾行字——全都拿得比我通常能讀的距離要遠很多——而我能很快且不費力地做到。我的視力比平常好很多。

在實驗時，我們發現，如果我用很大的精神力量，就能做出快速的確定動作。羅叫我以一個平常姿勢舉起一只咖啡杯（先前，當我喝咖啡時是他拿著杯子）。我盡全力集中精神在他叫我做的事上——因為此刻那對我而言彷彿非常滑稽，並且是個不可能的任務——然後我真的用了超絕的身體上的努力。結果，我的手猛然痙攣性地高舉，然後同樣猛然地擺回，砰地一聲將杯子放回在桌上。

由羅給我暗示會很容易地令我跳脫這種狀態，但當時我們並不知道。結果，那狀況持續了約三小時，到午夜後我們上床時才結束。到那時我已不再害怕，只是好奇，並試圖以我意識的一部分去發現另一部分在搞什麼鬼——以及它是如何運作的。我終於入睡了，除了好好沉睡一宿之外，沒有別的期待。

下一件我覺察到的事就是，我夢到兩個男人站在我床邊跟我講話。他們穿著普通的上衣、長褲及運動外套。就在那時，一聲巨響吵醒了我。我彈坐起來，立刻驚醒了。

我吃驚地發現那兩個男人仍舊站在那兒。我想，這一定是某種感知的錯覺！或許，我仍在做夢卻沒有察覺。但我掐我自己，並且揉眼睛。然後，我迅速地閉上雙眼又再睜開來。他們仍然在那兒！對我來說，他們真是紮紮實實的、立體的，完全不像鬼魅。

我訝異得說不出話來。賽斯才不過剛開始討論夢境實相，而我還完全茫然不解。兩個男人面帶微笑看著我。顯然，他們並非普通的侵入者，而且他們也根本不具威脅性。他們的出現是完全不可能的，然而我卻無法否認我感官上的證據。最後，我只好將被單拉到我下巴處，坐在那兒瞪回他們。但是下一瞬間，我卻眼睜睜地，看著他們的身形從外面的邊緣開始消失，好像空氣在吞掉他們一樣。如果他們的出現令我驚訝，這一點一點的消失更令人驚愕。

當他們消失後，我感到最強烈的失落感。我「知道」他們與我一樣的真實，而我剛看到的另一個實相次元，與我所知的這個一樣有效。經過所有這些，我都沒想到要打擾羅，他正在我身邊沉睡。我的注意力完全集中在那件事上。現在，我轉向他，我記起了那吵醒了我的響聲。那沒吵醒羅嗎？到底有沒有過那巨響？

我很快地跳下床，打開通到另一個房間的門。那兒，在地板上，一個打碎了的沉重花盆，躺在一堆泥土和多結的天竺葵根裡。是我們的貓威立將它撞下了窗臺的。

第2部

引介

内在的宇宙

Chapter

05

第十五及十六節的摘錄

人格：解離與附魔
內在感官與精神酵素
賽斯往窗外望去

在第二天晚上的下一節，賽斯開始談我上次的出神經驗，並以之作為他對人類人格本質第一次真正討論的踏腳石。如那一節顯示的，賽斯顯然決定要照料我了。從此，他會繼續評論我的出神實驗，並且教我調整它們。

當賽斯開始更清楚地展現他自己的人格時，羅不但被他的資料，並且也被他本人深深吸引了。我的嗓音曾經經過一些改變，變得更像我們現在所謂的賽斯之音——比我的更深、更沉，音調更宏亮，並且更男性化。但在這個特殊的晚上，當賽斯用我的雙唇，以很確定的說法告訴羅他對我的實驗的觀感時，羅一邊觀察一邊覺得有趣（我也在適當時候收錄了羅的註記）。

作為對內在宇宙的引介，這是收錄在本書這部分的幾個主要課程的第一個。包括這資料的理由是，隨後在了解談夢實相的觀念及感知內在資訊的方法上，它所具有的重要性。

（節錄自一九六四年一月十三日，週一，晚上九點的第十五節。

（一如往常，我們一開始先坐在靈應盤旁邊。自昨晚起雪已下了一呎深。雖然我們由靈應盤得到最先的幾個答案，珍從一開頭也在腦子裡接收到它們。但這節一開始，我們並沒有問問題。）

好的。晚安。你復原了嗎？

「是的，賽斯，我想我們復原了。」

那就好。

「今晚我們這兒有場暴風雪。」

暴風配暴風。

（珍後來說這俏皮話是指她。）

「你在的地方有暴風雪嗎？」

我不會有你們那種暴風雪。

（此時珍將靈應盤推到一邊，站起身來開始口述。）

今晚我來不是要討論我的層面上的天氣。我在魯柏自己嘗試的一個有趣小實驗中間插了進來，你們該謝謝我他這麼順利的脫身了。真是的，魯柏，你真令我驚訝！在你的前世（在波士頓）你會更有見識呢！

有意識地，你並不知道你在搞什麼；無意識地，你明白得很。這類的解離狀態很可能發生危險，尤其是當你隨便地引發它時，你的例子顯然是如此。如果我沒湊巧瞄一眼的話，你整晚——或者我該說直到上午——都會有得受的呢！

（此時當珍來回踱步時。她的嗓音開始變得更響亮、更深沉。雖然她的嗓音已改變了不少，但並沒達到像先前的課那樣的深沉或響亮。）

你卻還厚顏的猜想我可能參與了一手。在那方面你不必擔心。你達到的解離狀態可以被非常有效地利用。但你卻完全不知不覺且沒準備地瞎撞進去。太丟臉了！

你如此輕易就滑入這狀況，這個事實該提醒了你，你在另一生裡曾經有過的能力；隨後你誤用了它們。但若無那先前的經驗，你不會在只有如此少的知識和準備之下，如此快的進入這樣一種狀態。當我提到家庭作業時，我想的並非如此費力的事……

如果你回想一下，你部分的心智是一般所謂有意識的。你能正常地對話；你另一部分心靈則完全解離，而在等待你的命令。它像在逆風中掙扎的一片濕破布……既然你沒發覺本來是你引起了解離狀態，你便無法找到撞出去的路。

至於說到那篇文字，它是由魯柏的一個沒組織好、未成形的可能人格寫的，它只不過利用這機會來出出風頭，而取代了一直控制著它的強硬力量……約瑟，你在這些課裡的角色是極重要的。沒有你的參與，它們根本無從開始，也無法繼續。由於我們過去的聯盟，我們三個是很緊密結合在一起的……

魯柏，你該停止吸菸。它是有害的，此其一，而我改天再談那理由。我拒絕聽起來像匹嘶啞的馬，此其二。這有傷我的士氣。今晚你的嗓音太敏感，使我無法嘗試將它轉變成我自己比較「悅耳的」口音。我建議——只為讓魯柏受過很多傷害的聲帶有個休息的機會——你休息幾分鐘。

（**羅笑著跟我說，身為賽斯，我在屋裡踱來踱去，給「我自己」有關出神實驗的警告，然後**

轉換成對他的和我的嗓音之幽默比較，附帶的說，我還沒戒菸。在那個時期，我還不預備讓一個出神人格來向我發號施令，縱使那對我有益。現在那習慣還維持下去，部分說明了我仍獨立於賽斯之外，部分說明了我仍依賴菸草……

（在休息期間，我的嗓音回到正常了。我們啜飲了一些酒。羅開始談到精神分裂症，然後課又開始了。）

精神分裂症是由所謂一個分裂出去的人格片段體（fragment）所引起的，分裂人格由主要的演出人格分出，而常以直接相反於它的方式運作，但無論如何都是以一個次要人格的樣子運作的。

（在先前一節裡，賽斯說當我倆在緬因州度假時，我們都不經意地創造出兩個影像——我們的版本——然後再對之反應。見《靈界的訊息》。）

在你們約克海灘的經驗裡，如果沒能在你們自己身外形成那些影像，因而賦予他們一些物質實相的話，你們很有可能反過來將自己變成了精神分裂的人格。

許多人沒辦法賦予片段體這種物質的實相，像你們一樣，多少無害地將它們推到外面。相反的，人格那分離的部分穿上了另一個人格，而與主要的那個人格爭奪控制權，許多所謂「附魔」的例子都可以歸諸此類。

實際上，以你們的說法，主要的人格可以比為主要的存有。請你了解我是在用一個比喻。正如在你們層面的人格事實上在改變、擴展，並且成長到它的潛能，正如它在種種不同的時候對世界呈現出形形色色的形象（比如說——如果你原諒我用陳腔濫調的話——一張帶笑的臉，一張含悲的臉），但基本上仍是同樣的人格，所以在另一個層面上，存有的確在種種不同的時代呈現不同的樣子，並且以不同的聲音說話。正如帶笑與含悲的臉也表現且擴展了那人格；所以，就全體而論，形形色色的轉世人格也的確表現並擴展了存有。

若沒有童年、成年與老年，人格無法擴展到最圓滿的程度，而若沒有種種不同的轉世，存有也就無法擴展……

當然，在做夢時，如魯柏達到的這樣一種解離狀態是個常態，只不過那種能力是被用來形成夢影像。但就全體而論，這些夢影像都為存有服務，而用為讓形形色色的人格彼此溝通的一個方法；那就是說，在許多例子裡，先前的人格與目前的人格溝通。這是一個方法，使目前人格熟悉它的「過去」，並且也提醒它的目的，而沒驚擾到吵鬧的醒時自我。

約瑟，當你的手寫筆記寫累了時，我真的希望你會自動休息一下，解除我對你的身體狀況與時俱增的同情。無疑地在我們那天晚上愉快的閒聊之後，你該知道這類事情根本不會冒犯我。如果你們需要休息的話，我寧願有個休息多次的課，而不願看見自己像個拷問專家似的。

而且請別將你自己想成是某種男性速記員。由於一些在此時我仍無法解釋的理由，其實沒有你，我無法透過魯柏說話，而在你目前人格裡的一個缺陷，又會阻止我單獨與你溝通……

（此時我們休息了一會兒。羅說他的手指像是要掉下來一樣。將近十點了，而賽斯從課在九點開始以來一直相當快地說話。我們在十分鐘後開始，再一次，我的嗓音開始變沉。）

我想向你要求一個特別的恩惠。你可否暫時關上你們的主燈，並且打開你的百葉窗及窗簾，好讓我能向外望望這下雪的夜？

當我和你在一起時，以一種我後來會解釋的方式，我是與珍相連的，因為我能看見她所見的種種。我能將自己〔與她〕分開，但所花的力氣並不值得。這有點像穿戴上一種潛水設備，脫下來換另一種，然後再穿回第一種。服裝並不永遠是物質的服飾，它們也可以被用作一種交通工具……像是潛水裝備那樣。

（仍在出神狀態裡，我關掉了兩個最亮的燈，然後打開了百葉窗。羅說我當時站在窗前，向外看熱鬧的十字路口。新雪遮蓋了每樣東西。但我事後完全都不記得這些。）

這景致真是驚人！我很高興你們住在這樣一個好角落……

現在，有種種不同的夢及夢片段。以後我會再接下去談這點，因為在這些開始的課程，我會給你們可被認作是將被填滿的一個粗略大綱而已。這些解離狀態往往在睡眠中發生，當自我安靜下來時。在這種時候，你目前的人格很有可能被像我這樣的別人探訪，但只在存有召它來的時候。

（為了某個理由，羅開始想起法蘭克・韋德。而賽斯幾乎立刻就接下去說。）

至於對消化了我們的老法蘭克•韋德而言，別讓我領你們誤入歧途得太遠。存有從不控制一個先前的人格。有時候這些人格為了自己的好處，並且在存有的完全同意之下，也走上了他們的陽關道。

就人格而言，根本沒有分隔這回事。在某些例子裡，甚至一個片段體也能變成一個存有。並沒有任何規定局限任何活著的東西只准有一種形式或一種存在。而現在，親愛的有耐心的朋友，祝你們晚安。

「我真的覺得是另一個人在這兒，是賽斯在望出窗外，」當課完了後，羅說，「感覺……很懷舊。」他告訴我發生過什麼。

「哇，還有這些東西……」我正在看羅的筆記。「『一個片段體人格能變成一個存有』。那麼，靈魂又是什麼？」

「我以為妳不相信我們是有靈魂的。」羅咧開嘴笑說。「怎麼突然之間這麼關心呢？妳想要它被定義，白紙黑字，對嗎？」

「別傻了，」我高傲地說。但我以前從沒讀過任何像這樣的東西，而片段體和存有的概念奇怪地令人不安。「它使得事情更複雜了。」我說。

「是嗎？」羅問，如他常做的把問題轉向了我。他彷彿對自己及這資料如此有把握；我嫉妒他。

羅的信心來自觀察。當我在替賽斯說話時，他可以看見發生在我身上的改變，而且賽斯引發人的信心。羅立刻喜歡上賽斯了。他們兩個建立起一種絕佳的融洽感。經由我，賽斯與羅論交。幾乎打從一開始，對羅而言，賽斯就是個客觀化的人格；一個訪客，不論那不同凡響的情況，一個羅對他的想法極感興趣的人。而在我這方面來說，只有當出神狀態（或好玩的事）結束後，我才知道剛才說過什麼話。突然要靠一個人——縱使是羅——來告訴我，「我」在過去兩、三小時裡說了些什麼，對我而言是個驚人的改變。

當賽斯繼續解釋內在感官，及在我們所有人都知道的客觀世界底下看不見的實相時，我開始對我的狀況有了一點了解。而當然，羅和我都開始實驗用內在感官。這些實驗給了我們無價的——尤其對我而言——第一手資訊。下一節課就澄清了我在臆想的幾點，並且給了我們關於如何能用內在感官的幾個線索。它也包括了關於飛碟的短短幾句話，由於一般大眾顯然會感到興趣，所以我沒刪除它。再次的，不論何時，當羅的註記有助於解釋課文時，我也將之編入。

（摘錄自第十六節，一九六四年一月十五日。星期三，晚上九點。

（今天早上用早餐時，我突然宣稱——令珍和我自己都吃了一驚——「光」是一種精神酵素。……我們如常地坐在靈應盤旁開始今晚的課，沒有提問題。）

晚安。

「賽斯，你今晚如何？」羅問。

好得很。

「沒有什麼你特別想講的事嗎？」

光是一種精神酵素。

羅露齒而笑：「那就歸功於我的潛意識吧！我並沒坐下把它想出來。今晨那想法就這麼來了。不過，我想問你一些事。當珍傳述你的訊息時，她的眼睛為什麼顯得顏色更深且更亮？在上一節裡我們貓的眼睛也有同樣的表情。」

（此時我將靈應盤放到一邊而開始替賽斯說話。）

貓縱然沒有強大的自我，牠卻是在一個時候只集中焦點在一件東西上。所以珍是因為當我在給她訊息時集中了精神，雖然集中精神的並不是自我。你有一個在許多方面與有意識專注不同的潛意識焦點。在這個狀態下，注意力是向內而非向外集中，應用的是內在感官而非外在感官。以那方式，像珍一樣，貓在做同樣的事。牠的內在感官集中在我的方向。

就光是一種精神酵素而言，這句話是真的。我很高興你自己說了出來。精神酵素在物質層面創造出感覺，以使它們能被實質生靈認出並且欣賞。基本上，宇宙中的精神酵素都是相同的，但它們在任何特定層面的物質化，是由層面與生俱有的屬性來決定的。

在這層面所謂光的特質，在另一個層面很可能顯現為聲音的樣子；且就此而言，縱使在這個層面上，光可以被變成聲音，而聲音變為光。重要的永遠是相互作用。就背後的原則而言，甚至精神酵素本身也是可以互換的，雖然為了實際的目的，它們在一個層面上，在其具體化上，維持了分別而明確的特質。

那就是為什麼有些人可能體驗聲音為顏色或看見顏色為聲音的理由。沒錯，這並非一個典型經驗，但如果在原則上精神酵素是不能互換的，那麼就不可能有那種經驗。舉例來說，永遠不會聽見光，永遠不會看見聲音。

以實際的說法，這些精神酵素必須——而且的確——會產生一個可預期、多少可靠的結果。不過，該記得的是，這互換可以發生，所以，這是精神酵素的一個普遍的屬性……在你們的層面上，這些精神酵素的行為顯得有點缺乏彈性、靜止、不可逆且永久。當然，事實並非如此……

在你們的系統裡，由於精神酵素大半時間看似產生相同的效應，因此你們的科學家漫不經心地將之標示為自然律；那是說，顯然的因果律。由於某個原因通常會在你們的物質宇宙產生某種效果，你們說那明顯的結果是在你們系統內運作的定律也說得過去。但只在你們自己的後院裡。

我想說的是，的確是有明顯的「原因與結果」法則，但同樣的原因並不總是產生同樣的效果……在這方面我還有很多要說的。請再思考一下我們的金屬絲和迷宮。如果你原諒我再提醒你們一下，我說過，這些是由固化的活力所組成的。

它們是宇宙活生生的原料，正如它們形成界限，並且彷彿將之分割成迷宮似的，好像一個蜂巢的內部。在細小金屬絲內的層面——即是說，由我們想像的全屬絲之連接及互相聯絡所形成的層面——進入每個不同層面的範圍內，而採取了該層面本身與生俱有的形式。

所以，繼續用我們的比喻，這些金屬絲會變粗或細，或完全改變顏色，像某種變色蜥蜴似的動物，藉由呈現每個相鄰森林地域的外在展現，而不斷改變它真正的樣子。接著，任何特定層面的居民，本身也是像變色蜥蜴一般……

居民們只看見那偽裝。他們於是接受它為自然的一個明確法則，從未覺悟到剛在他們視力之外，並剛超過他們的外在感官，這定律的熟悉馴獸便完全改變了外表。事實上，這個變形是如此完全，以致在某些例子裡已認不出來了。不過，藉由在任何例子裡看入偽裝之下，你能看入所有的偽裝。

那麼，這些金屬絲，看來彷彿分割了我們的層面，並且在一個層面上顯得與在另一個層面上是如此的不同，其實是固化的活力，其偽裝的活動是由精神酵素決定的。或許，現在你會了解先前我為什麼說聲音可以被看見，而顏色可以被聽見了。順著這條線還有許多不同的例子。

約瑟，如果你不見怪的話，我想重複一下；精神酵素容許固化的活力改變形式。你的「光是一種精神酵素」這句話，令我悟到你已準備好聽這篇討論了。不必說，精神酵素和固化的活力在許多方面都是彼此依存的。我們的小小方程式的酵素部分，容許活力在種種不同的精神與物質情沉下成功地運作，而形成每個特定存在系統的基礎。

內在感官實際上是種管道，經由它們，可感知、欣賞並護持任何一個層面的整個構成。精神酵素作用於活力上，而如我告訴你的，這活力就是宇宙的結構本身。那麼，內在感官乃是方法。精神酵素是工具，而活力乃是一種實際的材料，形成了宇宙整體、在其內的明顯分隔、在系統之間的明顯界限，以及在每個分隔之內的種種不同材料。再次的，這些種種不同的材料，只是由內在感官在「材料」本身上面形成的偽裝而已。

（在九點四十五分休息。珍和我對於在四十五分鐘內傳述的資料分量同感驚訝；時間似乎在飛逝。在休息時，我跟珍說，我想請賽斯對講點飛碟的事。九點五十一分繼續。）

附帶一提，關於你們的飛碟，奇怪的不是它們會出現，而是你們能看見它們。當在種種不同層面上科學向前進展時，居民學會偶爾在層面之間旅行，同時隨身攜帶著他們本家的顯像。

我之前提過，他們隨身帶著自己特定的偽裝。你們認出它不是你們自己的裝扮。以直角起飛涉及了你們另一個自然律，但那並非實際的法則，只是由你們所在之處看來彷彿是的……當科學在種種不同層面上進步時，那時這種造訪就變成較非意外而是更有計畫的了。不過，既然每個層面的居民是由他們「本家」特殊的具體化模式所限制，他們隨身帶著這個偽裝過的活力模式。某些種類的科學沒有它就無法運作。

當一個層面的居民學會了精神科學模式時，那時他們到一個很大程度就不受較平常的偽裝模式束縛了……飛碟現象來自在技術科學上比你們更進步得多的一個系統。不過，這仍非一個精神科學層面。所以，令你們驚訝的，那偽裝的行頭多少顯得能被你們看見。

活力由一個明顯形式轉變成另一形式的傾向是如此之強，以致你們所見的飛碟，事實上變成了不是出自你們自己層面，也不是出自其本來層面的一個東西。

事情的發展是這樣的：當「飛碟」開始飛向目的地時，組成它的原子和分子（它們本身是由活力形成）或多或少是按照它自己領域施諸其上的模式排列的。當它進入你們的層面時，一個扭曲產生了，那飛行物的實際結構陷入了一個「形式」的兩難之局裡。

它陷於將自己完全轉變成地球的特定偽裝模式，或是保持原始模式的兩難之局裡。地球上的觀者則傾向於將他所見與他所假設知道或想像為可能的東西連貫起來——以他對宇宙的小小了解。

他所看見的是在一匹馬和一頭驢之間的什麼東西，卻又「非驢非馬」。那飛行物保持住它能保持的原始結構，而改變它必須改變的部分。這就是關於形狀、尺寸和顏色彼此矛盾的報告大致的理由。在那飛行物以直角疾飛而去的少數幾回裡，它是設法維持住了其特定居所的普通機能。

我不相信在不久的將來你們會有任何飛碟著陸的事——不是一般說法的實質著陸。這些飛碟無法長時間停留在你們的層面。壓向那載具本身的壓力非常大。它真的是陷在兩個世界之間。順從一個特定層面的法則在實際上是必要的，而在此時，「飛碟」沒有辦法在既非此又非彼的情況停留上一段時間。

他們所做的只是快速一瞥你們的層面——你們得記住，在你們系統裡見到的碟形或雪茄形，是一個混種形式，與那個在自家基地的構造物沒什麼關聯……

「換言之，來自其他實相系統的人的確出現在我們的系統裡？」羅問。

的確如此，有時是故意的，而有時則是意外。在有些例子裡，你們的人曾不小心撞過在你們的過去與現在之間明顯的簾幕，因而其他人也曾不小心撞入一個層面與另一個層面之間的明顯分隔。通常他們對你們而言是不可見的，正如少數掉進明顯過去的人，對過去的人們是不可見的一樣。

這類經驗涉及了一個突然的心靈覺察：所有界限只是為了實用目的而已……不過，除了你們自己的那種科學外，還有許多種。如果人類曾像探索科技那樣透澈地研究某種精神修練的話，那麼其實際的交通系統會大為不同且更為有效。

「能否請你告訴我們，一個層面到底是什麼？」羅問。他期望一個相當短的答覆，卻得到了以下的說明：

一個層面並不一定是個星球。一個層面可以是個星球，但一個層面也可以存在於沒有星球存在之處。一個星球可能有好幾個層面。層面也可能涉及了明顯的時間之種種不同面向。層面和層面可以真的互相混合，而其居民卻渾然不知。一個層面可以是一段時間……或只是獨自存在的一丁點活力。一個層面可以停止存在。一個層面是為了存有形成的，作為沿著種種不同方向的成就模式。它是有助於獨特且特定的能力和成就發展的一種氣候……一種自然力的孤立。

存有或其形形色色的人格先探訪一個層面，再探訪另一個層面，往往是很實際的。這並不意味著必然要先探訪一個層面再探訪另一個……你也可以說一個存有同時探訪所有的層面，正如你可能同時探訪一個特定的州（state）、都會和城市一樣。還有，你幾乎可以同時探訪悲傷和喜悅的狀態（state），而由於幾乎即刻的對比，而以升高的形式體驗兩種情緒。事實上，將一個層面比喻為一種情緒狀態，比一個層面與一個地理上的州的比喻要妥當得多，尤其是因為情緒狀態並不占有房間或空間……

在當時我們並沒悟到，但在這些早期的課裡，賽斯正溫和地引導我們「誤入歧途」——舉例來說，我們變得更難以一般的說法來思考世界了。縱使關於賽斯是什麼或不是什麼我還沒有結論，賽斯資料本身卻令我著迷。它在賽斯之內的來源使我們非常清楚，除了那些我們先前已知的之外，其他的資訊管道及經驗也是對我們開放的。

例如，由於以下賽斯課的結果，我們開始為了其主觀的果實而「測試」物質實相。我們不再將正常的一天及其相續的片刻視為理所當然。反之，實際上，我們試著以一種新方式看待時間本身。我們試著不一樣地去體驗它，尤其是在第十九節及羅自己嘗試的一個自我催眠實驗之後。

Chapter 06

賽斯的一些忠告

內在宇宙裡的動物和樹木

（摘自第十七及十八節）

在一月十七日，羅和我一起試做了另一個實驗。這次，我們決定不要有任何「格式」或特定計畫，卻對可能發生的不論什麼都保持開放。很快的，我開始替一名叫梅爾巴・布朗生的人物說話，她告訴羅，她在一九四六年死於南達科塔州，享年四十六歲。那一節長達一個半小時；我的聲音吞吞吐吐地，有許多次停頓。我坐在暗暗的房間裡，聽著那聲音，好像她來自很遠的地方，感覺有一點驚愕。

梅爾巴堅稱，她是我在更早的出神狀態裡看見，死於英國賴文郡的同一個女孩，只不過她是死於十四歲，而非我曾說的十七歲。她告訴羅，我們和賽斯的工作是件一輩子的計畫，我們會出版他的文稿，並且助他散播他的想法。她也告訴羅說，如果我想要的話，我可以替死者的親屬們接觸死者，並強調當我倆學著去用我們的通靈能力時，會涉及很多的嘗試錯誤。

我對梅爾巴及那一節並不覺得多了不起。我不相信「賽斯資料」會出版的「預言」是原因之一。

「它聽起來太像通俗劇了，」我說。「『賽斯資料』會出版，而你們將有助於世界——太過分了！我們才上過十六節課！我是說……我並非什麼可憐的自欺白癡，以為我能解決世界的問題。而梅爾巴聽起來並不那麼聰明，至少賽斯是聰明的，並且知道他在說什麼。但替任何一個別人說話又有什麼用。這樣的話，我除了要試圖理解賽斯是否獨立的之外……還得擔心一個梅爾巴。」

「今晚是妳想做實驗的。」羅說。

「我知道，但我並不特別想替另外一個什麼人說話。我想要一些我也可以觀察的東西。可是當我在出神狀態時……就完了。」

「我們才開始一個月多一點，」羅說，「妳是不是太急躁了一點呢？」

「可是我絕不想和任何人死去的親屬接觸。」我生氣地說。

「哦，那就是妳大怒的原因嗎？」羅說。他現在真的笑了起來，而我則在生悶氣。因為他一說出口，我就知道他說對了。

「她並沒說妳必得去做。只不過說如果妳想要的話妳能去做。在我們下一節裡，看看賽斯對梅爾巴有什麼說法吧。如果他沒自動談起的話，我會請他評論一下。」

事實上，賽斯開始第十七節時，簡短提到了那件事，他說：

我會附和你對「中層」（Midplane）的梅爾巴所開的小玩笑。「中層的梅爾巴」形容得頗適當（先前羅說了這樣意思的一句話）。「中層」的確是對她現在居住的半層（semi-plane）一個絕佳的形容。那是給在某個發展階段的人用的一個等待層面。

中層包含了一大堆的片段體……他們在這一點還沒獲得更向前進的足夠知識或操縱能力。他們也許是在種種不同的發展階段，但通常只達到一個還可以的成就水準。他們不很傑出，也沒有

「落榜」。他們在解決自己的問題，尚未承擔起下一層面的進展。

在某些方面他們可能對人有益。他們的資訊可能極確實，在另一方面，有時候資訊又可能不大可靠，只因他們的成就水平還不高。如果他們弄錯，是出於無知之故。

整節歷時三小時，而大半是專談自我和潛意識，以及它們與健康和疾病的關係。雖然自從賽斯給他上了轉世課之後，羅的背疾已大大地改善，但他偶爾仍會有不適的時候，我們一直有將問題歸咎於潛意識的習慣。

然而，賽斯在此跟羅說：

自我是隱藏的自己藉以在物質宇宙裡操縱的工具。在你的例子裡，它讓你能將藝術才能集中在有效的方向。不過，當自我變得捲入了恐懼時，它就不再是個有效的工具，而變成一個不斷捶你的頭的鐵鎚……

當自我變得太過憂慮時，它變得太過受制於負面的反應。那創造能量累積起它們多重次元的假象痛苦，按照你們的情況，有那麼一陣子，它們會自動創造屬於自我的那種恐懼模式。

這些恐懼並不屬於你們認為的所謂潛意識。於是，這些慌亂與痛苦的具體物被自我投射出來，在身體四周盤旋，而偷走潛意識心智原來從事自然的建設性任務的力量……換言之，自我變成了瓦解而非創造的工具。

你自己的潛意識是你的個人性和人格之泉源，你的才能由之流出。當自我變得太在意日常事務和憂慮時，它就變得更加沒效率了。那自由地運作的潛意識——或內在的你——完全有能力照顧到所有實際的考量，而會以自我為工具來做到此點。

「解離」將力量放回它本屬的地方。日常的解離是種實用的方法……在幾週內你會注意到一股新添的精力。你們所謂的衝動常常被阻止，因為你認為它們不實際。但潛意識知道它自己的肉和自己的醬汁，以及給自己滋養的最好方法。

開始瑜伽練習並且忠實地去做。你在睡前的數次自我暗示實驗都是「自我緊束」的。以「肌肉緊縮」來說明，你就會明白我的意思了。約瑟，要在一種睏倦狀態之下暗示，別試圖去恐嚇或命令潛意識。約瑟，如果你不舒服的話，我建議你挪到堅固的舊搖椅去。

「不必，我沒事。」羅說。先前，當羅的背令他非常難受時，我們買了那把搖椅。羅後來告訴我，當我踱來踱去替賽斯傳達這資料時，他曾扭動了一會兒。

我對你的感情很深。如果我話說得很重，那是因為我希望你能駕輕就熟。「解離」導致與人格的創造面向有力的統一。它將你或你的創造才能放回到駕駛座上。

這節最大的一段，是談到與羅先前疾病有關的個人事情。這令羅問起是什麼引起了在課開始前不久，我們的三隻動物陸續死去。

賽斯說：

剛在動物死亡前，圍繞著你們人格的特殊氛圍發生短路而充滿了內在的恐慌。我不想傷你們的感情。我很遺憾，這是在你們層面常常發生的一件自然的事。事實是，動物們染上你們情緒上的感染，而牠們按照自己的能力替自己轉譯這情緒。

當然，病毒和感染是在場的，它們永遠存在。它們本身就是片段體，掙扎著的小片段體，並無意去傷人。信不信由你，你們對所有這種病毒都有普遍的免疫力。理想上來說，你們可以無懼地和它們共處於一個層面。當你給予無言的同意時，才會招致傷害。到某個程度，家中的寵物依賴你們的心靈力量。不錯，牠們有自己的力量，但，你們不知不覺地加強了牠們的精力和健康。

當你們自己的人格或多或少在平衡狀態時，照料這些生物根本不成問題，並且實際上，你還以你創造與同情的剩餘力量去加強牠們的存在。在有心理壓力的時候——或在危機期間——你往往相當不自覺地抑制了這有力的補給……

你們的貓的死亡，是由於牠倆都遺傳了致命的怪病，那是一種病毒。在第一隻貓的例子裡，你們有段時間能強化其力量且維持其健康。然後你們自己需要你們的能量了。而第二隻貓根本只享受到些微的這種補給而很快就完了（我們從畫廊的管理人那兒得到那兩隻小貓，牠們是同母所生的）。

你們的狗的病則是初期的。但無論如何，你們也無法多年維持牠的健康。我想表明的是，動物的確有能量去維持自己的健康，但一般而言，這會被牠們與之有情感關係的人的活力所強化。事實是，你們無法在你們的狗最需要的時候給牠額外的活力。不需要怪你們自己。那時，在你們的發展階段，你們是無能為力的。

當羅在課後讀這資料給我聽時，我被悲傷壓倒了。我倆都完全不熟悉這種概念，然而，我們直覺地接受它們。自此以後，我們對於自己的行為、心情對貓的影響都非常覺察，而且在別人和他們的寵物之間的關係裡，觀察到同樣的強化或欠缺。

縱使就寵物而言，內在宇宙也有其影響力！這整個觀念令我著迷。賽斯在下一節裡顯示給我們看，不只是動物，所有生物都在這內在世界裡有其主要的存在。他也繼續對自我和健康的討論，對自我與整個人格的關係也有精湛的分析。我將他所言謹記在心，而發現我自己漸漸開放，變得更自由、更有創造力。在這一節裡，他也以這樣一種方式談到樹的意識，以致我再也無法以過往的漠然去看我窗外的樹了！透過這些課，全世界似乎都活了起來！

遵循賽斯的建議，羅開始做幾樣簡單的瑜伽練習，而在第十八節的前夕，他用自我催眠來放鬆肌肉。結果立竿見影。當羅結束時，他的四肢極為鬆軟，我倆都覺得很有趣。他看起來像一個

「手術前—手術後」的廣告。在他開始做瑜伽之前，他非常拘謹，肌肉痠痛，並且姿態壓抑。之後，他像某種快樂的布娃娃。在下一節的一開始，賽斯開始對此加以評論。一如往常，他用我們的個人經驗作為一個基礎，導出一些具有了不起普遍用途的極佳資訊。

（摘錄自第十八節。一九六四年一月二十二日，星期三，晚上九點。

（一開始，我們安靜地坐在靈應盤前，手放在指針上。珍幾乎立即開始在腦海裡聽見賽斯的聲音。在經由靈應盤得到幾個字之後，她把它放在一邊，站起身來，開始一邊踱步一邊替賽斯說話。她的雙瞳顏色深了不少。有時候它們看來好像沒有焦點。這是至今我們最長的一節，在它結束時，我們都累了。）

「賽斯晚安。你認為我昨晚的表現如何？」

非常好，如果你指的是催眠的話。你在這個及你第一波練習之後的情況應可讓你明白，你是多需要那治療了。附帶地說，當我建議你離體時，我並無意使你破成碎片……

有時候，自我能令你陷在一種狹窄的壞習慣裡，「解離」會打破它。這就是在你練習之後所發生的事。在容許你自己心靈的自由上，你做得非常好……。不過，有意識的恐懼促使自我抓得更緊，而某些這種性質的效果正在開始。這就是我為何在此時建議那些練習的原因。

害怕的自我開始拉緊，這說明了你對練習的反應。自我能越變越大，像一座冰山似地包圍住

「內我」，而那些練習能幫助它融掉。縱使是你頸子上的刺痛，也像小十字鍬一樣能鏟掉冰冷的恐懼……由於練習的結果，你這麼快地得到釋放，以致你並不明白發生了什麼事……

既然我們在談這個主題，附帶地說，往往當你以為你是在解離狀態與一件事或一個人應對時，你其實只是表現出一種冷酷的、有意的漠然。這是自我的一種姿態，不可以與實際上是溫暖、有彈性並且豁達的「柔軟的潛意識抽離」混為一談。

至於有關珍覺得樹有某種意識的感覺，當然事實就是如此。在樹裡面有潛在能量、活力和能力，其大半都暫時地保留或懸浮著。以某種方式來說，樹是解離的。以另一種方式，其活生生的力量與意識則是被保持在最低限度。一方面，它是在一種昏昏欲睡的狀態；而另一方面，它是將其可用的那部分能量集中在做一棵樹上。

這兒所涉及的意識狀態，與高度分化的人類能力相比之下，在許多方面是單調遲鈍的。不過，在其他方面，樹的經驗是極為深刻的，在與也是樹的屬性的內在感官打交道。

樹的內在感官與地球本身的屬性有很強的類似之處。它們感覺到它們的生長。它們傾聽它們的生長，就如你可能傾聽自己的心跳一樣。它們體驗與自己生長的合一之感，而它們也感覺到痛。那痛，雖然明確、不愉快，有時還非常痛苦，卻並非與你們體驗痛一樣有一種情感的性質。在某些方面，它甚至是個更深的東西。下面這個比喻並不完美，差得遠了，但那就好像是你的呼吸突然被切斷一樣——以一種方式，這多少近似於一棵樹的痛。

樹和你一樣也都在做些調整。它傾聽它從土地裡長出來，以及底下的根生長的低語。它按照每個根可能會碰上什麼障礙而做調整。雖然它沒有人的意識心，卻保有對它在地上及地下所有各部分的這種內在覺察，而經常在操縱它們。

樹也覺察環境到一個驚人的程度，它保持經常的覺察，以及可說是在兩個完全不同的世界裡調整自己的能力——在其一之中，它在往上生長裡很少遇到抗力，而另一個則由重得多的成分組成，而它必須向下長進去。人需要人工的方法在陸地或水裡有效地運作，但所謂無意識的樹卻顯然在像陸上和水裡這樣不同的兩個世界裡活得好好的，並且使它自己成為每一個的一部分。

就動作而言，樹一直在向上並向下動。說它無法移動它自己是相當不公平的，因為它移動到了一個驚人的程度；根和枝會向所有的方向移動。所有植物生命的內在感官都調節得很好，是警醒而生氣勃勃的。相對於人對它們的蔑視，所有這些片段體都有一個頗高程度的意識。

如果你記得你對出神狀態的認識——在一種輕度出神狀態裡，你能維持住對自己、你的環境及你在其中地位的覺察。你只不過舉止略微不同，而除非被給予去做什麼的暗示，你是不會有所動作的。植物生命的覺性就與這相似。

現在，在一個很深的出神狀態裡，實驗者雖然完全覺察在出神狀態裡發生了什麼事，事後卻可能什麼都不記得。植物生命的覺察也有點像在深度出神狀態裡的人一樣。除了由你們層面上正規的自然力收到暗示及刺激之外，植物生命並不在其他方向努力做什麼。但就如在出神狀態的人，我們的植物是覺察的。當時那別樣的能力沒被用到，而是潛在的，但它們是在場的。

其覺性沿著某些方向集中。樹透過其內在感官活著，體驗到許多感受，並且對許多你們不知覺的刺激反應。地球的微顫，甚至小螞蟻在其底下樹幹旁的動作，都被認知且體驗到。對你們的樹而言，像濕度，放射能及所有的電價，都被感受為十分真實的東西。

一棵樹也認識一個人……經由一個男孩在其枝幹上的重量……經由當成人走過時，在不同的距離擊中樹幹的空氣振動，甚至經由人聲。你必然記得我先前所說有關精神酵素，以及我說有時顏色可被聽見的話……雖然樹不會以你們的方式看見人類，它卻認識人。它並沒建立起一個人的影像，卻建立起代表，比如說，某個特定個人的一個綜合感受。而樹會認出每天經過它的同一個人。

就如你自己的身體感覺到溫度的改變，樹也感受到心靈的改變，不只是對其他人，並且也是對植物。你們的樹建立起這類的綜合感受，不是感覺到一個物質物件的實質因素，而是在其內及其四周的重要心靈成分。

不過，樹會感覺到大小，也許是由於它天生就關心高度。魯柏繞著它走的桌子感覺到魯柏，正如魯柏感覺到它……

人的自我使得他以自己的觀點來詮釋每件事，這樣一來他損失了很多。自我可以與一棵樹的樹皮相比。樹皮是有彈性的、活力充沛的，並且隨著底下的生長而生長。它是一棵樹與外在世界的聯絡人，樹的翻譯者，而且，到某個程度，樹的伴侶。人的自我也該是如此。

當人的自我反過來變成一個殼子時——當它不去翻譯外在情況，反而太強烈地反抗它們時，它隨即硬化而變成了一種禁錮，開始消滅重要的資料，並且不再增長來自內我的資訊。自我的目的是保護性的，也是使內我得以居住於物質層面的一個設計。

舉例來說，如果我們的樹皮對暴風雨的天氣變得害怕，而開始以一種好意卻扭曲了的保護精神，硬化自己以對抗自然力，那麼樹會死。這就是自我所為，當它對純粹的物質資料反應太過劇烈時。結果，它僵硬起來，然後，我好意的朋友，你就有了你一度用以面對世界的冷冷的漠然。

儘管如此，為了不使魯柏以為他得以安然逃脫，且讓我提醒他，樹皮是相當必要而無法免除的。但在稍後我會再談那個以及魯柏。休息一會兒，然後關於大聲叫嚷的樹皮（the bark that barks too loundly，譯註：賽斯以兩個bark幽默地說了一句雙關語）我還有話要說。

（在十點二十六分停頓。珍說今晚她有些怯場。她不明白是什麼緣故。她仍在奇怪資料由何而來，尤其是當她根本不知道下一個字是什麼時。她在十點三十五分繼續口述。）

「解離」的概念可以用樹皮和樹木內部之間的小小距離相比。在此我們並沒有一層僵硬的樹皮，正如你不該有一個僵化的自我一樣。相反的我們有一層具彈性的樹皮，隨著自然力改變，保護內在的樹（或內在的自己），卻具有彈性，以節奏性的動作開放或關閉……

由於樹皮是有韌性的，內在的樹才得以繼續長大。它隨著風彎曲。當無風時它不彎曲，也不僵硬，阻止了樹液流到樹頂，只因為怕那蠢樹不知道自己在幹什麼，會一頭撞上天空。自我也不該反應如此強烈，以致在晴朗而陽光普照的天氣裡，記起過去的風暴而對之反應。約瑟，你能了解這比喻吧。你知道這樣一種樹皮會置樹於死地。你所需明白的是，這同樣適用於任何一個人和自我。它通用於你。而魯柏必須學到，在一個冬日裡做出好像是在夏天的樣子，也是同樣可笑的。樹有足夠的判斷力不在暴風雪中開花。

約瑟，有時候你不信任你的自我有保護你的能力……你強令它變得焦慮起來，以致它過分補償，試著去保護你，結果幾乎令你窒息。你要不要坐在搖椅裡？

「不要。我沒事。」羅說。

這一節大半是衝著羅而發的。當賽斯口述時，他坐著筆錄，偶爾當賽斯說出一個要點時會停下來瞪著他看。這節一直繼續到子夜一點。其餘部分是對我倆說的對先前十年的分析，附帶地說，所有這些都挺有意思，並且是對我倆大有幫助的心理洞見。

但當我讀筆錄時，我想到羅坐在那兒，傾聽我認為是批評的話，同時他太太在屋裡踱來踱去，以另一個聲音，而且假設是替另一個看不見的人「訓他」。「我擔心這只是個心理上的把戲，」我說，「我是說，假若我潛意識真是那樣想的——你的自我有時候太僵化而把你關住了。所以我就採用了另一個人格來告訴你。於是，我不必負責，而你不能反駁。」

「妳認為事實是如此嗎？」羅問。

「誰知道呢？當然，我不會知道真相是不是如此。我會是最後認出真相的人。」

「妳有沒有悟到，那整節課所包含對我心理和行為的洞見，比我至今不論以何種方式得到的都要多得多？而且妳不覺得賽斯只不過用我來做這例子，以對人格做出更普遍切中的論點？」羅露齒而笑。「如果它沒令我煩惱的話，我不明白它為何會令妳煩惱。」

而我被迫靦覥地回以一笑。「我猜，只要賽斯談的是有關哲學的東西，我就不在意。但當他開始探討我們，深入個人的習慣和行為時，就有點逼人了。」

「我想那是很自然的感受，」羅說。「但它真的那麼令妳不悅嗎？」

「哦，也沒有啦。」我說。但，至少在一開始，我不習慣一個看不見的人——或是任何人——對羅或我做深入的心理分析。而現在，如果多年來沒有得自賽斯有關我們自己的所有知識，我們還會奇怪我們怎麼有辦法有效地運作呢！

不過，談樹的資料令我著迷。植物不只是活的，而且還能覺察。然而，以一種奇特的方式，世界也是在一種出神狀態。這節給了我靈感，在幾天後，我寫了以下這首詩：

〈林中之樹〉

林中之樹

祕密而靜默的站著，
它們的聲音懸在
樹葉的肺裡，
只能悄語，
蟄伏的夢，
用千年的光陰
吐納一次。

青苔和小石子的
睡眠真沉呀！
草和綠地的
出神真長呀！
腳步聲來，腳步聲去，
但沒有聲音能打破
那綠眼的出神。

Chapter

07

內在感官

再談精神酵素

（摘自第十九及二十節）

偶爾，我會思索梅爾巴．布朗生的插曲。這到底是與內在宇宙的一個確實的接觸，或是無意識在作戲呢？此時，賽斯課本身才開始了一個半月。除了在早期降神會裡的資料外，我們沒有過「千里眼」的例子或任何證據，而我和羅都決定，在一段時間內，我們還沒準備好之前，不會再去嘗試類似的事。

在布朗生事件裡，我是否在用賽斯的「內在感官」？如果我們試圖續約，能否令她給我們一些可查對的日期？我決定再試一次。在一月二十五日那天，羅和我心懷著這想法坐在客廳裡，一會兒之後，我開始以梅爾巴的身分說話。我在《實習神明手冊》裡短短提到過這個經驗，但以下我摘錄羅的筆記，這是那個事件及我們當時對它的態度較完整的記錄。

這兒是盡我們能記得的梅爾巴講的所有事實。在課後我立刻作了筆記，然後珍和我一同再看一遍。

她本姓希爾考克。她與一位姑媽和一個哥哥同住，十八歲結婚，在南達科塔州Decatur鎮的一家成衣廠或紡織廠做事。她無法描述她的職責。我們對Decatur這個字甚感困擾。那是我對她所說的地方的詮釋，而現在我在想是否我弄錯了。她的發音有點像Dck-a-tur，重音在第一節。

她大概是在這兒遇見她先生，是廠裡的一名工頭。先生在一九六二年死於英國的馬爾波羅。他本人並非英國人，不過是在那兒探親時去世的。她先生在工廠做事，在Decatur郊外也擁有一個農場，而他倆在婚後搬去那兒住了。土地很貧瘠，而在梅爾巴的敘述裡，她曾數次以輕蔑的語氣提到那地方。

他們結婚二十八年，有一兒一女。兒子仍活著，住在加州洛杉磯一帶。梅爾巴不知道女兒在哪兒，不過她卻知道她兒子現在自己有兩個女兒。梅爾巴告訴我們，她只在工廠裡工作了幾個月而已。她顯然並非知識分子，卻覺察到自己的無知，並且認為教育很重要。

按她所說，她是死在農場的廚房裡。她正站在水槽邊洗盤子，並且看著外面「乏味的」平坦景色，和停在那兒的小卡車。突然她覺得胸部一陣劇痛，而死於心臟病發作。她跌倒在地，同時打破了一個盤子。

下一件她知覺到的事就是，她跑過一片田野，找人幫忙，而不知自己已死了。當她回到那房子時，她看到自己的身體在地板上……她先生在七個月之後再婚。梅爾巴對此很不滿。在她先生死後，第二任太太到加州去和她的繼子一家同住，這更令梅爾巴生氣。

梅爾巴說，於現在所在的地方，她仍是個女人；舉例來說，她並不是透明的。她對那些已死的不同宗派神職人員的苦境深覺有趣，因為境況與他們所預期的如此不同。

不過關於她自己的情況，她無法多解釋；雖然她強調，她目前比生前要快樂些。有時候她和別人在一起，有時獨自一人。她不知道自己如何「來去」，卻知道她能旅行到地球上別的地方。「我不知道我怎麼做的，」她說，「我就只發現自己在某個地方。」她也無法描述如何接觸到我們。「不過，我在這兒，不是嗎？」她說。

事實上，她口齒相當不清。她倒是說過她對光和暗或時間沒什麼特殊感受。她十分活潑地宣稱，我問了太多問題，卻補充說她喜歡我們。因為我們沒取笑她。

除了說她「還在學習」之外，她無法解釋她做什麼事。我問了關於她背景的更多問題，而她告訴我，她先生種過苜蓿和小麥，並且試種過菸草和玉米。又說她丈夫是個窮農夫，而她的生活很寂寞，因為朋友很少。她認識鎮裡的職員們，就只有這樣。當我問她時，她倒是告訴過我，Decatur 大約有兩萬居民。

「在我們的地圖上，北達科塔達或南達科塔州都沒有名叫Decatur的鎮，那一帶沒有人口那麼多的鎮。我也許弄錯了名字……

「她說的每件事都是一致的，」羅後來告訴我。「她聽起來是出自好意的，但卻不太聰明。『她是她自己』的印象是很明確的……她完全不像妳。她的笑聲完全不同……還有她用字遣詞的方式。舉例來說，她的字彙很有限，而她講起話來有種急躁的味道。她對自己死亡的描述真的令我吃驚。它是如此寂寥而不具戲劇性，以致真的引起共鳴。不止於此，她自己卻還好像為之迷惑哩！」

「但，為了辯論的緣故，假設它是合法的，這又有什麼意義呢？」我說，「我想我還是專精於『賽斯』吧。我看不出毫無道理的試著去『拉人進來』——如果那是個適當用語的話——又有什麼意義。」

「但我仍不太能相信個人死後的生命。我比較喜歡把我們的通靈經驗當作是強調目前意識的未知能力。賽斯資料可能是來自某個很深的內在源頭，一個內在知識的直覺庫藏，每個人都可得到，只要他們去尋找。」我說。「就梅爾巴插曲而言，也可能我只不過是由同樣的源頭接收到有關她一生的知識。」

「那又有什麼不對呢？」羅說，「如果事實是那樣，又有誰會挑妳毛病呢？」

「但你很確定賽斯是……一個個人。我承認他似乎像是如此。」

「兩個想法可能是整個解答的一部分，」羅說，「當賽斯對內在感官解釋得更多時，希望我們會更了解實際發生了什麼事，而學到一些會幫助我們的方法。」

（在下一節裡，一九六四年一月十七日的第十九節，賽斯的確更進一步討論了內在感官，而他給了我們如何能利用它們的額外線索。如你們將見到的，我們不久就將他的方法付諸實行。那節很長，而他以強調「所有肉體感官資料都是偽裝的」這個事實來開始。）

賽斯說：

在假設「宇宙是由能在你們層面裡找到的同樣元素組成的」這件事上，你們的科學家是對的。不過，當然，他們所知的元素是特定的偽裝模式，而可能在別的地方以全然不同的形式顯現出來。

你們現在知道和將會創造的那些元素，是你們無法以外在感官發現的基本東西或活力之偽裝。你們的科學家會發現他們的工具不再夠用。由於人有這樣大的好奇心，科學家最後會被迫去用內在感官。不然的話，他們會只與偽裝打交道，而發現自己在一條死胡同裡——並不是因為他們的眼睛是閉著的，而是因為他們沒用到那對正確的眼睛。

在這個發展階段，那偽裝是必要的——錯綜複雜的、形形色色的，而且超過外在感官的理解。外在感官是偽裝本身的感受器，尤其適合在特定情況下看東西……唯有內在感官才能給你有關生命基本性質的任何證據。

既然宇宙的活力或素材往往看似與空氣一樣無害……那麼就尋找你們看不見的東西。探索看來彷彿是空的地方，因為它們是滿的。看看事件和事件之間的間隙。你們以外在感官清楚看到的東西是偽裝。我並非建議你們全憑信心來相信我所說的一切。我說的是，看似為空的地方缺乏偽裝，所以，如果去探索這個，就會得到證據。

效果看起來會像是證據……以實在的說法，如果一根樹枝移動，那麼你們理所當然認為是有什麼東西吹了它。你們由風的效應而認識它。沒人曾看見過風，但因為其效果是如此明顯，說它不存在簡直是白癡。所以，你們將面對宇宙的基本素材而感受其效果，縱令你們的肉體感官並不必然會感知它。

說真的，偽裝本身也是一種效果。如果你看著可觀察的世界，你能學到有關內在世界的一些事情，但唯有當你將偽裝扭曲的存在納入考量時……關於這點我有那麼多得說的，而你們有那麼多得學的，以致有時候我必須承認，我會為之感到心驚。

羅笑起來，而賽斯繼續說：

你自己的創造經驗在此該對你有所助益。我親愛的約瑟，當你畫一幅畫時，你在與一種能量的轉型及偽裝模式的轉型打交道。有個很短卻重要的一瞬，你在與我所說的底下的活力打交道。

由於你們地球上的情況，你被迫將這創造能量轉變成偽裝模式。你別無他法。但在這一瞬，你由內在感官摘取這活力。然後你將它轉變成一個有點不同、更發人深省的新偽裝模式，然而，那卻比平常的模式更流利、更流暢，並且給了活力本身更大的自由和機動性。你接近了一種層面的轉移。

你必然得預期某些扭曲。不過，那畫達成了免除某種偽裝，雖然它無法逃脫偽裝，而實際上以徹底被偽裝的物體無法做到的方式，在實相之間搖擺，音樂和詩也能達成這種狀態……

賽斯繼續解釋，一件藝術品（在物質次元）的偽裝越厲害，它對內在感官而言就越不真實。

你們的科學家無法計算他們的元素，而當他們誤入歧途，會發現越來越多的元素，直到他們快要瘋掉為止。而當他們創造儀器去處理越來越小的粒子，他們會看到越來越小的粒子，彷彿沒有盡頭似的。當他們的儀器更深入物質宇宙，他們將越看越遠，但他們將自動且無意識地將明顯看到的東西轉型成他們熟悉的偽裝模式。他們現在就是，以後也是他們工具的囚徒。

更多的銀河系彷彿會被發現，更多神祕的無線電恆星（radio stars）會被看到，直到……科學家覺悟到有些事出了毛病。科學家們所熟悉用以測量振動的儀器會被設計了再設計。這些儀器將發現種種彷彿不可能的現象。

問題就在，儀器會被設計來捕捉某些偽裝，而它們會執行其功能。它們本身將你們無法了解的資料轉變成你們能了解的。這涉及了一種資料的稀釋，一種簡化，而將原始的資料扭曲得不成樣子。經過這過程之後，原始的資料已幾乎不可辨識了。在轉譯裡你毀掉了它的意思……當你以一種現象來解明另一種時，你永遠看不見可能得到的那一丁點了解。

已經不再是發明新儀器的問題，而是去用你已有「隱形的」那一些。這些可以得知且被檢視。這資料本身就是證據。它就像在搖動的樹枝，所以你由風的效果認識風；並且由我獨白的洶湧奔騰的大風，而認識像我這樣的一個搧風者（windbag，譯註：幽默雙關語，又意為滿口空話的人）。

科學家發現地球的大氣在他們的儀器上產生某種扭曲效應。他們不了解的是，儀器本身必然會造成扭曲。任何物質的儀器都會有天生固有的扭曲效果。比任何其他儀器都重要的一個儀器就是心智（非大腦）……內在與外在感官的交會處。

心智遍布於整個肉身，而在它周遭建立起存在於物質層面上必要的物質偽裝。心智由內在感官接收資料而形成必要的偽裝。

大腦只與偽裝模式打交道，同時心智卻與在所有層面上天生固有的基本原則打交道。大腦本身是偽裝模式的一部分，而可以被物質儀器詮釋和探究。心智則否。心智是連結物。宇宙的祕密就是在此會被發現，而心智本身即發現的工具。

你們可以說大腦是在偽裝中的心智。想像力屬於心智而非大腦。可以用儀器迫使想像力沿著其主人個人記憶的方向走，但想像力卻無法被迫沿著觀念性思維的方向走，因為想像力是具肉身的個人和非實質存有之間的一個連結物。

順便一提，精神酵素在你們層面上有一種化學效果或反應。在其他層面上，扭曲的效果可能根本不是化學性質……如果你累了，我便結束此節。

「不、不，我沒問題。」羅說，「請繼續。」

我告訴過你們，精神酵素將活力轉變成特定的偽裝模式。在身體裡的一個化學不平衡，也將以感官資料一個相應的扭曲顯現出來。那是說，當化學平衡受到干擾，物質世界看來會有改變。就涉及的個人而言，那偽裝真的已改變了。

潛意識是心智的一個屬性，到某種很大程度，它是獨立於偽裝之外的。舉例來說，雖然部分的潛意識必須與偽裝打交道，更深的部分卻是與宇宙的基本活力直接接觸的。當你或魯柏在奇怪，不知這資料是否來自你的潛意識時，你理所當然地認為潛意識是個人的，只與你過去的事打交道。有時候你願意承認，也許種族記憶的一些成分可能也摻進來。

不過，潛意識也包含了心智未扭曲的資料，那是未經偽裝的，而且海闊天空地在層面之間運作。

「我希望他對內在感官說得更詳盡一點，」在讀過這節後，我說。「比如——它們是什麼，它們如何作用？」

「妳必須承認一件事。」羅說，「妳真的對他感興趣。」

「我知道。」突然我覺得輕飄飄的，而且很好玩，再度感受到整件事的荒唐。「兩個成人等著一個看不見的人告訴他們關於一個看不見的世界的事，等著他教他們如何利用內在感官。」我說，「有時候，我覺得像一個探索者，周詳地畫出到一個被遺忘的古老實相次元的途徑。我甚至能感受到在日常活動之下的回音，像我只能感受卻仍未能真正看到的線索。此外，有時候我則被懷疑包圍。」

再次的，在下一節課之前，我又有那種怪異的怯場，一種恐懼又好奇之感。我下午在畫廊很忙，彷彿我必須趕忙吃晚飯、洗碗盤及做完我正常的家事，以便在上課時間前準備好。在我腦子裡並沒有關於任何事的想法。大約半小時後，我怎麼會突然發現自己以並不像是我自己的聲音，傳述這樣一個不尋常的資料呢？

我真的是相當疲倦，但在課後，我驚愕地發現，賽斯口述了談論肉體感官的一篇精采說明，並且開始了對內在感官的描述。照羅的說法，賽斯表現出最精力充沛的樣子，如常地在屋子裡踱來踱去，或停下來和羅開玩笑，或暫停一下去眺望窗外。我確定，不管他用的是什麼能量，顯然都超過了當晚我對自己的預期。這是一月二十九日的第二十節。課如常在九點開始，而於十一點四十分結束。再次的，以下只是節錄。賽斯以談論肉體的感官來開始。

視覺大半集中在你們的眼睛，在你的肉體裡，保持固定於一個永遠不變的位置。沒有離開身體，眼睛可以看見遠處的東西。以同樣方式，耳朵也能聽見距身體很遠的聲音。事實上，耳朵更容易聽見身體外的聲音，而非身體內的聲音。既然耳朵與身體相連，並且是其一部分，一位心胸開放的觀察者可以很合邏輯地假設，耳朵應很善於對內在聲音調準。你知道，事實卻並非如此。

到某個程度，耳朵可以被訓練成對身體本身有種「聲音自覺」。舉例來說，當一個人聚精會神地聽他自己的呼吸時，呼吸可以被放大到一個幾乎嚇人的程度。但一般而言，耳朵既不聆聽，也聽不見身體的內在聲響。

嗅覺也彷彿會躍向前。一個人能聞到臭味，縱使它並不在他鼻子底下。觸覺似乎並不以這種方式跳出去。除非手本身按在一個東西的表面上，否則你不會覺得你觸及了它。觸覺通常涉及了一種直接的接觸。當然，你能感覺看不見的風拂過你的臉頰，但與視覺和嗅覺的有距離知覺不同，觸覺涉及了一種切身感。我想你們自己一定明白此點。

外在感官主要是與偽裝模式打交道。內在感官則與偽裝底下的實相打交道……而傳遞內在的資訊。所以，這些內在感官有辦法看見身體內部，雖然肉眼看不見。正如視覺、聽覺和嗅覺看起來像是向外伸，從一個外在可觀察的偽裝模式將資料帶給身體，內在感官則似乎伸展到很裡面去，將內在實相帶給身體。這也涉及了一種轉變過程，很像是我們在創作一幅畫裡談到過的「一瞬」。

肉體是個在更大偽裝模式裡運作的偽裝模式。但身體和所有偽裝模式也是宇宙重要內在素質的轉換器，使之能在形形色色的新情況下運作。

內在感官由實相之內在世界傳遞資訊給身體。外在感官從外在偽裝世界傳遞資訊給身體。不過，內在感官永遠都覺察身體本身的實質資料，而外在感官主要是關心身體與偽裝環境的關係。

以一種方式，內在感官對身體有一種即刻的、恆常的知識，那是外在感官所沒有的。資料是透過內在感官由內在世界傳遞給身體的。這種內在資料是由心智接收的。那麼，未經偽裝的心智是個接收臺，收到內在感官帶給它的資料。在此你有的是……內在的神經和通訊系統，與你所熟悉的外在系統非常相像。

我在重複自己的話，但我要講清楚這點。這個重要資料是由內在感官送達心智的。任何對身體與外在偽裝而言為重要的資訊，則是送達給大腦的。

所謂的潛意識，是心智和大腦、內在和外在感官之間的連結物。其一部分與偽裝模式、目前人格個人的過去及種族記憶打交道。其較大部分則與內在世界有關，而正如資料由內在世界送達它，潛意識的這些部分也能搆到內在世界本身的深處……

「賽斯，時間又是怎麼回事？」羅問。

時間和空間兩者都是偽裝模式。內在感官克服時間和空間，但那沒什麼好奇怪的，因為時間和空間對它們而言並不存在。沒有時間和空間，所以，也沒有東西被克服。偽裝根本不存在……

我想要給你們有關內在實相本身更詳細的資訊。事實上，它們並不與外在感官平行；而我怕這聽起來會令你們驚駭，因為根本沒有東西能以你們熟悉的方式被看見、聽見或觸及。我不想令你們以為，沒有你們偽裝模式的存在是空白無聊的，因為事實並非如此。內在感官有你們外在感官缺乏的一種強烈的切身感，一種美妙的強度。既然沒有時間，在感知上，也就沒有時間的空檔。

當然，偽裝模式也屬於內在世界，既然它們是由精神酵素用宇宙材料形成的，而在你們的層面上有一種化學反應。這反應必然是個扭曲。那是說，任何偽裝都是種扭曲，就在於活力被硬擠入一個特定的形式。精神酵素其實是內在世界的屬性，代表活力轉換成偽裝資料，隨後再被身體感官詮釋。你有任何問題嗎？

羅這麼迅速地記錄口述，幾乎沒抬起頭。「沒有。」他說。

然後賽斯告訴羅，想像一個人近距離看平常街道上的一棵樹，周遭有房屋和人行道。

利用內在感官，就會好像是，我們的男士不是在看形形色色的房屋，反倒是在感受它們。換言之，他會對它們有敏銳的感受，就好像你不必接觸冰或火而能感受到冷或熱一樣。

他會是要用第一種內在感官。它涉及了一種直接性質的即刻感知，其強度按照被感知的是什麼而有所不同。它涉及了經由我只能描述為「內在振動性觸覺」（Inner Vibrational Touch）的即刻認識。

這種感官會容許此人感受到樹所感受的基本感覺，所以，他不是光看著那棵樹，他的意識會擴展以包含「作為一棵樹是怎麼回事」的經驗。按照他熟練的程度，以類似方式，他會感受到作為草等等的經驗，他完全不會喪失自己是誰的意識，而他會再度感知這些經驗，多少像是你感知冷和熱的樣子……

內在感官能夠以一種外在感官不知的方式擴大和集中焦點，當然，內在世界是所有實相的一部分。並不是它與外在世界同時存在，不如說它形成了外在世界，並且也存在於其中。

當你們收到更多談內在感官的資料，你將開始以比目前大得多的程度去利用它們。當然，內在感官能被用來探索身體感官無法可施的實相。

這一節令我印象深刻，因為在之後我覺得比先前精神好了許多。那額外的精力從何而來……在替賽斯口述了三小時之後？我深感奇怪。除此以外，我倆都開始按照那晚收到的資訊，實驗第一種內在感官。如你們將看到的，結果所得的經驗開始給我們的生活增加了一個次元。

Chapter

08

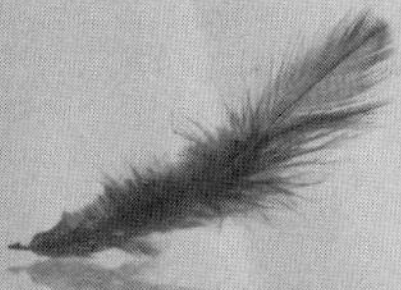

用內在感官做的一些實驗

一節自發的課及一些答案

（摘自第二十二及二十三節）

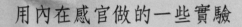

一如往常，羅整個下週六的下午都消磨在畫室裡，畫畫及做其他的藝術工作。這天下了點小雪。我在公寓前做些週末的打掃，羅大概在為幾張畫布打底，以備用來作油畫。既沒過渡也沒預告地，他心眼裡出現了一幅靈視。雖然並沒外在化，它卻是細節詳明、栩栩如生的。就像其他這類經驗一樣，它是中途闖入的，因為看起來它似乎與他當時正在做或正在想的東西無關。

其解釋隨著靈視一同到來，羅「知道」他正看到弟弟迪克上輩子死於英國的那間臥室，在先前的一節裡，我們已收到有關迪克前世的一些資訊。那靈視是如此清晰，羅立刻給它畫了一張速寫。那天稍晚，剛在我們開始第二十一節前，他將它裱起來，放在書架上。

那一節非常有趣。賽斯說羅只看見了那房間的一部分，而接下去他自己描寫了其餘部分，並且對迪克在英國的一生給了進一步的細節。那一節持續到十一點十五分，直到羅——而非賽斯——累了而叫停。賽斯說，睏倦無罪。但我非詩人，而你也知道。羅笑起來，因為賽斯喜歡嘲笑我的詩。

羅的靈視是自發性的。不過，當他為賽斯談第一種內在感官的資料打字時，故意嘗試一種簡單的實驗。那是我如今教我的新學生們做的，不過，當然那時它對我們還很新鮮。以下是羅的筆記：

首先我看看客廳裡的各種物件，比如一個花瓶、牆上的一幅畫、一盆盆栽等等，試圖讓我的心眼繞過這些東西，以便能清楚地想像出它們的背面。

然後，昨晚，我站在窗口，眺望過華納街大橋。我想像自己走過橋。感覺木頭地板在我腳下，我感覺自己走過橋另一端的信號燈下，並且讓自己繼續沿著路走下去。最後我試著伸展出去，並將兩邊的房子和樹木的感受都包含進來——當我走過其中每一樣東西時，好像在用內在觸覺去感受它們似的。

在下一節裡，賽斯告訴羅他做得很好，並且應該多多嘗試那練習。這一節——第二十二節——是我們第一次自發性的課（因為有時候，即使我知道我還能講一節課，卻在心裡拒絕它。我認為，一週上兩節已綽綽有餘——我很怕在一發出信號時，立刻就進入出神狀態）。

那天，我由我第一本ESP書的未來出版商那兒收到一封信，而當我獨自在廚房裡洗碗時，我發現自己在猜測，不知賽斯會不會「傳過來」而評論那封信。然後，我腦海裡傳來了非常清晰而充滿幽默的答覆：「你有自虐傾向嗎？」

我輕輕放下我在洗的碟子。那是賽斯嗎？或是珍在扮演賽斯？我如何能得知？於是我在心裡說：「我不知書會不會賣得好？」

再一次，顯然我腦海裡反應的句子並非我的。我無法在此時給妳任何預言，因為怕妳會曲解它們，然後看起來好像該怪我似的。

當然，他是對的。在那些日子裡，我將他和我自己都置於考核之下。而且我從未試著去將他視象化。我可以安於一個腦海裡的聲音，當它是創造性的潛意識——我喜歡如此稱呼它——之一個有效而相當安全的機制。但要我接受當我洗碗時出現在身邊的一個影像？門都沒有！

不過，我仍認為我最好告訴羅，所以我走到後面的畫室去。「喂，賽斯來了吔。」我說。

「妳在開玩笑吧。」羅說，好像他早知道似的。

我一向很喜歡活潑的交談藝術。賽斯在我腦海裡說。

「哦，他說他一向很喜歡活潑的交談藝術。」我說，手中仍拿著抹碗巾。羅看看我，笑了出來。

「你最好去拿你的筆記簿來。」我說。我可以感覺到一種不屬於自己的善意活力，就在身邊。

我幾乎立刻進入了出神狀態。啊，今晚山雀（譯註：賽斯對他倆的暱稱）頗為不甘寂寞呢。賽斯開始說。附帶一提，除非你以某種方式邀我來，否則我很少會到你們的小公寓來，而今晚你由屋頂大叫我的名字呢！他說。

「賽斯，」羅問道。「為什麼用這種溝通方式？比如說，為什麼珍不用『自動書寫』？」

這個方法適合我的脾性。在我看來，自動書寫彷彿可能變成一種制度似的。它是如此的片面。我喜歡你偶爾提出的問題。它們往往提供了其他我想說的事……我對書面字句的信任，還不到我對說出來字句的信任的一半程度，而在你們的層面，兩者都難以信任，但如我說過的，我一向喜歡交談，那是最活潑的藝術。

（附帶一提，賽斯這個偏好，與我自己對此事的感受恰恰相反。不過。他用情感性的抑揚語調傳述資料，大大增益了字句本身的意義，而他心裡想的大概就是此點。當他說出字句時，它們真的活了起來。）

「賽斯，」羅說，「珍有好幾個令人費解的夢，在其中她似乎在學或教算命。」

我沒試圖在珍的夢中接觸她。我沒那麼大膽。無論如何，一個女人的夢是件私密且神聖的事。賽斯以一種不動聲色的幽默這樣說。然後又說，若我沒想辦法給魯柏的聲音添加活潑語調，最後那句話會顯得多一本正經啊！無論如何，當魯柏入睡時，內在感官是全然敞開的，那資料是來自她自己的存有。

在所有這段時間裡，窗簾都是開著的。天還沒全黑。羅事後告訴我，在走廊裡有人聲和腳步聲，但我根本不受干擾。事實上，我相當不自覺地來回踱步，以賽斯的身分說話，叼著一根未點燃的香菸。最後賽斯說，這是一節非常愉快的小課。魯柏，拜託，替你自己弄根火柴吧！這懸疑快令我發瘋了：他要還是不要點菸？請找根火柴吧！

羅笑起來，走進畫室去找火柴。

我點著了菸，又再一次，事後完全不記得。而賽斯繼續說：

的確，約瑟透過內在感官收到更多的資料。在以往，他多少不自覺地自動將之轉譯為繪畫，根本不記得有任何的靈視。約瑟，你也可以學著用其他的內在感官，而我將告訴你更多有關內在感官的事。

由於魯柏與文字打交道，所以我很容易以這種方式來溝通。他自動將我給他的內在資料轉譯成連貫、合理而忠實的偽裝模式。我所給的資料在我這方實際上並非聲音。在魯柏那方，其轉移是自動且即刻的，並且是透過心智、內在感官及大腦的內在作用而達成的。

約瑟，既然你對內在的視覺資料比較敏感，你以這種方式得到的畫面會需要轉譯。魯柏的能力正巧與我們最方便的路線相合。那是說，由於你們特定個性之偏好，你倆追隨了不同的能力。

問題不只是透過內在感官，以一種沒扭曲而有條理的方式收到資料，而是還要將之轉譯成你們熟悉的特定偽裝模式……

賽斯開玩笑地繼續說，我阻擋了有關我自己家庭的資訊。然後他對羅說：

哪天晚上我們來開個派對。你可以不作筆記，或用一個錄音機，而我們會有一段不拘泥的快樂時光。

「我簡直等不及了！」羅說。

賽斯非常快活；他和羅彼此開著玩笑。

有這麼多話可說，賽斯有次說。我可以繼續講個把小時，不過你也許無法跟得上……嘲弄你是很好玩的。我一向喜歡那樣做，而你也譏嘲回來。

「我倆都是嗎？」羅問，現在試圖引誘賽斯。

跟魯柏以這種方式嬉戲向來都不是安全的。當你沒留意時，他很可能為了你十年前說過而已完全忘光的什麼話，用一塊石頭砸你的頭。並不是真的石頭，但你懂我的意思。關於一個人格的某些事情永遠都不會改變！

當羅在課後告訴我這句話時，我只哼了一聲。不過，這節課仍令我印象深刻，因為它是自發而非預先計畫的，我根本不緊張。而且，事後我感覺被賽斯好心情的親切餘緒包圍著。這種親切感不僅是指向羅的，並且也是指向我的，那意味著它並非發自我。當課結束後，當我繼續洗碗時，它彷彿跟著我到廚房裡。

我們下一節定期課是在第二天晚上，而一如往常的，從九點鐘一直持續到十一點半。我一直想給這特定的一節課命名為「呼吸者與做夢者」，因為由於那一節課，我寫了那樣命名的一首詩——那晚由賽斯的討論得到靈感的三首詩之一。不過，那節課對羅的影響卻不太相同，你將在下一章會看到。

（摘自第二十三節，一九六四年二月五日，星期三，晚上九點。

（這節的開頭部分是處理個人的轉世資料。）

個人的某個部分覺察呼吸最微細的部分；某部分立即知道進入肺部最微小的氧粒子及其他成分。在思想的大腦並不知道。你極重要的「我」並不知道。我親愛的朋友，事實上，極重要的「我」確實知道。而你並不知道那極重要的「我」，那就是你們的困難所在。

在你們這個時代，很流行將人當作大腦的產物，並且是潛意識孤立的一小塊，而為了補足斤兩才又加進少許其他的零碎東西。所以，在這樣一種不自然的分割之下，似乎人都不認識自己了。

他說：「我呼吸，但誰在呼吸？因為意識上，我無法告訴自己去呼吸或不去呼吸。」他說：「我做夢。但誰在做夢？我無法叫我自己做夢或不做夢。」他將自己切成兩半，然後又奇怪他為何不完整。人只承認那些他能看見、聞到、觸及或聽見的東西；而在如此做時，他只能欣賞半個自己。而且當我說半個時，我誇大了；事實上他只覺察自己的三分之一。

如果人不知道誰在他裡面呼吸，如果人不知道誰在他裡面做夢。那並不是由於有一個自己在物質宇宙裡活動，而另一個自己在做夢和呼吸，而是由於他將他呼吸和做夢的那個部分埋起來了。如果這些機能彷彿是如此自動，以致像是由與他自己全然分開的某人在做的，那是因為他自己做的分割。

你做夢的那個部分，就與你以任何其他方式運作的部分一樣是那個「我」。你那做夢的部分就是你那呼吸的部分。你的這個部分，作為一個完整單位，顯然與你打橋牌或玩拼字遊戲的那個部分一樣的正當且必要。如果像呼吸這麼重要的一件事，會被交給一個附屬的、幾乎完全分開的、像個窮親戚似的次等人格那個部分去執行的話，不是太可笑了嗎？

就如呼吸是以對意識心而言彷彿是自動的方式進行，同樣的，將宇宙的活力轉化成模式單元（pattern unit）的重要機能，也似乎是自動進行的。但這個轉換對你樂於認知為你的那個部分並不明顯，所以看起來，好像這個轉換是由比你呼吸和做夢的自己更遙遠的某人所進行的。

賽斯接下去再次強調，我們正如我們呼吸那樣不費力地形成表象世界。然後他說：

由於你並沒覺察所涉及的機制，卻知道你會呼吸，你被迫承認是自己在呼吸。當你橫越一個房間，你被迫承認是你令自己如此做，雖然意識上你並沒想到命令肌肉去動，或刺激一條或另一條肌腱。然而，縱使你承認這些事，卻並不真的相信它們。

在你們安靜而未提防的時刻，你仍然說：「誰呼吸？誰做夢？誰走動？」自由而全心地承認你對自己的重要部分並不覺察，並且「你」比你認為的自己要大吧！這豈不容易多了？

舉例來說，當有人說「我要讀書」然後去讀，比當他說「我要看見」然後看見，要有把握得多了。他記得他曾學會讀書，卻不記得他曾學會去看，而他怕他並未有意識地記得的東西。

事實上，雖然沒人教他看，他卻會看。的確「教」他看的自己那個部分仍然指引他的動作，仍然移動他眼睛的肌肉，縱然當他在睡眠時仍然變得有意識；它仍然在沒被感謝或承認之下替他呼吸，並且仍然進行他由一個內在實相轉化能量成外在實相的任務。人變得被他自己人工地區隔的自己所陷。

沒錯，一般而言，你們不覺察你們的整個存有。可是，並沒有理由要你必然對你目前人格之「全我」盲目，那全我是存有的一部分，並且可藉我講到過的呼吸和做夢的「自己」而略見一斑。

不去意識到你吸入的每一口氣是滿方便的，但去忽略在做那呼吸、並且覺知所涉及機制的內我，則是純然的愚蠢。我說過心智是內在世界的一部分，但你有能力搆到自己心智的通路，你卻忽略它；而這通路無可避免地會引導你到關於外在世界的真相上。向內努力，你便能更清楚地了解外在的東西。

然後，正當羅快要問到我們如何能真的感知內在實相時，賽斯開始討論第二種內在感官，提供了我們可用以做主觀剖析的一個有價值工具。當然，我們後來發現，在許多古老的稿件裡，「內在感官」和「心理時間」（psychological time）曾在不同的名稱下被論及。羅真的迫不及待要把這節打好字，以便他能研究這資料，並且付諸實施。

賽斯以談到物理時間是個偽裝來開始。

心理時間屬於內我，那即是說，屬於心智。不過它是一個連接物，是內在感官的一部分，為了方便之故，我們將稱之為第二種內在感官……它是個天然通道，只在內在世界與外在世界之間來回的一條簡易通路。

時間對你做夢的自己而言，很像是「時間」對你清醒的內我而言一樣。在夢裡的時間觀念彷彿與你在清醒狀態裡對時間的觀念——也即當你眼睛看著鐘，而心想要在，比如說，十二點一刻到達某個目的地時——非常不同。它卻與當你在清醒狀態獨坐沉思時，你經驗到的「時間」沒有多大差異。那麼，我確信你會看出，這種常常在清醒時光所經驗的獨自一人的內在心理時間，和常在夢裡經驗的時間感之間的相似處……

我再怎麼重複都不嫌多——你的意識心要大多了，而你不承認的自己，卻是一個如此重要的部分，它不只保證你自己在所造的物質宇宙裡的存活，並且也是你自己和內在實相之間的連接物……只有藉由認識到內我，人類才有可能利用其潛能。

外在感官不會幫助人達成那驅策他的內在目的。除非他利用到內在感官，否則可能會失去他已獲得的所有一切……

當羅打好字而我讀了這一節時，我陷入一種驚奇的暈眩中。就像許多人一樣，我不信任「內」我到一個相當的程度，相信它只保有了被壓抑的原始情感，以及被埋葬的、令人厭惡的特性。但，沒有它，我們甚至無法在早晨起床或呼吸，更不用說走過房間了。現在這看來彷彿如此明顯，以致幾乎無法憶起在那時它似乎是多麼大的一個啟示。第二天，這節給了我靈感寫出以下的詩。

我與誰共享這形象？
哪個鬼魂出沒於這屋子裡？
我微笑伸手取一杯茶，
而超越我意志的動作開始了。
我的手指平順伸出，
舉起有弧度的茶匙。
以恰恰好的適當舉止，
它們拿起了瓷盤。
然而我與這毫不相干。
誰動了杯子？誰在動？
而當我和你說話，我的肺
在肋骨後起起伏伏，

以在這光亮房間裡渦漩的空氣
填滿它們祕密的薄軟口唇。
它們替我做
我所有一切仰仗的呼吸，
然而我不知道這是如何做到的。
誰是這鬼魂？
這另一個人？
誰掀動肺葉？誰呼吸？

當我睡眠而張開四肢躺下，
眼瞼閉闔，眼瞳深黑，
誰睜大眼睛走下樓
在夜間的冷空氣裡穿過門。
旅遊到我從未去過的地方？
誰在我腦袋裡留下
我從未見過的人的清晰記憶？

當我根本未嘗浮升於床上一吋，
誰做了這些旅行？
誰做夢？

動作者，呼吸者，做夢者，
與我共享這可人的身軀。
他是與我如此相像的雙生子，
以致我無法認出他的面容。
他走他的路，我走我的路。
從未正面撞上，然而
我覺知這鬼魂
在我每個字或每個動作的背後。
誰動？
誰呼吸？
誰夢？

若說第二十三節啟發了我去寫這首詩，它也令羅如此印象深刻，以致他嘗試了一個運用內在感官頗為複雜的實驗——他卻沒讓他的意識心知道他想幹什麼。

Chapter 09

內在感官——輪到羅了

更多有關心理時間及如何用它的資料
第二十四、二十七及二十八節的摘錄
康寧瀚小姐和錯過的一課

這是我們有客來訪的一個週末。在場的朋友完全不知道我們涉入了任何心靈工作，而那個主題從未在我們的談話中出現（除了一位親近的朋友外，沒有一個人知道我們在搞什麼）。在那個晚上，羅突然有了三個在當時相當令人吃驚、並且頗為嚇人的經驗。以下是摘自他自己的記錄：

在一九六四年二月八日星期六晚上，我有三個分開且非常奇怪的感受。我們有客人。我剛喝完第一小杯葡萄酒，而一波「感覺」襲過我全身。那是一種放大的麻痛或毛骨悚然之感，由我雙腿湧上，進入腹部到胸腔，充滿了我全身，我有點感覺好像我會被抬起來而捲走似的。

第一次的感受不如後兩次強烈，當它第一次席捲過我時，我暗想是否酒的作用，雖然其實我喝得很少。我安靜地等著，一會兒那感覺便過去了。我靠坐在我們長沙發的扶手上，和客人聊天。我有種怪異的感覺，覺得那感受與我們所聊的主題有關，並且與我覺得在我之內的某種訊息或通訊有關。

後來的兩次感覺在略晚時來到。第二次約在十一點半時發生，那時我們圍坐在桌邊吃東西。這感覺是如此之強，以致我放下了三明治，取下了眼鏡，因為我真的不知道接著可能會發生什麼事。這回那波感覺非常強烈的席捲過我。雖然在我周圍的每個人都相當大聲的說話，我卻有聲音在我之內的怪異感受，好像有嘴巴張開或以無聲的節奏喊叫著。

我也感受到一個大溝槽、水槽或某種通路，從我上方或至少從外面一直通過我。在此刻，我真的害怕了。在我胸腔內的感覺非常強烈。我甚至以為也許我有某種心臟病發作了，雖然我沒感覺任何痛苦。

現在，第二天早晨回顧時，我想當時我可能閃過一個念頭：我感覺到某種靈異現象，但，事實上，我嚇了這麼一大跳，以致腦中幾乎一片空白。

後來，我們的客人走了之後，當我站在廚房裡跟珍講話時，那感覺又回來了一次。甚至在那時，我還沒能敏銳到或許藉由問我自己問題而抓住機會。我太過捲入那種感受裡，而無法馬上變得那麼客觀。現在，第二天，那回憶仍留連不去。到底是怎麼回事？也許賽斯會知道。

當我在寫這篇東西時，我想起上個月我也體驗過同樣感受的較弱版本，那時我在本地一家卡片公司的藝術部門兼差。那感覺席捲我時，我正獨自在設計室裡吃午餐。並沒有預警或疼痛，但那驚奇令我彎腰到桌面上。那時我很害怕，以為可能是某種病在發作，但它很快的過去，並沒有再回來。

當時我並沒告訴珍這件事，但在最近的一課裡，賽斯提到它，說我曾由於我的背令我很不舒服而在呼援——心靈上的。並且昨晚當我有這些經驗時，我的健康也不是在顛峯狀態。現在我自忖……我是否又呼援了？這是想求得答案的一個企圖嗎？

第二天晚上，羅和我買了一臺錄音機，希望能減輕他的工作量。直到將近八點半時，我們才從購物中心回到家，然後開始試用錄音機。一如在那段時間裡的慣例，我在快九點時開始心神不寧；最後決定當晚不用錄音機，等到下節再用，先給我們自己一些時間去熟習那玩意兒。

賽斯立刻傳過來了。

「賽斯！」羅說，「為什麼珍在課前仍舊覺得緊張？」

在課前，他總是有點猶豫和懷疑……因為我是透過他來說話的。內在感官還不習慣如此自由地運作，而這有時令一直都在場的自我不安。通常在我們的課程，只有一種內在感官是在強烈的運作中……往往，剛開始前的剎那，魯柏腦子裡一片空白……然後，如果你原諒我大言不慚的話，我「卓越的」學術論文開始了。他想知道字句來自何方，並且仍在猜測我是不是他潛意識的一部分；而我必須承認我覺得這種想法很可怕。他想要以他的意識心能了解的一種方式得到他的答案。這是我們的第二十四節，而我仍然試圖給你們答案。

最後這句話是帶著極具嘲弄意味的幽默說的。賽斯接下去解釋，當我們繼續進行時，課會被給予極大的深度。他開始更透澈地討論內在感官，而羅真的豎起了耳朵聽，希望賽斯會提及他最近的三次經驗。它們是否他笨手笨腳試圖運用內在感官的結果？

約瑟，有一種內在感官與你自己的內在影像約略相應。那是說，在你的視象裡，你相當偶然地用到這內在感官，只不過由於你缺乏一貫的訓練，你只模糊地看到這些。

不過，內在感官所給的印象遠較外在感官所給的強烈。在未來，利用內在感官，你應能獲致被「廣度」與「存在」之內在對等物潤飾過的色、聲、香和觸的外在對等物。你現在難以維持住你內在視象的長久性，因為你試圖按照物理時間調換它們——首先，這個進行方法是錯的。如我先前提到過的，即使在目前，對所謂的心理時間，你也有一個相當容易進入的道路在你的掌握之內。

這與第二種內在感官很有關係，而你必須試著用心理時間來調換你的內在視象。由於嘗試用外在資料的說法來解釋內在資料所涉及的困難，你可以看出我們碰到的阻礙有多大！舉例來說，當我告訴你，第二種內在感官是像你們的時間感，這的確給了你們對「心理時間是什麼」的一些了解，但你們很可能會將兩者做太接近的比較。

任何經由內在感官而來的通訊，會存在於你們的心理時間裡。心理時間在睡眠時和意識安靜的時候運作。現在，在夢裡你們可能有經歷過許多小時，甚至幾天的感覺。這些幾天或幾小時的心理經驗，並沒被肉身記錄下來，而是在物理時間的偽裝之外的。如果，在一個夢裡，你經歷了三天，在身體上你並沒變老了三天。你明白嗎？

「我懂。」羅說。

心理時間如此是內在實相的一部分，以致縱使內在的自己仍是與身體相連，在夢的架構內，你卻不受一些非常重要的身體效應束縛。且說，因為夢似乎令你捲入了與鐘錶時間無關的「時段」裡，所以就你的內在視象而言，你能獲得對那個時段的實際經驗。

但就當你試圖轉換這些視象到物理時間上的那一刻——物理的一刻，你便失去了它們。在所謂的白日夢裡，許多時候你忘掉了鐘錶時間，而這種內在時段的經驗進來了。

「一開始我們又為什麼要發明鐘錶時間呢？」羅問。

它是由於二元存在的錯誤觀念，而由自我發明來保護自我的；那是說，因為人覺得有個可預測、有意識的自己在思考和操縱，而有個不可預測的自己在呼吸和做夢。他建立了界限以保護「可預測的」自己，不受「不可預測的自己」之擾，結果卻將全我一刀切成兩半。

原先，心理時間容許人相當輕易地活在內在和外在世界裡……而人覺得與他的環境親密得多。在史前時代，人類演進出自我、以助他處理自己創造出的偽裝模式。這裡並沒有矛盾，如我隨後將會解釋的。他在這件工作上做得這麼好，以致縱使當一切都在控制之下時，他仍不滿意。他發展得不平衡了。內在感官將他導入了一個他無法像操縱物質偽裝那樣輕易操縱的實相裡，而他怕他已失去了統御力。

此處，我們休息一下。「如果賽斯不提我的經驗，我將打斷他來問那件事。」羅說。他的背仍有毛病，而現在一陣痙攣突然侵襲他，以致他做出鬼臉。突然，賽斯說：

你最好站起來走動走動，那就是你在這些頻繁的休息時間裡該做的事。如果你站著寫字比較舒服，沒有什麼理由你不能偶爾那樣做。有一些家具用品可以放你的本子。無疑的，我不必提醒你與我已不再相干的偽裝模式實用性。如果我和你們一樣要依賴它們的話，我會把它們利用得更好一點。請你務必令自己舒服一點。

羅將他的筆記本拿到高高的老式電視機上，它成了一個很好的書桌，而羅在餘下的時間裡站著寫筆記。

催眠能用來使你的狀況進步一些，賽斯說。終究，它是經由效果、使得自我熟悉全我能力的一個方法，而自我是全我的一部分。

「珍近來替我催眠了幾回，如你所知，結果非常好。」羅說。

現在，如果你準備好了，關於你那天晚上與內在感官美麗而偶然的經驗，我有幾句話要說。

「好的。」

在你那方的情況正適合像這樣的事發生。就像是突然打開了一扇門。你不知道如何將它開得更大，而如果不嫌我多嘴的話，你也不知道如何去關上它。然而，在不太久以前，你根本不會有意識地承認那經驗，因為較早的時候發生過類似的事，而你在意識上忘記了它。

這第一次發生的時候，你是在呼援。像許多其他人一樣，你如此害怕內在世界，雖然你透過你的藝術多少認識了它，但除了恐慌外，沒有別的東西會迫使你嘗試去轉動那看不見的門把手。這一回，還有一點對恐慌的記憶，但只是如此而已。實際上你是出自欲望而打開了門，被我們的課所刺激，並且出自好奇，但你仍然害怕。

你的經驗相當難以解釋，除非等到我們對內在感官有徹底的討論之後，但我目前會給你一個簡單的解釋。你感覺到「純粹形式的資料」一陣奔流——或我是否該說是一陣猛攻？——襲過內在感官，有如萬花筒裡的一陣風，因為你不知道如何控制它或解開它。

為此之故，你嘗試了一個相當好笑的偉績。你試圖換檔而以外在感官來接收內在資料，然後再將之向內投射。對一個初學者而言，那是一次相當了不起的演出……引起你恐慌的，是接收這方的一個缺陷。你感覺到聲音，但，由於你並沒以你的耳朵聽到聲音，你恐慌起來，而形成了一個無法說話的嘴的影像。這是你的「無能」的一個投射，並不該將它當作存在於內在世界的任何無助情況，如我害怕你會那樣詮釋的。

不過，你對一扇門或一個漏斗的感覺是很正當的，而如果你覺得受到攻擊，因為彷彿一陣資料的狂流轟然塌落在你身上，那只是由於你無能控制其分量。那經驗嚇著了你，你自動將自己閉上了，但這整件事是有益的，因為它給了你一些關於純粹內在感官資料的第一手經驗。很不幸，它是如此地沒控制好，但我想在一開始時，往往都會如此。如果可能的話，萬一再發生這經驗，要試著放鬆，而資料會自己放慢下來。

「我該怎麼做，才能再度激發這樣一股資料之流？」羅問。

在這個階段，不必我告訴你，你也會盡你所能的去鼓勵它，就像首先你啟動了那事件一樣。你自己天生的內在知識會幫助你。我建議暫停一會兒，而這一回，我親愛的約瑟，請務必學你漫步的太太那樣走來走去。

當課繼續時，羅問：「你能告訴我們更多關於心理時間的事嗎？」

心理時間是個與內在世界之間的自然連結物，就如當你在夢境裡，你可以在其架構之內經歷幾天或幾小時，而沒有以同量的物理時間變老。因此發展下去，縱使當你醒時，你也能在心理時間內得到休息和更新。這會有助於你的精神和身體狀態到一個令人驚異的程度。你將發現活力增加了，所需的睡眠減少了。舉例來說，在任何五分鐘的鐘錶時間之內，你可以找到與鐘錶時間無關的一小時休息。

你可以透過心理時間看鐘錶時間，甚至隨之更有利地利用鐘錶時間，但沒有最初心理時間的認識，鐘錶時間變成了一座監牢……對心理時間的適當利用，不僅會引領你到內在實相，並且會阻止你在物質世界裡被催趕。它提供了安靜和平和。

從心理時間的架構裡，你將看見鐘錶時間是和你一度以為內在時間是那樣的如夢似幻。你將發現「內在時間」和你一度認為的外在時間同樣都是個實相。換言之，同「時」從內和從外窺視，你將發現所有的時間都是幻相，而所有的時間都是一個時間……

因為你倆都累了，我將結束這一節。可別說今晚我沒引得你們團團轉地追尋，因為當你重讀這資料時，你將明白它必須被小心地研究。可是，有一點，就內在資料而言，主要的障礙往往是有意識的恐懼。所以，了解到這些感官屬於你，並且它們是相當自然的，將有助你避免被意識心關閉掉這種資料。

如果你記得此點，內在資料會容易傳過來得多，而你將能控制它。它本身從不至於有壓倒性的力量。你將訓練自己認識這種資料，利用和控制它。在心理時間的架構內，你也能延長這種經驗。

到現在為止，這些課的長度，空一行打字約有十七到二十頁，而它們約有兩個半到三小時那麼長。我們只試用了錄音機一次，就明白我們平時的做法才是最好的。不過，羅真的快活得很，因為當我們在第二十五節試用錄音機時他不必記錄。賽斯也講得快得多。他祝賀我們的「二十五週年紀念」，而玩笑地說，等我跟你們共事完畢時，你們會老得多了！那節大半在討論一般的主觀狀態，強調這些是無法在實驗室裡被精確的指出，或只用平常的科學方法而得以了解的。然而，它們卻是我們人生中的要素。

不過，第二天，羅發現他自己在為他不作筆錄的自由「付出代價」。那一節長達三小時。但他發現得花長得多的時間去謄寫錄音帶，因為他必須如此常常地開關錄音機。經由他自己手寫的筆記來打字要容易，並且快得多。

然後，下週五，羅又有了一回他的「感受」。以下的描述，是取自他一九六四年一月十四日的筆記：

在晚上大約九點十五分時，我在客廳和珍談到她的ＥＳＰ書。她曾訪問公寓裡的人，問他們的經驗。我站起來看向窗外，再次試試橫越過橋的精神性實驗。我要自己像上回那樣感覺自己在那樣做。

當我看出去時，那奇怪的感受又來了。它在我左腿和左臂裡開始，然後蔓延至我的胸部和頭。然後，那感覺多少局部化到我耳朵的背面。它像一種內部的麻痛或震顫——一種豐富、盈滿的感覺。在最近一節裡，賽斯稱之為「感覺的聲音」（feeling sound）。

不像上次，我沒害怕，我無言地舉起手來，珍停止說話，而我們安靜地等著看可能發展出什麼來。我希望那感覺會不知怎地轉變成聲音或影像，但它並沒有。至少我覺得我並沒砰然關上任何「內在的門」。

那感覺過去了，我們又繼續談話。然而，它留連著。當我坐在這兒寫這些筆記時，覺得它一點一點地離開——一點一點由我背上、臉頰上、嘴上和身軀上離開。也許它待會兒會再回來。

在上所有這些早期課期間，羅都不大舒服。如今他是如此的健康，以致很難記起他那時是多難受了。不過，這課的筆記很清楚地顯不出他的狀況。賽斯往往會叫我們暫停一下，以便羅得以休息。他常常站著，在舊電視機上記錄，而有時則坐在新的搖椅裡。

那個週末他覺得不舒服。週一早晨他試做自我催眠，有很好而暫時的效果。那天的其餘時間和週二他都覺得好些。星期三晚上發生了一件令人不安的事，鬧得我們家和一位鄰居家雞犬不寧，並且加重了羅的症候。

再一次，摘自羅的筆記，是他插在賽斯下一節課之前作為背景的。

為了兩個理由，我們下一節課——該在二月十七日星期一上的第二十六節——沒有上。自從賽斯課在十二月裡開始之後，這是我們第二回錯過了一節課。第一次是在聖誕及新年假期裡。這回理由完全不同。

我近來不太舒服，背痛又發作了，工作也有困難，到晚餐時，我已筋疲力竭。我並不真想替賽斯記錄十五到二十頁的資料，卻又擔心會錯過了什麼。

並且，晚餐後，住在前面公寓裡的退休老師康寧瀚小姐，發作了某種病而亟需幫助。另外一位鄰居和房客唐・傑可布，來叫我們。珍去看出了什麼問題，發現康小姐倒在地板上，有嚴重的失憶現象，情況非常糟。很顯然那天她已摔倒好幾次，而且沒吃過東西。

接下去是非常混亂，並且，對我而言，非常不安的幾小時。在那個期間，珍和唐設法與康小姐的醫生、親戚們及一家醫院做些安排。親戚們拒絕幫忙，看起來像是害怕康小姐本人，她與他們一直相當的疏遠。同時，康小姐則是歇斯底里的、扯自己的頭髮等等。康小姐的家人（姪兒姪女們）終於說他們會送病人到醫院的急診室去；康小姐的醫生告訴珍，他會在那兒等她。同時，親戚們又改變了主意；醫生大怒而離開了。珍最後聯絡到另一位醫生，他在半夜到來而批准康小姐住院。

當我們正常的上課時間來而復往，珍開始由賽斯那兒得到「小口小口的資料」。而在同時，我覺得更難受了。我沒幫珍的忙，因而感到愧疚。並且很氣康小姐的親戚。我有一次很嚴重的背部痙攣，以致我無法站立。

珍在康小姐的公寓進進出出時，會告訴我她由賽斯那兒收到的片段想法。我沒有辦法與她合作，因此珍把它們寫下來。有幾個評論是針對我而發的，而其中之一尤其有相當的啟發性：「你想幫忙卻怕動。如果今晚你幫了忙，你就不會感到有需要將你的情緒以如此自毀的方式轉而對付你自己。」

珍有一次跟我說：「哇，你真幫了大忙。」後來賽斯在她心裡指責她不該那樣說我。

第二天晚上，一個朋友馬克・雷根不邀而至。我們有些疲倦，但很高興見到他。我第一次在與朋友相聚時感到賽斯「在附近」。我的感受有點混淆不清。我嘲弄地想：「有位來自另一層實相的客人是一回事，但你真的想要你的朋友們與他會面嗎？」最後我的神經過敏明顯到羅問我發生了什麼問題。有那麼一會兒，我只呆坐在那兒。我該不該介紹賽斯給馬克？我記得我在想，從來沒有一本關於社交禮儀的書能給我一個答案。

Chapter 10

賽斯在我們的客廳與一位老友會面

夢宇宙

這是第一次賽斯真的對其他人說話。我心裡一半不大願意上課，而一半又好奇，不知賽斯會怎樣與別人打交道。我也相當的緊張。如以下摘錄會顯示的，在許多方面，這一節其實是個突破。我也包括了一些羅的註記。

（摘自第二十六節，一九六四年二月十八日，晚上十點。

（當我們坐著與馬克聊天時，珍終於告訴我，由於昨晚我們錯過了一節正規課，賽斯今晚想上一課。賽斯也希望馬克留下來。但，因為天色已晚，而我懷疑自己能不能跟得上賽斯的口述，所以我認為我們最好放棄這機會。況且在珍昨晚的筋疲力盡之後，我想這樣她會太累。當我盡可能地解釋發生了什麼事之後，馬克自願告辭，而我說我們寧願等下次的定期課。

（但珍告訴我，這個決定令賽斯生氣。她堅持要我去拿紙跟筆，因此，課開始了。在結尾附有一篇馬克的聲明。）

我必須承認，你們是極好的老師。不過，約瑟，雖然我承認我不速而至，也了解昨晚缺席的原因，我卻認為理所當然今晚會補課。我覺得你以這種方式抑制我是非常不禮貌的。

我們的課很重要，不應由於一時的心情而遷延。魯柏告訴過你，昨晚我按時出現，並且覺察到所發生的事，而了解情況後完全同意不上課。

今晚則不同。你對你的客人有禮貌，而我也應允了他的在場。可是，你對我卻沒那麼有禮貌。有客人在時，魯柏上課感覺有點猶豫，但還願意進行。你知道我並不反對你朋友的在場。就此而言，我歡迎一位目擊者，而也到了有位證人的時候了，是為了你自己而非我的啟迪，並且這對我們神經過敏的鴿子魯柏，也有些好處。

馬克坐在那兒，相當吃驚。當然，我是在出神狀態裡，但我了解馬克，我很可以想像，當我踱來踱去，用賽斯的低沉嗓音說話，並且以這樣一種態度對羅說話時，他一定會帶著什麼表情瞪著我。在課前，羅對賽斯做了簡短的解釋，並且問過馬克他想問什麼問題。馬克說他對意識與進化之間的關聯有興趣。現在，賽斯幾乎立刻就說：

我想回答你朋友的問題……當他提出這問題時，他指的是自我意識（self-consciousness）進入所謂的遲鈍形體（譯註：指肉體）裡的那一點。且說，你們知道所有的形體皆有意識，所以，可以說，並沒有一個點，自我意識敲鑼打鼓地進入。意識與生俱來就在你們層面上第一個具體化的東西裡。

很快地，自我意識便加進來了，卻非你喜歡稱之為人類自我意識的東西。我並不想以這種方式傷害你們的自我，而且我可以聽見你們在大叫：「討厭！」但在形形色色的自我意識之間，並沒有實際的差異。

意識上，你或有自覺，或沒有。一棵樹意識到它自己是樹，而不自認為是塊岩石。一隻狗知道牠不是貓。我在此試圖指出「自我意識必然得涉及人類」這個極端自我中心的假設。事實不然。

所謂的人類意識並不是突然出現的。我們那可憐被抹黑的朋友，人猿，並沒有突然得意地捶著牠毛茸茸的胸膛，大叫「我是個人」！另一方面，在多細胞集團開始形成某種複雜的一個「場域」時，人類意識就開始了。

就人類意識而言，雖然並沒有一個明確的進入點（以你們的說法），卻有一個它彷彿沒存在的點。當然，在洞穴人之中，自己是人的意識已充分發展了，但人的概念已活在魚類裡。

我們講過精神基因。這些多少是物質的心靈藍圖，而在這些精神基因裡，存在著你們人類那種自我意識的模式。有很長一段時期，它都沒有以結構好的形式出現……

人類自我意識存在於心理時間裡，並且在你們作為一種族類，構成它之前很久，就存在於內在「時間」裡。為了你們的朋友，我盡可能簡單說：從你們的物質宇宙一開始，人類意識就天生具有並且潛藏著。現在，我提議小憩一會兒，可別崩裂成碎片哪！（譯註：休息，英文為break，亦為破裂之意，賽斯用雙關語開玩笑。）約瑟，我開了這個小小的玩笑，只是要讓你明白，我終究不是個記恨的人。

所給的資料比以上摘錄的還多。事實上，在我們第一次休息之前，賽斯穩定地講了一小時。當我脫離出神狀態時，馬克正非常專注地瞪著我。

「每個問題在我腦海裡出現的那一剎那，賽斯便回答了它們。」他說。「羅給了我一張紙，我打算一想到問題就把它們寫下來，但我根本沒機會那樣做。他按順序答覆它們。」他搖著頭。「賽斯回答了，或妳回答了。反正有個人回答了。我從沒聽過或看過這種事！」

「資料全是在談論彼此相關的主題，」羅說，「那能不能說明這事呢？」

「那會是最簡單的解釋，而如果我能那樣想，我就不會那麼迷惑了。」馬克說。「但那些答覆太明確、太準時、太直接了！我告訴你，我將寫一篇那個意思的聲明。」

我自忖，馬克說得對嗎？「我很願意承認心電感應的存在，」我說，「但如果我在其中扮演了一個角色的話，我很想知道到底是怎麼回事，以及賽斯是辦到的──或我是如何辦到的。」

「在我的聲明裡，嗯，我該稱賽斯為什麼？」馬克問，而賽斯打斷他說：

馬克，你可以稱我為賽斯，雖然，如果你有興趣知道的話，你的存有名為菲利普。而由於你是個這麼好的證人，我必須承認我在過去就認識你。我把你視為一位老友，而到某個程度，我們將重續舊緣。

我喜歡讓他們知道我們曾為舊識，藉此讓老友目前的人格大吃一驚。這是我的一個毛病，但我很喜歡如此……我們的路曾交會過許多次，而那就是我要你在座的原因，以及你為什麼會撞入魯柏做事的畫廊的原因。在此，並非沒有涉及自由意志，只是老友們有一套碰頭的方式。而且，當我先前說你有得痛風的體質時，我不是在開玩笑，因為你也頗好色哩！」

羅笑起來：「像我在你告訴過我的丹麥那一生裡一樣？」

賽斯說：的確像你，我親愛的約瑟。在你的情形裡，如我告訴過你的，你現在為了過去的肉欲，而藉一種最不必要的自責態度過度補償。另一方面，除了在選擇一個美麗的妻子，因而容許自己待她很好的情況之外，菲利普沒做這種補償。

現在輪到馬克發笑了。羅和我都沒見過他太太。而他也並非一位密友，只是感情不錯的熟人。他不住在艾爾麥拉，只有當他有業務上的需要時才會來，差不多每六週一次。

當他是個女人時，他的處境大不相同，賽斯帶著明顯的幽默說。而如果容我洩漏一些祕密的話，他那時挨一個沙豬丈夫打，那人還真有副豬鼻子呢！

「這是何時發生的？」羅問。他又在引誘賽斯了。馬克只能一下看他，一下看我。

在一六三二年的比利時，而我們的菲利普，在當時頗為轟動的一件案子裡，還真的將這丈夫付諸全村公審——在那個時代是尤其不尋常的一件事。她的名字叫尤蘭達•史瑞凡……

「等一下。讓我把拼音弄對。」羅說，而賽斯慎重地把字拼出來。

史瑞凡司戴特。她時年三十三，犯下了可謂輕率的舉動，而被丈夫不當且嚴重地責打。說不合理，是因為這沙豬丈夫真的是隻野豬（譯註：此處賽斯又用雙關語，bore，指無聊之人，與野豬同音。）……我必須承認這令我們演化的討論離題太遠了。

你們應當將這資料與先前談內在感官的資料連接起來。由於內在感官是物質形成背後的推動力，它們在演化的發展裡總是非常重要的……經由利用精神酵素，內在感官本身將含在精神基因內的資料印在具體的偽裝物質上。

雖然不該如此，但我對「演進只牽涉到人類」——或，不如說，「所有演化必須被視為一株巨樹，而以人類為其至高無上的花朵」——這種持續被暗示的堅持深感不耐了。

人類所謂的至上花朵看來彷彿是「自我」，有時候，它還真的是一朵有毒的花呢。「自我」並沒有什麼不對。不過，問題就在，人變得如此執迷於「自我」，因而忽略掉使得「自我」成為可能的自己那些其他部分；並且他忽略了也是那些部分給予「自我」如此引以為傲的力量……

課繼續下去。我早已忘了我們有位客人。我先前的緊張像一場夢。除了一股了不起的支持能量，以及在遙遠的某處，我身體在裡面走動的房間之外，我什麼都不知覺。羅後來告訴我，馬克著迷地坐在那兒，他推銷員的笑容被迷惑和決心取代了。他還會參與許多其他的課。不論在過去的一生裡他和賽斯是不是朋友，他們在此生變成了好友，在好幾年後，透過馬克參與的課，我們獲得了一些作為證據的絕佳資料。他患了痛風性關節炎；他後來想起了賽斯因為他的痛風體質而曾叫他少喝些酒的警告。

但那天晚上，馬克堅稱賽斯看透了他的心，而當賽斯告訴他有關內在感官的事時，他入迷地傾聽。我們全都沒想到賽斯會給關於他做事地方的內在組織資料，或幫助他了解個人的問題，或很高興告訴馬克他已參加過的銷售會議裡所發生的事——或非常幽默地告訴他，他剛才得到加薪的精確數字。所有那些都是未來的事。

那天晚上，賽斯只強調了內在實相的重要性，以及內在感官的真實性，不論何時當我們準備好得到非實質知識時，內在感官就能夠讓我們得到它。賽斯一度笑容滿面地說：

像在今晚的例子裡，再沒有比一位證人，或一晚上良好的心電感應，更能說服魯柏我是我而非他（指珍）了。

那麼，你們「一般人」為什麼堅持像心電感應或預感這種內在經驗不存在，只因為你們無法以雙手托著它？但在許多情形，這種案例可以某種方式被別人證實，那在許多心理經驗裡卻是無法做到的呢！

並沒有方法可以度量一個好友遽逝之人的內在經驗，或，毋寧說是心理經驗，你卻無法否認的確有這樣一種經驗。但，如果兩個人看到同樣的「鬼魂」，那麼人們立刻要求雙倍的證據。

課程結束前已過子夜。當它完結而我們的推銷員朋友回去他在鄰城的汽車旅館後，賽斯又傳給羅幾句話。我們已經走進臥室了，我卻覺得有股力量又把我拉回前房的書桌旁。我靜靜地站在那兒，感覺賽斯就在身邊，我的腦海裡一團混亂。我知道我感覺賽斯在附近，但，理性上，我充滿了疑問。賽斯真的看透了馬克的心嗎？或只不過是馬克想要它發生，而說服自己它已發生了？我感受到了賽斯嗎？或我正耽溺於一種非常危險的幻相裡？

羅奇怪我不知跑哪兒去了。發現我時，我已在出神狀態。我指著紙張，而賽斯開始說話：

我親愛的約瑟，我只說一句話。我不願留給你我真的不高興了，或我不公平地判斷你的印象。我不想傷魯柏的感情，而我到現在為止一直避免做此聲明，但在過去的存在裡，在情感上我與你〔比與魯柏〕的牽連要更深些。我如此深知你的能力，以致當我看來好像很嚴厲時，只不過是因為我太希望你成功和快樂。

我猜我們都以比較苛刻的態度來評判我們最愛的那些人，但我該更明智些，至少這一次我向你道歉。我很重視你。我並無意給你太多壓力，而且我顯然不想以任何方式令你感覺自己差勁。

當我脫離出神狀態時，這簡短聲明的情緒化感情仍洋溢在房間裡。我們只呆立在那兒，瞪著對方。然後，好像想打破這種心情，我腦海中聽見賽斯開玩笑說，約瑟並不該只因為他道了歉就自大起來。然後所有關於賽斯的感覺都消失了，我們就去睡了。

在接下去的幾天裡，我思考了很久。當我在畫廊工作或寫作或做家事時，最後一節課一直縈繞腦海。如果賽斯曾看透馬克的心意，這是個極佳的進步。如果沒有，那就是馬克欺騙了自己，而賽斯順著他並利用那自欺。如果賽斯是我潛意識的一個化身，那麼這會是潛意識舞弊的一個絕佳例子。

當我告訴羅時，他說：「當妳有那樣子的想法時，妳不過是在令自己疲憊而已。」

「你這樣說倒很容易。」我反唇相譏，「我並不在意有個調皮的潛意識，但有個欺騙人的潛意識則又另當別論了。」

「妳認為賽斯在騙人嗎？」羅問，「如果妳真的如此認為，那妳就該洗手不幹了。」

「非也。但縱使我認為心電感應是可能的……我卻不太敢相信，另外一個人透過出神中的我去讀別人的心事——問題就在此！」我說，「我找到問題了。此外，我不喜歡賽斯當馬克的面指責你。這使我懷疑，那天晚上因為你沒幫康小姐的忙，我是否比我以為的更不高興？那是個多美妙而狡猾的做法啊！叫個次要人格來管你——並且當著客人的面——而我假設是沒嫌疑的，完全不需要負責。」

「既然如此，妳就會完全瞞住自己的，」羅反對道，「妳再也不會懷疑。」

「是啊是啊！」我說，快哭出來了。「但也許我過於精明了。」

「妳為什麼就不能相信馬克的說法呢？」羅問。

我抬起頭，「我不知道。但萬一他說的是真的，那我們真的捲入了極具潛力的一件事……在一方面而言是非常獨特……但那聽起來太自負了……」

在這特定的時期裡，我們只有賽斯和賽斯資料——二十六節——而迄今根本沒有證據的資料；除了我們的經驗和對自己的信心之外，我們別無憑藉。我一直信任自己的寫作能力，但，作為一個通靈者，有一陣子我覺得非常心虛。但羅永遠設法助我正確地觀察事物，而這一次，他又幫助我維持住對自己及對能力的信心。

接下去的幾天裡，我重新獲得了我的積極心態。好幾次，當我在打掃房間時，一些觀念閃過腦海——突然侵入的思維模式，伴以一種理性和感性的覺照之感。在這些時候，我覺得好像新資訊被「突然丟進我腦海」，或，不如說，丟進了我整個人。而我知道，我心裡只存留下一部分而已。這些經驗令我接受上一節的心電感應插曲，雖然我仍不大確定所涉及的作用。

羅覺得我的態度很死板，當然，的確是如此。但，我有了些進步。在一九六四年二月十九日的第二十七節裡，賽斯告訴我們以後可以完全不用靈應盤了。而一直到那時為止，我們都用它來開始上課的。他說：

今晚我有許多事想告訴你們。首先你們可以不用靈應盤了。在一開始它是重要的，但之後它只會令魯柏困擾。它擋了路，魯柏一直在等待一個最適當的時間去省掉它，開始替我說話，所以他變得很焦急。不過，別捨棄它。意思是說，別還給人。它具有情感上的價值。

羅笑了，賽斯頗為灑脫地要我們保留靈應盤的勸告讓他覺得好笑。它是我們鄰居的。

當你們的訓練大有進步時，我們也許能採取一些捷徑。賽斯繼續說。我很不容易將這資料串成字句，而讓你記錄下去。你要知道，理論上，在任何一節裡，都可能令你直接體驗資料的一個「觀念精髓」，這將牽涉到利用——即使非全部，也是大部分的——內在感官，以一種完整認知場的方式運作。你尚無法做到這樣一種成就。

至於目前的進步——這些與魯柏在課與課之間所收到的「閃現」有關。他已達到一種境界，在其中他能更輕易地由我這裡收到內在資料。但除此之外，他現在能與我略做接觸。那是說，我在過去與你們接觸過，而現在他正在增強與我接觸的能力。

「這適用於我們兩人或只適用於珍？」羅問。

約瑟，那能力在你那方面也在增長，並且對你而言，它會涉及你所謂視覺上的資料。另外再說一句有關我們資料的話；魯柏的心智非常卓越，而在此時對我們的目的很有助益。在此，有一個互惠的協議，一個相互取予，與你們的朋友「心理侵略」的想法相當不同。

「馬克的想法？」羅問。

不錯。我們溝通成功的一個理由就是，在你倆之內的奇特能力，以及它們之間的互動——以及你們讓我利用它們。魯柏的智力必須具有很高的品質。首先，為了讓這複雜的資料傳得過去，他的潛意識和意識心必須熟悉某些概念。

尤其是在一開頭，這種資料永遠會被收到的那個人扭曲掉。所以，個人偏見最少的人是最佳選擇。魯柏的偏見正好與我知道是真實的東西不衝突，因而阻力較少。

不過，出於必然，一定會有些扭曲。如果我們的通訊涉及了侵入（譯註：即所謂「附身」）的話，那麼就不會有扭曲，因為如此，被「附身」的人會被阻擋在外，而這是不可能的。

約瑟，如果你疲倦，我們可以休息一會兒，或你可以在屋子裡到處走走。你還舒服嗎？

「是的。」羅說。

且說，非常相信有組織宗教的人，習慣於以有一個內在世界的說法來思考。為了那個理由，他們許多人曾由像我自己這樣的人收到內在資料。首先，他們往往有準備傾聽別人的一種天賦……不過，其中涉及了不利的因素，那是我不想遭遇到的。

像這樣子的資料過濾過許多層潛意識觀念，於是受到某種程度的渲染。非常相信有組織宗教的人，往往以極為不利的方式渲染了資料。魯柏的心智與我自己的很像，雖然，不瞞你說，是以一種非常局限的方式。因此其扭曲害處少得多，更容易被發現而被清除。我建議你休息。

魯柏的「意念建構」讓我知道我們可以一起做事。不管你們願不願意，你倆皆非要被我的通訊填滿的空管道。

（羅的註：我必須請珍重複上面一段的最後幾個字。我一這樣做時，一件令人吃驚的事發生了。珍—賽斯開始以非常響亮並且格外有生氣的聲音說話，好像突然得到了一股額外的能量。這響亮的嗓音持續下去，雖然當課繼續時，它的確降低了一點音量。）

我在你們層面運作的時候，必須利用手頭的資料，但縱使你們有相反的想法，這是涉及了相互取予的……在當時情況下，魯柏的「意念建構」是頗為令人稱奇的。內在感官提供給他不少，但那稿件本身卻也代表了意識心的一個成就。我是被這個吸引才了悟到你們已準備好接受我了。

課繼續下去，賽斯給了羅對他自己行為的一些精采心理洞見，而將之與他在此生早期的經驗，以及他在前世中與今生家人的關係連接起來。響亮的聲音持續著。休息時，羅曾問我感覺如何，我說：「像張滿帆的航行，充滿了精力，全速向前行。」

然後，接近尾聲時，賽斯對我們的居家環境做了一個建議。我們的客廳非常大——從通向公寓走廊的門開始，一直到另一端的三個大凸窗。我總是在窗前的桌邊工作。賽斯建議我們以一件家具分隔房間，擋住大門。

> 約瑟，你如此覺察自己對隱私的需要，以致魯柏在這些方面強烈但大半無意識的需要有時候沒被滿足，既然他並沒有覺察到它們……在明顯的差異之下，你倆是非常相像的，但魯柏在這些方面大半未被認知的需要是重要的……他保有並收集他的心靈能量，而雖然他並不知覺，卻不喜歡能量外洩。一個玄關的幻相會達到這個目的。這只是個建議。

然後，賽斯一個房間一個房間地評論我們的實質安排。舉例來說，他建議床頭在北面，並且做了些其他的評論。他說許多我們的需要其實是建立在恐懼上，那在時間過去時必須被面對。而他在課裡討論到其中幾項，然後說：

你們想得到能滿足某些這種需要的安排是值得去做的。如果魯柏得遂所願，當你們進餐時，也有東西可以屏障你們，不直接面對大門。他不喜歡在別人眼前吃東西（比如當我們在吃飯時有人來敲門）。任何一個角落的工作處都令他歡喜，因為它提供了心靈能量的收集，並且有保護的作用。

〔魯柏〕是無法預測的，因為他本性善良，但你永遠不知道什麼時候會「飛沙走石」，而他也不知道。再加上他現在作為一個女人的強烈愛待在家裡的感覺——而這，我親愛的約瑟，解釋了你也牽涉在內的、令人不敢置信的挪動家具次數。

你自己的工作室不該被干擾——那是說，你該繼續擁有它。這對你是非常重要的。不論何時，可能的話，魯柏也會受益於同類的安排。但按我提出的建議，他在大房間裡也會很自在的。

稍後，當結束此節時，他補充了兩點：

在大門前的屏障是不必要的。隨後，當我們在討論其建議時，他說，但我不希望魯柏在對抗這些需要中耗盡了能量。為我們的工作——並且為你們自己的工作——我們需要你們所有的能量。以後你們會學到好好利用這些能量，並且由宇宙的基本活力裡汲取能量。

「哦，」我說，「一個鬼告訴我如何安排家具。我真是瘋了！」

「我以為妳不認為他是個鬼呢！」羅滿面笑容的說。

「你明知我會這樣反應！」我說，「你認為很滑稽！」

「它的確有幽默的一面，」羅說，「聽著賽斯提出那些建議，並且在事前就知道你會說什麼，我幾乎忍俊不住。他也知道——真的很滑稽。」

但我們將那個週末用在重新安排家具上。羅疊起一些書架，買了垂直的暗榫釘上面板，然後將整件東西放在門前，使我們有了一個玄關。我們用那些書架來放我們開始蒐集的談通靈現象的書，並且在暗榫之間放上幾盆觀葉植物。書架一弄好，我馬上覺得自在多了。我們曾幾次改變它的位置，但從未拿開它。今天藤已爬到天花板了。我現在知道，若非有這樣一個分隔物，我們老早就搬走了。仍然，以我當時的心態，我很高興我不知道第二天會收到的信。

大約三週之前，羅寫信給一位對轉世有興趣的心理學家，他附上一些賽斯課副本，大半是與轉世資料打交道的。在第二十七節後兩天，我們收到他一封信。他告訴我們，雖然不可能確定，但資料的流利本身就暗示它可能來自我的潛意識（他提到Patience Worth的例子，作為一個顯明的例外）。但他也警告我們說，在某些情況下，業餘的靈媒可能導致精神上的問題。

這封信令我相當不安，但它也客觀呈現我自己的一些懷疑。至少，將它們顯露出來到我可以處理它們的地方。就我們所知，縱有我所有的焦慮和猶疑，在我的人格裡卻並無令人警惕的改變。我做以前雙倍的創作工作。我對賽斯資料的品質很滿意；它比我自己能做的任何事都要來得高超。如果沒有別的好處，我想賽斯課至少展現出一個方法，使人可以經常不斷地得到深層的無意識知識。

我決意繼續下去。有太多可學的，使我不能停下來。除此之外，我覺得這是「我的工作」；某件未經通報就突然來到我人生裡的東西；某件我無從忽略的東西；我要不是去貫徹它，就是會終我餘生後悔自己的缺乏勇氣。在心靈經驗和我的詩，以及更早的主觀經驗之間的關聯，羅比我看得更為清楚。

但後者也令我小心翼翼。十分無知地，我將自己的一面——理智——設定為自己直覺部分的看門狗。這傾向一直都在，但現在我決心進行下去——往往藉由仔細檢查我的每一步。後來，我必須再學會放鬆自己。

同時，我們已上過第二十八節了。在其中，賽斯保證我們，課是有建設性的，而做了在《靈界的訊息》裡引過的有關潛意識本質的許多評論，重複述說他是個獨立的人格。

並沒有這種危險：「解離」像什麼黑色曖昧的多毛怪物把他給逮住，把他劫持到歇斯底里、分裂症或瘋狂的冥界。我一向勸你們與一般外界接觸，並且告訴你倆用你們的才能去應付外界的挑戰。當然，自外界退縮而以「解離」作為隱蔽之所可能是危險的。許多人曾因此失足。魯柏的情形並不是如此——

同時，在我們的通訊以及知道如何處理它之前，魯柏也在他的工作中體驗並且用到「解離」，雖然是到一個較小的程度……我們的關係會讓你倆都更能與外在世界打交道……發展內在感官不會擋掉物質實相，卻只讓你更清楚看到它是什麼，因此，你將能更善於操縱偽裝模式……

「我信任他，」羅只說，「光是他給我的心理上的了解就棒極了。」

「好吧，不斷向前進。」我說，因為不管怎麼樣，我覺得不領情是不智的。我也覺得在我們每個人裡面，都有與我們天性的「神奇」成分一個很深的關聯——神奇，在於它們像詩意的靈感般升起，以一種特別活潑而個人性的意義填滿紅塵俗世。拒絕「神明」的這種「禮物」可能遠比接受它們來得危險。不過，這些思維是遠在我有意識思維底下的。只有現在寫這本書時，我才想起曾那樣想過。

不過，我仍然不知道該拿那天晚上賽斯談夢和人格的資料怎麼辦。它是象徵性地「真實」，或實際上「真實」？或兩者皆是？當打好字後，我倆都讀了好幾遍。我們後來發現夢宇宙比我們曾假設的遠為有效得多，但那時賽斯所說的話，聽來與我們以前曾讀過或聽過的都完全不同。

那天是一九六四年二月二十四日的第二十八節，是我們不用靈應盤的第二課。賽斯說得沒錯，我已暗暗著急不知何時可以不要它而就讓賽斯說話，但它代表了某個堅固而真實的東西，有助於轉換的發生。現在我只坐在那兒，直到我突然落入出神狀態，而賽斯開始說話。

我說過，在一個夢裡，你能經歷許多天，同時並沒有相應的物理時間過去。彷彿你在一眨眼之間旅遊了很遠。當存有的任何一個既有人格住在物質具體化的層面上時，濃縮的時間是存有所感覺到的時間。再進一步地探究，許多人說過人生如夢，在一方面他們所言合乎事實，然而就主要議題而言，卻是差之千里的。

任何既定個人的人生可以正當地比之為一個存有的夢。當個人忍受及享受他的壽命時，這些年對存有而言卻只是一閃而過。存有對它們的關懷就與你對夢的關懷一樣。正如你給你的夢內在目的和組織，正如你由它們獲得洞見和滿足，雖然它們只牽涉到你人生的一部分，同樣的，存有也某種程度指揮並給他的人格們目的和組織。並且存有從其存在中的人格獲得洞見和滿足，雖然他們沒有一個占據了他所有的注意力。

並且，正如你的夢源自於你，自你升起，獲致一個彷彿的獨立性，而在你那兒結束，存有之人格也一樣升自他，獲致種種不同程度的獨立性，而回到他那兒，同時從未離開過他一秒鐘。

經由閱讀，你們熟悉所謂的次要人格（secondary personalities）。現在，這概念很接近存有及其人格之間的關係。他們有種種不同程度的獨立性，而為了整體的成就和發展，他們在形形色色的存在層面上運作。

到一個較小的程度，你在種種不同的角色裡也沿著此一路線運作，當你同時存在為一個家庭、一個社區和一個國家的一員，並且也存在為一個畫家或作家時。正如你試圖用你的能力，存有也在用其能力，而他組織形形色色的人格，而到某個程度，指揮他們的活動，同時仍容許他們有你可稱之為自由意志的東西……

你們自己的夢是片段體，就像你們是你們存有的片段體一樣。在你們所有的夢裡面，其變化底下，都存在著一個未被認出的統一和組織。而且你們的夢，雖然是你們的一部分，卻也分開地存在。

夢世界有它自己的實相、它自己的「時間」及內在組織。正如存有在叫他的人格開始動起來之後，他只部分地關心到他們，因而在你叫夢開始動起來之後，你也不再管那夢，但它存在。

到一個不同的程度，它也充滿了有意識的「半人格」（semi-personalities）。一般而言，它們沒像你們那樣發展，就如你也沒有像你的存有那樣發展。那個夢世界體驗它自己的連續。舉例來說，當你清醒時，它並不覺察任何關係。它並不知道你是睡或醒。只不過當你做夢或入睡時，它存在到一個相當栩栩如生的地步，而當你醒時，它入睡，但並沒「死」……

存有本身並不需要一直追蹤他的人格，因為每一個都擁有明白其源頭之內在的自覺部分。就目前而言，我將稱這部分為超越潛意識的自覺意識……我提到過，你的某部分很精確地知道肺吸入多少氧氣，而這就是我說的那個部分。它也接收所有的內在資料。

人格的這個部分轉譯內在資料而將之濾過潛意識。潛意識是一個屏障，也是到目前人格的一個門檻。我也告訴你，潛意識的最表層包含了個人的記憶，而在其下，則包含了種族的記憶。當然，人格實際上並不是一層一層的，但我們繼續以必要的比喻來說，在種族記憶之下，你以有自覺意識的你的另一部的面目，面對實相的另一個次元。

這個部分是對存有「調準頻道」的。當用到像心電感應這類能力時，這機能是被你這有自覺意識的另一部分去持續進行的。但，一般而言，你對這類資料採取行動，而你通常有意識的自己並不知道。

也還有一個相應但「較差的」自覺意識連接你目前人格和夢世界，它覺知其源頭，並且由你傳送資料給夢實相……

就是在這一節裡，賽斯做了「有兩張面孔的怪物」的比喻，一張轉向物質實相，而一張轉向內在實相，兩者都有意識且覺知，每個代表我們意識的一面。

我正要提及這段時間裡，我們在從事的家具布置，卻發現由這同一節課的幾個摘錄會給人一個相當清楚的畫面。它們因為幾個理由所以是切題的。賽斯似乎知道，我們如何能給環境最好的利用，以適合有意識和無意識的需要。當課開始時，我們在公寓裡已住了三年，然而在幾個課中的評論裡，賽斯便有辦法澄清我們從未解決的幾點。

現在，閒聊一下你們熱鬧的家具搬動，以及再搬動和又搬動。魯柏，書架該留在它們現在的地方。夠了就是夠了，而你由它們得到了最大的好處。臥房的安排沒有問題，而如果沒人會責怪魯柏的潛意識的話，那麼我想再冒險提出一個進一步的建議。不過，它並不會令魯柏捲入更多複雜的安排裡。簡單說，為我們如此敏感且有時候頑固的魯柏，在臥室加進一張小書桌和椅子，作為多少是形成一個小的祕密空間的永久家具，當他想用時就可以用……

除此之外，魯柏應該滿足了。我建議書架作為一個永久的安排。終究，這些只是使你們的日常生活更安適，因而釋放你的能量的合邏輯建議。現在魯柏該鎮定下來了。我從沒見過如此的忙碌和乒乒乓乓的輕率愚行……

在課後，羅對所有這一切覺得很好笑。「一堆很妙的新資料，真是令人吃驚，在一個晚上，又談夢的實相，又談關於妳的家具的一些建議！」

我也忍不住要笑。「即使當我是個小孩時，我也總在搬動家具。」我說。「當心血來潮的時候我慣於從一間側房搬到前房。前房是我的『工作情緒』室，主要擺著我所有關於詩的書籍，而沒有窗簾，非常儉樸。另一個房間則有『從眾隨俗』格調的窗簾和傳統的行頭。」

「那如今呢？」羅問。

「如今……物體代表我們沒認出的內在東西，而當我們搬動它們時，也在重新安排內在的感受；反之亦然。但假定賽斯開始真的告訴我們如何安排東西，我是說，任何時候只要他高興……」

「我知道妳會那樣想。」羅說。但我並沒什麼好擔心的。在「我們安頓下來」做了似乎大有幫助的少數幾個改變之後，賽斯就再也不管我理家的閒事了。

Chapter 11

賽斯追蹤康寧瀚小姐

我也一樣
一次出體經驗

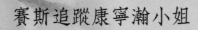

在康寧瀚小姐住院後幾天的一個晚上，我們去探訪她。我們從未進到那醫院裡面過。我們一走進去，我就呆住了。在我面前的就是我在七月的夢裡見過的門廳——連帶有玻璃圍住的禮品販賣部。前往康小姐病房途中，我告訴了羅。

這次我倆都滿懷不安地停下來。康小姐被綁在床上，眼神狂亂，頭髮糾結。她無法與人溝通。當我站在那兒時，突然「聽見」賽斯在腦海裡告訴我，我的夢曾預見她的情況，這情況會導致她的死亡。

當我不在家裡時，我不習慣由賽斯那兒得到任何訊息，並且，當我不在上課時，我也習於阻止任何訊息。這整件事令我心亂。我很高興再回到外面春夜的空氣裡。沒什麼必要停留在病房，並且，那是個有課的晚上。

那天晚上，我們的客廳似乎顯得加倍舒適，尤其又有溫暖的燈光。以及睡在地毯上的威立。但我跟羅說：「唉，康小姐不久前還跟我們一樣的講理且聰明，怎麼搞的呢？我們怎麼知道這不會發生在我們身上？」而突然安適的房間彷彿變成只是個外表。在未來的歲月裡，我們會在哪裡？我們曾坐在這個房間裡，或上過課，或搬動家具，或撫摸過貓，又會造成什麼差別呢？所以我不想進入出神狀態。

然而，在九點鐘，我一如往常地「出去」，賽斯開始說話。他立刻開始討論康小姐，以及我的夢。

魯柏針對一個真的心電感應通訊織就了一個夢。在其最基本的要素上，這資訊是正確的。任何這類內在通訊基本上是一樣的，因為，不論資訊以你們的說法似乎是心電感應的，或千里眼式的，它們都被內在感官接收到。

實際的通訊並非文字或畫面。由內在感官而來的資料鮮少以其真正的形式被體驗到。你所得到的是急就章的頻道轉換，是頗為笨拙而「悲慘」的嘗試，試圖用外在感官接收這種資訊。

在魯柏做夢的那一剎那，康小姐正決定離開這實相層面。魯柏直接收到這訊息。康小姐那方面的不願意，代表她目前的人格在抗議自己更深部分視為必要且適當的改變。

康小姐發現她兩眼都需要動手術，因而導致這更深的決定。魯柏得知這未來的手術，便遽下結論，以為這就是那個夢的意義。不過，潛意識上，他知道這還牽涉得更多。在夢中，部分的潛意識幻相是真實的，代表實際通訊一個稀釋了的說法——舉例來說，康小姐的暗色服飾。

自從聽到那可能的手術後，康小姐一直就在準備她自己的離世。然而，意識上，她對自己的內在決定一無所知。

「法蘭克・韋德跟這人有什麼關係呢？」羅問。

她不記得法蘭克……她教過他的孩子們。法蘭克就和他的孩子——尤其是其中一個孩子——一樣很敬愛她，覺得她是個非常好的老師。法蘭克視她為一個朋友，比康小姐自己更重視她對他孩子們的影響，但，除此之外，康小姐目前的人格已經輕柔地將自己由這個實相層面釋放開來——而她根本不記得法蘭克了。

當然，意識心並不覺察這種極重要的內在決定……她人格的解縛是溫和且漸進的。她越來越不集中注意力在這實相層面上，而會逐漸開始聚焦於另一個層面。在離開任何一個層面後，都有一段適應期，但是，由於你們的偽裝模式是不同凡響的頑固，所以你們的適應期牽涉到最大的難度。

種種的問題湧上羅的腦際。當賽斯停頓了一下時，他問道：「你有一回說過，出生的震撼比死亡的震撼還要厲害。為什麼？」

出生的震撼更厲害。新的人格尚未完全聚焦，而它必須即刻採取最強烈攸關生死的調適。以你們的說法，死亡是個終結，但並不涉及這種即刻生死攸關的操縱。可以說，還有「時間」跟得上來。康小姐的主要覺知核心正出現在另一個層面上，而她在那兒出現為一個好奇卻並不害怕的年輕女孩。

「她會……在她在此層面上死亡之前，就完全在另一個層面具體化嗎？」羅問。他很難同時記錄又問問題。但，若是可能的話，他希望在他忘記這些問題之前得到解答。

會的。在她這特定一種的撤退裡，情形確是如此。不過，在一次橫死裡，這對所涉及的人格可能較為困擾，而既然新的具體化是同時發生的，它可能導致困惑……

「那個想法不錯，」我後來跟羅說，「我的意思是，康小姐就這樣將她的舊軀殼留在後面，而在別的地方以一個年輕女孩的樣子出現。」

「但妳認為那不是真的？」羅問。

「誰知道？」我說。後來我就這想法開始寫一首詩，卻無法完成它。「理論上或……哲學上，我能相信任何事都是可能的，」我說，「但當我以實際的方法去思考同一件事，將之應用到人生的時候，也許我說話就不敢這麼大聲了。」

於是，開課的第一個春天來臨，一個冷冽清朗的三月。康小姐公寓的門激發了我經常不斷的問題。每回我經過它，都再度自忖：她正在轉移她的意識到另一個實相層面嗎？當她死亡的時刻來到，她會以有意義的形式存活下去嗎？而在所有這些問題背後，是那個大問題：賽斯真的是個死後猶存的人格嗎？我有一天真的可能知道答案嗎？

不過，直到我下了決心，否則我是不打算關掉賽斯資料的。另一個可能性一直隱約在我腦際。假定我停止上課，同時試圖找出答案，隨之決定賽斯在所有論點上都是對的——而發現我根本無法再上賽斯課了呢？對我來說，那會是最糟糕的可能性——我可能由於不確定而關閉了知識之門。所以我繼續下去。

但是，當我繼續過我的日子時，更深的問題現在暗示在平常的事件裡了。又到了春天——能量的釋出，表面看來，幾週前了無生氣的風景正繽紛盛放。生命再生所暗涵的許諾，與當我們仍在軀殼裡時對生命所知的少許事情，形成淒涼的對照。

在上一節之後幾天，有一天我坐在畫廊的小辦公室裡，向外看著美化過的庭園。那天下午我很難專心在工作上。人們在門廳來來去去。他們以前曾活過嗎？他們的意識是新生出來的嗎？它是否其實是與他們穿著的形體相當沒關係的一個東西？

然後有些奇怪而單調的聲音；騷動。我被驚起而走到窗戶，幾乎無法相信我的眼睛。員警正擊落一直在樹頂築巢的燕八哥。極端的怒氣沖過我全身。我雙眼含滿了淚水。我站在窗邊而冒出以下這首詩——太過於放縱情緒而在美學上不可能成為一首好詩，但卻是我當時感受的一個非常好的例子。

〈加油！加油！加油！〉

如果有任何我想看到的東西
那就是一群敬天畏神的矮胖男人又在
擊落燕八哥了！
我是指，瘋男人，加油！加油！加油！
為何不叫樂隊來演奏，並且附送氣球？
再沒有比殺鳥

更能清掃商業區的了。
為我們的百年國慶，
我們可以有一次「燕八哥日」，
多麼快樂啊！
當都市大老們
及其他大腹便便的前輩
盡力維持都市的清潔時。
我們可以送霜淇淋
給殺鳥最多的小孩，
一堆旁觀者可以歡聲鼓舞：
「哦，把黑鳥擊落在縣府草坪上，
需要多大的勇氣和多大的臂力呀！」

我就那件事又寫了四首詩，而在那整件事背後，是對任何意識價值的叛逆性認可，不論其形式為何。而更深的問題是：至少以我們的說法，牠們為何要被消滅？為什麼生命被建構就是為了要被毀滅？即使在那時，我便知我必須找到自己的答案——我們每個人皆然。然而在那一點，我覺得我有責任要質疑自己的經驗、賽斯及賽斯課，因為我拒絕躲在自我迷妄裡。

不知不覺地，我在我的詩裡才剛開始形成會幫助我的一些觀念。剛在課開始前，「白癡」的念頭才以內在真理的一個象徵樣子到來，有時候，那內在真理對推理心顯得完全是胡言亂語；或，至多，在正常的生活裡是極為不實際的。我就那念頭寫了兩首詩，而在燕八哥被殺後兩天，我寫了另一首：

〈白癡〉

白癡哭了。
淚水在他的靴子裡蕩來蕩去。
人們說他是神經錯亂，
因為當員警對準目光高遠的樹木
射下燕八哥時，
他哭了。

白癡賭咒說
那些鳥是神聖的。

當燕八哥墜落
而員警們和藹地咯咯笑時，
他人喊：
「住手！精靈們不高興了。
看那些禿枝如何沙沙作響。」

「我告訴你們，己所不欲……」
他想再說下去，
但他們趕走了他。
善良的人們笑了。
地上有一灘
白癡的淚水。

有個男人彎腰在那灘水裡洗手，
而看見
皮膚像污泥般剝落，

但草地上滿是
鳥群落下的屍體，
而當他叫出聲時，
沒人聽見。

當然，我把所有的生命都當成是那些鳥。康小姐、羅、我，及所有我們認識的人一定會被擊落；墜落過時間，我們死在我們無法了解或控制的一個墜落裡。要不就是那樣，要不就是賽斯及其資料——對我而言仍如此奇怪——正在給我，實際的說，我至今仍拒絕接受的答案。

而當我繼續堅持我的不確定感時，賽斯繼續解釋內在宇宙的本質，給我那我終究會跟隨的線索和暗示，奠定剛好會容我處理我關切的那些問題架構。

他繼續強調內在感官，在下一節——一九六四年三月二日的第三十一節——裡，他說：

如果你像我告訴你的那樣利用心理時間，你將得到實相許多面向的第一手經驗，那要花好幾頁才能用語言解釋。所有的存有都是「一切萬有」能量的自覺部分。它們是「自生的」（self-generating），而若你了解這點，你就會不再以開始和結束來想。

內在感官在所有層面上，且在所有情況下運作。外在感官則按照層面和情況而變。外在感官只有在它們為之被建構的明確實相系統內才可靠。當然，它們的目的是，使得有意識的人格能將只在某種條件下才生效的偽裝模式視為有效……

約瑟是對的，當他說存有創造舞臺，在上面演出他們的問題。要點是，那齣戲一旦開始，演員們是如此沉浸於他們的角色裡，以致忘記了是他們自己寫的劇本、選好的布景，甚或在演出。理由是頗明顯的：如果你知道一個情況是「想像出來的」，你就不會努力對付它。照如今的方式，你令你的演員們接受彷彿為事實的情況，卻偶爾驚訝地四顧，不知道他們怎麼會在他們的地方、誰造出背景等等。他們不覺知整件事是自我創造的，本來也不該知道，否則解決問題的急迫性便會消失了。

羅完全準備好要問：「那麼，你怎麼讓我們與聞這祕密呢？」但他根本沒機會問這問題。

我並不擔心我將擾亂了平衡。絕對不是那樣的。事實是，那了悟能夠——並且常常是在戲已演了好一陣子之後才來到的。而在此點，偽裝的演出已入戲甚深，以致了悟本身出現在偽裝的架構內，而往往與之不可分辨……

記起我對於燕八哥之死覺得多不舒服，羅問：「你能否談談在畫廊被殺的鳥兒？」

魯柏有很好的理由不舒服……不用說，一隻鳥的死是不可避免的，但一隻貓殺死一隻鳥，並不需要盤算人必須關心的同一種價值。就目前而言，只需要說，在你們的層面上，為了自保或食物而殺戮，並不會將你們捲入我們第一回稱它為「業報」的後果裡。

為了方便而殺戮……或為了殺戮而殺戮，涉及了相當可悲的後果，並且在這種殺戮背後的情感價值，往往與被殺的是什麼有同等的重要性。那就是說，嗜殺的欲望也是會帶來可悲後果的一件事，不論殺的是哪一種生物。這牽涉到一種非常重要的價值判斷，而我今晚不會探討它們。

「好吧，你能對康小姐的狀況說些什麼嗎？」羅問。

只能說她會重獲幾段清明期，但，整體而言，她的狀況不會進步。

「如果我們去看她，會不會有幫助？」

可能會對你們有幫助。

事實上，我們有一陣子沒去探視她了。在三月九日的第三十三節課裡，賽斯告訴我們，四月十五日對康小姐來說會是個重要的日子，但他只說了那樣一句。

在這些春季的課程裡，我的嗓音開始低沉了不少。有時候它是令人吃驚地蓬勃有力，帶有相當明顯的男性聲調。羅確信它包含了一份額外的能量，是我自己的聲帶無法做到的——尤其是共鳴。

有天晚上羅問起賽斯，賽斯說：

那是我的一個小把戲，以增加魯柏那遲疑而反覆無常的自信——再次強調，這是得到他的內在許可的。

那並非我的嗓音，而是它的一個代表或近似。更進一步地說，以你們的說法，我並沒有一副嗓子……

我倆都曾猜想，不知賽斯提到的康小姐在四月十五日的危機會是什麼。剛巧那晚有課，而在沒聽到任何消息時，羅問賽斯那訊息是否有任何扭曲。

沒有。今天，或今夜很晚，在淩晨兩點之前，她將經歷一個嚴重的危機，結果腦組織會迅速惡化。會發生自我的最後掙扎。不過，它終於會了解，它不會被丟棄在一邊，而是會以自己的樣子被帶著一起走，與往常一樣獨立，站在其他的獨立自我旁邊，每一個都代表整個存有的不同面。

在四月二十三日，我在走廊裡遇見康小姐的姪女，問到康小姐的狀況。「哦，妳不知道嗎？」她說，「我們必須送她到一家養老院去。她變得如此狂暴，以致院方打電話給我們，說我們必須把她搬走。她擾亂了整層樓，狂叫著在走廊裡跑來跑去，朝護士們丟盤子，而且完全不講理。」

有一陣子我不知該說什麼，幾乎無法想像康小姐做出這樣的舉動。然後我記起了賽斯所給的日期，所以我盡量不經意地問：「這是什麼時候的事？」

「就在月中——我想是四月十五，」她毫不遲疑地說，「醫院甚至拒絕再留她一天，當晚我們就讓她轉院了。」

康小姐在養老院住了一小段時期，她的親人又接到通知說她難以控制，必須做其他的安排。有一回她穿著睡衣跑了出去，跑到熱鬧街道的下班車流中間。親人們不想送她進精神病院，就帶她回到公寓，由一位兼差的管家照顧。

她在這兒待了幾個月，從沒顯示任何狂暴行為的徵兆，但心智越來越退化。她以為她收到恐嚇信件。

「柏茲太太！柏茲太太！」她會叫。當我去應門時，她會說：「來，看！」而在我前面跑下走廊，她是如此激動，渾身發抖。「這兒是一封那種信。哦，到哪兒去了？它本來在這兒。哦，我知道我保存起來的。」

她在尋找那封她確定郵遞來的恐嚇信時，幾乎拆掉了公寓。她是如此具說服力，以致頭兩次發生時，我以為她真的收到了恐嚇信，雖然這看似不大可能。我建議我們每天一同打開她的信，但她仍堅持那些信來了——由門縫下塞進來——而，當然，她總是放錯了地方，或遺失了它們。所以，有一陣子真是驚險萬分。我非常替她擔心。

在這段時間裡，我正在嘗試賽斯建議的「心理時間」練習，而往往，剛在我起了個頭時，康小姐就打斷了我。一天，我走進安靜的臥房，躺下來閉上雙眼，開始為我的心理時間清除腦中的雜念。康小姐出現在我腦海好幾次：我想問醫生她的病情如何，但卻在遲疑，因為我並不是她的親人。

突然我覺得頭頂上一陣搖晃，下一瞬間，我發現自己站在一幢普通房子的門前臺階上。我的臥室不見了。我完全迷惑了，看看四周，不知怎地「知道」我仍在艾爾麥拉。這街坊屬於中產階級，房子漆著灰色的邊，兩層高，有個前廊。

我眨眨眼，我患了失憶症嗎？我是否實際上自己走到這兒而忘記了，那時我沒想到我是在出體的情況下。賽斯只略略提到過出體，此其一；而每樣東西都是如此真實，以致我理所當然地認為我是在我的身體裡，並且和任何其他東西一樣的實質，此其二。

然後紗門開了，康小姐的醫生，勒凡醫師走出來到前廊。他站在那兒與一位仍留在屋裡的婦人談了一會兒。我想：「不論到底是怎麼回事，我且問問他康小姐的事吧！」所以我等著；一會兒，醫生走下臺階來。我走過去說：「嗨，山姆。我能不能跟你談一下？」

他直直看透過我，根本無視於我的存在。因為我們彼此相識，我就很生氣。「山姆。」我再度說。但他快步走過我身邊。我正面看著他，跑到他前面，準備質問他：「你怎麼搞的？」但，我卻覺悟到他並沒看見我。他根本沒看到我。

現在我真的害怕了。我是個鬼嗎？草地上遍灑著溫暖的陽光，而陰影也是真的。毫無疑問這是物質世界。那麼，在裡面我為什麼不「現形」？突然我記起在我頸根處感覺到的搖晃……我是否曾有某種「發作」？或許我神智不大清楚，但我是在很理智地思考呀！

同時，醫生上了他的車開走了。我站在那兒對他大聲嚷嚷，不知道該怎麼回家。然後，我突然想：「我可不可能是出體了？」但怎麼出來的呢？我根本不記得離開身體的事。我很快地看看那房子。看不見門牌，我是在一條街的中間，離街名路牌很遠。在那一刻，我覺得頸根處一陣劇烈的搖晃，而立刻發現自己又回到我臥室裡，全然的警覺且清醒。

種種的思緒湧進我腦海。意識是獨立於身體之外的——賽斯說得沒錯——而如果那是真的，那麼沒有理由他不能是他說他是的東西：沒有身體的一個獨立人格。但我為什麼沒早一點了解呢？我又為什麼沒跑去看看那屋子的信箱上有沒有名字呢？我等不及羅到家，好告訴他發生了什麼事。

他很嫉妒，而我很得意。這回，我不必等他來報告，當我在一次「賽斯出神狀態」時做了什麼事。我是我自己。「而且我知道那不是一個幻覺，」我說，「我完全警醒，並且整件事帶來了這麼多問題……以及可以實驗的主意。」

「妳該打電話給山姆，問他當妳看見他時他在哪裡？」羅說。

然而，不管我多想查核此事，我就是無法鼓起勇氣打電話給勒凡醫師。「他會認為我瘋了，而非出體。」我說，「並且我能用什麼藉口呢？如果我知道街名是什麼，至少我可以說：『我以為我在某條街上看到你。』」

「原動力必然是妳想問山姆有關康小姐的事。」羅說。

「好吧，我知道我是出了體。就我而言那才是重要的。」我說，「在那『意念建構』的事件裡，我好像並沒有一個身體——我彷彿只是我的意識。所以一開頭，我從沒在兩個經驗之間拉上關係……」

那時，我們完全沒想到我還會捲入更多與康小姐有關的驚人插曲裡，但我看向窗外，露出笑顏。我剛才有過我第一次真實的「實地考察」。我不必單靠信心將賽斯所言照單全收。心理時間練習突然具有了更大的重要意義。現在我準備好真正地用內在感官了。而在此事之後，賽斯幾乎立刻開始他論夢實相本質的討論，以及可讓我們為自己去探索它的方法。如果我能離開身體，而走到物質世界裡去，那麼，我看不出為何我不能離開身體去探索內在世界？

第3部

探索內在的宇宙
調查夢實相

Chapter

12

夢的回想：如何記得你的夢

夢的調查

當賽斯課繼續時，我們的活動大致落入三種主要的區分。首先，當賽斯在每週兩次的課程裡繼續解釋非物質實相的本質，重點是放在賽斯資料本身的傳述上。其次，我們開始設法獲得「證據性」的資料，在賽斯方面的一些明確超感官知覺的例子。沿著這些方向，我們與一位心理學家從事長距離的測驗，以及一年之久的系列性信封測試，在其間請賽斯指認雙層封妥的信封裡的東西。同時，賽斯開始在某些課中間派我做出體之旅，並且他自己也提供了其他「超常」（paranormal）活動的例子。

在我的《靈界的訊息》裡，我解釋了某些這類插曲。它們令我確信，它們展示了合理的ＥＳＰ（超感官知覺）實例。在出體經驗裡，賽斯正確地描述了遠在美國另一端，以及在波多黎各發生的事情。我們自己的信封測驗，不只展示了ＥＳＰ，並且也對收受此種資訊的方法提供了發人深省的一瞥。

第三點，當我們開始有規律地實驗賽斯的「心理時間」，並且遵照他有關夢的調查、回憶及利用的建議時，我們捲入了積極有活力的主觀活動。當我們開始時，羅或我真的都沒想到過會有一個分開來的夢的次元，夢境就在其中發生。雖然賽斯告訴我們，回想夢的實驗會自動使我們的意識更具彈性，但我並沒領會到他真正的意思，直到我發現自己在操縱夢，並且後來還從夢境有了出體的經驗。

內在宇宙至少和外在宇宙一樣的豐富、多變且複雜。夢實相只是這內在宇宙的一面，就像我們的星球只是在一個物質天空中的許多星球之一。在我們的實驗開始之前，我一直認為夢是相當混亂的產品，偶爾，為了多些斤兩而扔進了一些潛意識的洞見——疲倦的大腦夜夜遁入的癡想。我將睡眠視為一個小小的死亡，在其中所有的連續感都消失不見了。直到那時，大半我憶起的夢多為夢魘——我以為自己瘋了——所以我對賽斯之強調夢的重要性並無心理準備。

然而，縱使當我們承認夢的靈感和護持作用，縱使當我們學會憶起夢，並將之應用到日常生活上，我們仍然才開始對它們多次元的實相略見一瞥呢！舉例來說，夢的詮釋對我們三次元的精神狀態仍是重要的。我們相信實用：如果夢沒有用處，那麼它們又有什麼意義呢？夢可以給我們有關動機、需要及決定上一致而有效的資訊。它們可以被用來給日常生活非常實際的幫助。但這只是任何對夢實相真正探索的一個部分而已。

夢的調查或操縱作為一種美學上的追求——作為一種藝術，以無為的態度去從事——這又是另一回事，而由於其獨自從事的特質而可能被人猜疑。然而事實依舊是，是有一個有「結構」、「景物」和影像的夢實相，看起來像是由物質構成——但這「物質」遵從我們不熟悉的規則。

夢並非只是心理事件。有一個所有夢事件都在其中發生的次元（或，如果你喜歡稱之為「客觀的次元」也可以）。有一些規則：賽斯稱之為在所有實相裡運作的基本假設，也包括我們自己的實相。我們必須學會哪些基本假設主宰著夢實相。我知道我們有時能夠操縱夢事件；我的學生和我常常這樣做。如果我們遵循賽斯給我們的某些「法則」，我們在夢境會多少獲得可預見的結果——指明一個「客觀的」夢次元相當獨立地存在於我們或我們的夢之外，一個我的夢及你們的夢存在的夢次元。

光是讀到這種概念絕不會令你信服它的確實。賽斯一向強調，所有真正的知識必須被直接體證；所以，在這整本書裡，我都會講到他關於夢的回想、調查和操縱的指示和建議。

萬一我們希望「繪製」夢中景色的地圖，我們需要上百萬個訓練有素的做夢者：一百萬個人被訓練用夢作為工具，然後，讓他們勇敢地去探測發現自己身處其中的環境。我們需要人們能夠分辨，「夢中環境」與這些夢地點存在的遠為廣大環境（或氛圍或介質）之間的區別。

個別夢的記錄並不夠，研究做夢的生理影響也不夠。大半的心理學家不會承認有個明確結構的夢宇宙存在，在那裡只有夢行為而非實質行為發生。所以此時，他們不會在這較大的範疇裡考量夢。賽斯主張，除非我們也覺察到夢發生於其間的更大環境，明白我們在夢境就和在醒時一樣互動，並且如在一個群體基礎上形成實質事件一樣，我們也形成群體的夢事件，才會了解自己就是做夢的人。

不過，由於必須某處起頭，我們將以夢的回想，以及讓我們在日常生活中利用夢的那些夢調查的實際面開始。首先，賽斯陪我們一同跟隨著這步驟，而這也是我用以帶領我的學生們進入夢實相的方法。這是個漸進的過程，溫和地帶領自我進入並不熟悉的領域，而在同時鼓勵意識的彈性。

本書的這部分包括了賽斯文稿的摘要，談夢實相的一般性質、夢調查及回想，並且隨之以一系列的章節，談羅、我的學生和我在盡可能對證賽斯理論時，所捕獲的形形色色的夢。隨後，我們將更進而旅遊到夢發生的內在次元裡去。

賽斯在一九六四年給了我們第一步的指導。我們對有意地去回想夢這整個想法還很陌生。雖然我們當時從沒聽過，但那方法並不是新的。在這兒我用我的話來說：只要去買一本筆記簿來專門記錄夢，將它及一枝筆放在你床邊，在你晚上入睡前，給自己這個暗示：「我能記得我的夢，並且在早上把它們寫下來。」

你會發現，當你醒來時，你的夢實際上是在你腦海裡。在下床之前立刻把它們寫下來。如果你有寫字潦草的傾向，那就用散頁的紙，然後再將它們謄寫到筆記簿裡。別擔心工整的問題，集中精神在捕獲盡可能多的夢。如果你憶起好幾個夢，趕快每個都寫下一句，隨後再補上細節。在每項記載後留下空間以備將來補註。

這個方法真的是容易又好用——但它也可能被破壞。我有個學生葛蘿莉亞非常難記得她的夢，後來我才發現原來她是用一個收音機鬧鐘叫醒自己，而收音機剛好在播新聞。在你的思緒還沒捲入世界的活動之前，你就必須回想起夢。

如果在過去你只記得起令人不快的夢，你可能建立起一個屏障，根本擋掉任何夢的追憶。另一個學生泰勒太太就有這個問題。每晚她給自己正確的指示，但甚至記不起一個夢。「也許你真的並不想記得任何的夢。」我說。

首先她堅稱我錯了。然後她猶豫的說：「過去我只回想起惡夢。我猜我可能在害怕。」

然而，當我們在班上討論時，發現問題還在更深處。像許多人一樣，泰勒太太是在混合著正規宗教和佛洛依德的情感氛圍裡長大的。在她心裡，佛洛依德被壓抑的潛意識資料的想法，和地獄及原罪的宗教教誨混合了起來。事實上，她怕夢世界會暴露她「較低下」的本能。我個人認為，這種關於內我本質的扭曲概念，阻止了夢回想或對主觀人格任何真正的研究。

那看不見的自己並非充滿了壓抑念頭和感受的一個地牢，連看一看都有危險，而是個別存在的源頭，為我們目前肉體存活之所倚。除此之外，它還是我們通向創造性表達、靈感和智慧的通路——通向自己更大本體身分的門戶。這並不意味著我們不將恐懼和欲望壓抑到意識底下。它是指我們必須容許自己更大的彈性，向內審視自己，承認那些恐懼，而釋出用以鎮壓的能量。如你在本書後面會看到的，夢往往能釋放這種被壓抑的資料，以供你有意識的檢查。

剛才所述回想夢的方法，會讓許多人在一個月裡所記的夢比之前的一輩子還要多。可是，會有些變化。一段時間極佳的回想後，有時候會隨之以較差的回想，而每個人似乎都有他自己具重要意義的活動週期。

當然，也可以用錄音機。不過，你仍必須播放錄音帶而將夢轉記於筆記簿裡，以使記錄容易取得。這實際上要花更多時間，但許多人寧願立刻將他們夢的回憶錄入帶子裡，而不願將之寫下來。

到一九六五年，賽斯才開始建議早先夢回想的指示之變奏，而補足了其他的技巧，以做更進一步的夢調查之用。以下是那資料的幾個摘錄。

賽斯談夢的回想

（摘自一九六五年十一月八日第二〇六節）

魯柏的夢筆記進行得很好。不過，在大半的例子裡，他只寫下他早上醒時記得的那些夢，你可以暗示自己在夢一結束時立刻醒過來。

那時夢還很鮮活。如果你的錄音機擺得很適當，而你能很容易拿到麥克風，就能花較少的力氣說出你的夢而不必寫下來。當然必須保存記錄。這個實驗最簡單的部分，涉及了利用暗示在你做完每個夢時叫醒自己。

記起的夢的數目應比你目前系統容許的要多得多……我也建議，將任何一晚第一個憶起的夢與其他晚上第一個記起的夢比較，而將任一晚第二個憶起的夢與其他晚上第二個記起的夢比較，如此類推。

這應該會證明是非常有趣的，而如果這種實驗持續了好幾年，那結果可以帶來潛意識和內我種種不同層次的極佳證據，那是我一再談及的。

尤其要注意夢行動發生在其中的大略歷史年代、背景及人物。如果夢似乎沒發生在特定的地點及特定的時間，那麼這些事實也該被註明。

在夢行動內的不知名人物，在你日常生活中不認識的人，以及他們在夢戲劇裡扮演的角色，也該格外的注意。應註明主要的色彩。並且無庸贅言的，所有的夢事件都應與物質實相核對，以便核對並記錄任何千里眼的成分……

你有許多方式能進行這些更新的夢實驗。如果你喜歡，可以由暗示自己在做完最先五個夢的每一個之後醒過來開始……如果可能的話，我們要按順序記下這些夢……

這兒還有一些其他的考慮。使你能回想起夢的自我暗示本身也會多少改變那些夢的性質。這沒有關係，當新鮮感漸消時，這種效應也會減到最低。再說一次，我們要這些夢按發生的順序被回想起來。如果你不希望在晚上每做一個夢就醒來，那你的暗示應永遠包括「我會記起頭三個夢……或頭五個夢，或不論什麼」。

一開始你可以嘗試兩種不同的措辭，我說的是精確的措辭。第一種：「在我頭五個夢的每一個之後，我都會醒過來，並且立即記下每個夢。」第二種替代的措辭將與我剛才給的第一種相同，但省略掉「醒過來」。那是說，你可以記下那些夢，錄進錄音帶裡，而沒有醒來。

這不但可能，而且是到此為止最方便的法子。你該兩個方法都試試，去發現哪一個對你最有用。只要可能，應將錄音機放在臥房裡（而非房子的另一邊）。我們追求的是夢的即刻回想，要你在醒來的那一刹那或在夢快要消失的那一刹那錄下夢。

從一個房間走到另一個房間所花的時間，會使夢損失內容和生動。身體方面要求的運動反應本身，以及額外的覺醒傾向，會強令你損失大量的有用資料。我寧願你少用些力，如果需要的話，在臥房裡用錄音機，而不要將錄音機留在別的房間而更賣力去做。

我們要的是夢，盡可能捕獲夢經驗的生動，而如果你無論如何弄到的都是一個稀釋了的版本的話，那不如繼續用你現在的方法（在早上寫下它們），保持你的睡眠時間。

以我剛才給你的方法，你將能像任何調查者（在夢實驗室裡）設法做到的，捕獲同樣多完整的夢經驗，他們是被一種機械裝置或另一個人叫醒的。你們自己的意識狀態也會得到最好的訓練，而這對你們兩人都會是一個重要的判斷進步的尺度……

且說，人類只用到它一部分的能力。當你長期做了這些實驗之後，會發現你可以將它們處理得非常好，而沒有損耗精力。你們的睡眠時間已經是具有生產力的。我們也將用它們來給你們做利用意識之種種階段的訓練。更進一步，這訓練會提供你們一些有價值的洞見，關於一般的夢本質、潛意識的階段，以及當人格與其物質環境分離到相當程度時它的內在生命。

在更後來，它會給你其他的建議，使你指導睡眠中的自己去做某些活動、探訪某些地點而帶回資訊。這顯然仍在很遠的未來，但它的確是在內我能力之內的。

我們的朋友蓓和比爾・加拉格參加了下一節，賽斯在其中繼續他對我們夢實驗的建議。他以一種快活的態度開始：我真的很高興看到你們全都興致勃勃。就一個幽靈（spirit）而言，我自己也在一種情緒頗為高昂的狀態。當然，一如往常地，我歡迎我們的耶穌會修士和愛貓人。（賽斯總是稱比爾為「耶穌會修士」，因為他敏捷好問的心智，並幽默地稱蓓為「愛貓人」，因為她非常討厭貓。）在講了幾句比較私人的話後，他開始進入討論。

在你們的夢裡會有幾種時間出現，而你必須小心地將它們分類。當你在目前的時間裡入睡時，可能有一個關於你過去的夢，有你知道發生在數年前的事情。然而，你可能〔在夢中〕體驗到這些事件如同發生在現在。

不過，你彷彿在經驗那夢的「現在」，卻並非實質時間裡的現在——你身體躺在床上的現在。在此有個微細的區分，而當你繼續下去時會透過經驗學到，所以我現在先不予討論。

應該也是很明顯的，在你的夢裡，屬於目前物質時間的一個特別地點能在夢架構裡被體驗為在過去或未來，而再次的，在此比表面上能看到的複雜多了，所以要留心觀察，以便你能捉住這些發展。

我特別對這些實驗感興趣，而為了為它們做個預備，我們將在你們嘗試開始記錄夢之前，先試試光做暗示……我們將讓你倆都在夢中好好工作，因為夢無法在一個實驗室裡捕獲——由那些不肯研究他們自己的夢的科學家們。

要研究實相的本質，只有藉調查在所有覺察層面對它的直接體驗：在做夢狀況下、在其他「解離」的狀況下及在醒時狀態時，實相顯現出來的模樣。即使是對有意識狀態的研究，往往也流於表面，只處理「上」層自我中心式的覺察……

人格的所有層次都是「有意識的」。它們只不過像是「隔間」一樣的運作，所以往往自己的一部分並不覺察其他的部分。一般而言，當你醒時，你並不認識睡著的自己；你對鄰居還認識得深得多，所以你睡眠中的自己彷彿長得很神祕似的。如魯柏自己曾寫過的，當你醒時，你無法找到才在前一晚還那麼熟悉的夢中地點。

在你們的睡眠中，可能與某個朋友打過招呼，而他們對你醒時的自己而言卻是陌生人。但且考慮一下其反面，因為當在睡覺時，你通常找不到過遇醒時生活的街道，而當你入睡時，並不知道你醒時的自己，睡覺的自己才是你的身分。

在這兩種狀況之間是有聯繫的，也有存在於兩個狀態之間的明確實相，而這些就是你在尋找的東西。只有藉找到這些，你才能發現人類人格的本質，以及它在其內運作的實相本質。

我們也曾以戲劇的形式談到夢，而你們必須發現這些戲發生在其內的種種不同層面。你們也將發現「潛意識」的種種層面會提供它們自己的特性，而當你們的記錄增多時，這將變得很明顯。那麼，只要可能的時候，都依順序記夢是必要的。

當我替賽斯說話時，比爾一直目不轉睛地瞪著我，賽斯還一度說：

我親愛的耶穌會修士，要不要我把椅子轉過來，正面對著你？

「隨你的便。」比爾微笑說。

我的耶穌會朋友，我倒真的有個想法，賽斯帶著比比爾更大的笑容說。顯然你能安排一個照明燈，而我們可以坐在這兒……這樣你就能把我看得更清楚些。

比爾笑出聲說：「我注意到你好像是左撇子，而珍卻慣用右手的。」

我用一隻手，而他主要用另一隻手。

「為什麼？」比爾問。

我一直是用這隻手，而他用那隻手。賽斯又大展笑靨。

「我只是在好奇為什麼你的基本手勢和魯柏不同。」比爾說。

我親愛的耶穌會修士。我難道沒試著清楚地解釋事情嗎？我豈非受到了很大的誤解？（這是他們兩人之間純粹的戲謔。）我一直在說我是我自己，而魯柏是另外一個人。順理成章的，我們的手勢就會不同啊！你不認為如此嗎？

「我一直在好奇。這情況是很奇怪的。」

如果你是以次要人格的說法在想，你無法證實到底是怎麼回事。一個次要人格也會用不同的手勢。無論如何，這都無從證實我獨立的本質，但我很高興看到你在思量那件事。

「我只是好奇你會說什麼。」比爾說。

我的回答是，我是個能量人格元素，暫時與你們的物質系統接觸，而我可以透過魯柏來運作。

「那麼你用魯柏的聲音、眼睛等等來溝通？」

是的，而我是以當我有自己的機械裝置時，我用它們的方式去用魯柏的。

「這也包括顏面肌肉嗎？」比爾問。

當然，雖然他的臉並沒完全採納我自己的表情。首先，就手而言，用左手或右手，與內在機制，以及發生在手的動作之前的腦波模式有關。我的特徵是，當我集中焦點在物質東西上時，我運作的結果常常是主要用我的左手。

至於臉部表情嘛，這也以同樣方式運作，因為在這個例子裡，物質的確有關係（matter does matter）！身體上的表情也是人格以其特有的方法操縱實質有機體造成的結果。當我這樣操作時，有我自己的方式。

所以或多或少的，有時和魯柏一起時，我自己的習慣會露出來，因為我用他肌肉的方式和他自己的不同。科學上來說，這不會證明我存在為一個死後猶存的獨立人格。但那並不令我擔心。

比爾笑出來，不久後課就結束了，到現在，我在上課時坐著講，並且我的出神狀態也發生了一些改變，以致人格的改變非常明顯。羅對此很習慣。但比爾和蓓只偶爾上課，而對比爾而言，它是個不斷的驚異之源；蓓則視之為理所當然。

我們還並不真的對該預期什麼有太清楚的概念，直到我們實際去嘗試夢的實驗。這一系列的夢，在其中賽斯解釋夢實相，並且給我們關於如何探索它的教導，總令我覺得非常發人深省，卻又奇怪地曖昧。就某種意義而言，賽斯就如夢似的模糊不清，但我們已擁有他透過在出神狀態的我所口述的兩千多頁文稿；而毫無疑問的，他改變了我們的生活。現在，他在告訴我們如何旅行過一個對他比對我們更自然的領域。

為這一系列的課，我們也已挪到較安靜的臥室裡。賽斯通常將第一個鐘頭完全用來討論夢，而課的最後部分則是用來做先前提過的信封實驗，及與心理學家的長距離測試。與大客廳相比，我們的臥房相當小，但在一九六五年的這些夏日裡它是相當暖的。

我對賽斯談夢宇宙的資料甚為著迷。「一個美妙的理論。」我跟羅說。

「我的印象是它遠不只是個理論而已。」羅說，而我必須同意。談夢地點的資料尤其令我大感好奇。賽斯曾叫我們在夢記錄裡留下空來，以註明地點，並且勸我們小心地檢查它們。我對自己夢裡不同種的夢地點感到十分驚奇，而做出了下面的單子。當你檢查自己的夢時，找找這些：

1. 代表在你目前日常生活裡對你是熟悉地方的夢地點。
2. 代表你從沒旅遊過（好比外國）的地方的夢地點。

3. 代表出現如它們過去樣子的地方的夢地點。如果你夢到兒時的家，如它過去而非現在的樣子，那麼那地點應屬這一類。
4. 代表實質上不再存在的地方的夢地點。
5. 奇怪的、全然不熟悉的夢地點。
6. 不明確的夢地點。
7. 你一直回去的奇怪的夢地點。

一旦我的興趣被挑了起來，我真的是下了決心要找出我在夢裡到哪兒去了，並且做了什麼。在研究了我自己的八百個夢時，我大感驚訝地發現，它們只有七十個發生在我的老家，而即使在這兒，一般而言，夢中行為涉及的是現在而非過去。以前我曾理所當然地認為，我的夢有大得多的百分比是牽涉到童年地點的。

事實上，在這研究裡，我夢地點的大部分等分為：完全不熟悉的地方及太不清楚而無從回想的地點。只有七個我在外國的夢。不過，最有趣的是，我發現我大半預知夢都發生在我並不熟悉的夢地點。為了這個理由，我建議你對不熟悉的夢地點付出額外的注意。

我也對我在夢裡做了什麼很感興趣——並非只是一般的，而是對任一晚上我做的事。在一連四夜裡，我記下了二十一個夢。在這些夢裡，我捲入了四個令人興奮的插曲裡，在其中我逃離危險，用我的機智去克服它或直接面對它。我奔過輻射式的雨（夠奇怪的，在一個被證實為預知性質的夢裡），在可愛的花園裡漫步，探訪幾個不熟悉的房子，並且與一位我從未謀面的名作家談話。我想，對一個整夜都沒離開床的人而言，還真不賴！

那些一向記得他們的許多夢的人，可能不屑於記錄夢活動的這種想法，但對其他睡眠意味著「湮沒」的人，他們會發現夢回想是件迷人的事，而夢行為之變化繁多幾乎令人驚愕。縱使那些善於記得夢的人，也會發現持續的夢回想實驗是無價的。如我們後來發現的，是記得夢所要求的努力，以及因而得到的意識擴張，最終打開了夢實相。

第十四到二十章會顯示給你們夢回想的價值，並且闡明夢如何能被用以增進健康、解決問題及強化身分（identity）。除了探討我們自己的夢及做夢的自己以外，也還有發現所有的夢都在其中發生的更大次元探險。

但若所有這些都是如此重要，我們為何無法更輕易而自然地做到？我們為何需要實驗？照賽斯所說，我們利用自我的方法及其他對實相的概念擋住了我們的路。當他仍在給我們這些實驗的大綱時，賽斯相當詳細地解釋了此點。

論自我及夢的回想

（摘自一九六五年八月二十五日第一八一節）

自我由實相與覺性的最表面掠過。這並非任何與生俱來的自我中心特質的結果。沒錯，自我的責任是在於自己與物質環境之間的關係。它出乎需要地必然集中焦點在物質實相的界限內。無論如何，它卻是完全能感知比西方人讓它感知的要多得多。恐懼、無知及迷信局限了其潛能，而因此，甚至局限了它在物質宇宙裡的效率。

自我本身無法直接經驗某些直覺及心理經驗，但只要它能在心智的基礎上覺察到它們，自我便能經驗它們。當訓練迫使自我變得太僵化，並且局限它對其他實相的感知時，那麼，自我便不會接受直覺，因為直覺經驗不會與它接受為合法的實相架構相合。

在那種情形下，自我會與它因之視為對存活的一個未知威脅對抗，於是開啟了全然不必要的掙扎，我們要將直覺理解帶到自我能接受它的一個地方。在我們的夢實驗裡，這是我們希望達到的目的之一。自我並沒配備好直接地探究非物質實相，但如果它被訓練得有彈性，會由自己其他較廣的地平線接受這種知識。

而自我的雙腳必須站在堅實的土地上。在物質存在的正常環境之外，它是赤裸而格格不入的。到某個程度，它對夢經驗之不信任，為了人格之整體平衡是必要的。物質實相終究是自我必須攀附其上的岩石；由之，自我獲得它的名望及存在之理由——這提供了必要的平衡和控制，而造成人格穩固地下錨在它目前必須存活其中的環境裡。在此你有一個你為何必須要求潛意識令你能回想夢的主要理由。自我看不出有這種記憶的理由，並且一般而言試圖壓抑它們。

不過，再次的，這絕佳的平衡及精細的控制是存在的。自我會接受來自夢境的知識，就如一個人可能接受，來自他並無意於居住、且其環境會令他既迷惑又驚訝的一處遙遠地方的一個訊息一樣。

那麼，在我們的夢實驗裡，將容許你帶這種訊息給自我。我們將試圖以這樣一種方式繪製這個異國情調國家的地圖，以致自我能理解，哪兒有什麼它為自己的利益可資利用的資源。

「到底這整個研究的目的何在？」羅問。

而這是賽斯的答覆：

我們將涉及對一般夢世界之特點的一個研究，並且為了檢查的目的，試圖將之孤立為一個分開的實相。然後用比較異同來考慮它與物質實相的關係。

這將容許我們繼續進入醒時與睡眠人格之間的關係，並且發現許多方法，在其中人格之目標和目的不只是被反映，並且有時還透過夢被達成。

通常，夢境是由一個負面觀點來考量，並且不友善地與醒時狀況相比較。強調的是那些在醒時狀態在場、卻在夢經驗裡缺席的狀況。而我們需要考量的是，在夢環境裡在場，卻在物質環境裡缺席的意識面向。對人類人格的研究，凡是沒將夢實相的重要性納入考慮，都不能假裝是透徹的。

在一些討論裡，我們將說明，透過做夢自己的幫助而達成有意識目的的方法。所有這些資料都將以實驗來加強，而我希望，你們自己會去做那實驗。

人們遺憾在睡眠中花費的時間，這真令人吃驚。他並不知道，當自我不覺察時，他工作得有多努力。我們希望澄清此點。我們希望讓你逮到自己正在那樣做的時候。你將領悟到，夢經驗是多麼的有生產價值，以及它們被織入你們整個經驗繡帷裡的方式。

如先前提過的，我們也將處理空間、時間和距離的本質，當它們出現在夢境時的變化。沿著這些方向進行，我們的一些實驗將是最有啟發性的。自我無法到那兒去，但它能由那資訊獲益，而或許不久，甚至自我的一個影子也可能穿過那奇異的地方，而略微有一點「自在」的感覺。

賽斯給了我們一些任務，而達成它將是一輩子的事！縱使是現在，我自己在夢實相裡的實驗都有一種節奏。隨後會給的一些方法，讓我們能在做夢當兒醒來，將有意識的自己帶入夢境，操縱它，並且在睡眠中有故意的出體經驗（在其中一些經驗中，我所看到的後來與物質實相核對無誤）。有時我做得很好，而覺得我正學會同時在實相的兩個層面操縱，同時在醒時和做夢狀態保持覺察。然後，一下子幾個月之久，我又被砰地推到物質實相裡，對我的夢經驗既聾且盲。我的學生們曾注意到相同的節奏；羅也一樣。

在我們探究形形色色的夢，以及我們對它們的經驗之前，下面這一章是賽斯談夢實相的一般性質，以及我們在其中的位置的準備資料。

Chapter 13

早期談夢世界的一些資料摘要

夢地點、夢和創造
夢的電性實相
片刻點

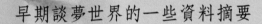

論夢世界

（摘自一九六四年十月七日第九十五節）

正如事實上一個夢沒有開始也沒有結束，任何實相也是一樣既無開始也無結束。那麼，一個夢並不開始或結束，只不過你對一個夢的覺察有開始及結束。你進入對一個夢的覺察，而再離開它，但就你們對時間的說法，你今晚做的夢彷彿久已存在。但它們看似在今晚開始，因為你今晚才覺察到它們。

你的確創造自己的夢。然而，你卻不是在時間的一個明確點創造它們的。夢的開始，回溯到你們並不覺察的「前」世，甚至還要再前面；夢的起源，是你們星球存在之前就有的一個傳承的一部分。

因為每個意識的精髓都同時存在，甚至在你們可謂的世界開始之前。而你尚未成為的你那時就存在，並且現在仍存在——並不像是什麼仍待完成的可能性，卻是實際上存在。

你將來會是什麼，你現在就是，並非以什麼模糊的半真形式，卻是以最真實的說法。你只不過不在有意識的層面覺察這些，就像你也並不覺察「前」世。但你們每個人都創造了一個有效、確實、持久及自我決定的夢世界，就如存有投射出種種人格實相一樣。正如通常在存有與一般有意識的自我之間沒有接觸，做夢的自己以及有其獨立存在的夢世界之間，在有意識的層面上，通常也沒有接觸。

正如夢世界既無開始也無結束，同樣的，你們所熟悉的物質宇宙也一樣。能量不能被收回，而這包括了用在對夢世界持續的潛意識建構上的能量。你們繼續創造它——本就一直在創造它。它是你們自己存在的產品，然而你既不能有意識地令它存在，也無法毀滅它。

論夢世界的本質及動物的夢

（摘自一九六四年十月第九十七節）

那麼，夢世界是內我與具肉身的我之間關係的一個自然副產品——並非一個映像，而是一個副產品——不只涉及了化學反應，也還涉及了將能量由一個狀態轉換到另一狀態。

在某些方面來說，所有的存在層面或領域，全都是其他層面或領域的副產品。舉例來說，若無透過內我與實質的我之間相互關係擦出之奇異火花，夢世界不會存在。但，反過來說，實質個人的繼續存活有賴於夢世界。

這一點極為重要。如你所知，動物也做夢。你所不知的是，所有的意識皆做夢。原子和分子有意識，而這微小意識形成它自己的夢，就如在另一方面，它形成自己的實質形象一樣。正如在物質世界裡，原子為了自己的利益組合成複雜的結構，在夢世界裡，它們也組合以形成這種完形（gestalts）。

我說過，夢世界有自己那種形狀和恆久性。它是實質取向的，雖然還沒到天生俱有於你們平常宇宙裡的那種程度。夢形象也是以物質形象被建立起來的同樣方式被建立。你可以參考我們先前對物質之本質的討論，以助你理解，但夢世界並非一個沒有形狀、胡亂的半成品。

夢世界並不以巨大的體積存在，但它的確有形。作為一個獨立的存在領域，夢世界的真正複雜度和重要性還未充分被你們感受到。不過，雖然你們的世界與夢世界基本上是彼此獨立的，它們卻彼此施加壓力和影響力。

那麼，夢世界是你們自己存在的一個副產品。它藉由化學反應與你相逢，而這敞開了相互作用的進路。既然夢是任何涉及物質意識的一個副產品，那麼樹也有它們的夢。所有物質的東西，既然是圍繞著種種不同程度的個別化意識單位形成的，也就都參與了夢世界不由自主的建構。

夢與耶穌被釘死在十字架，創造真實感，回想夢的重要性

（摘自一九六四年十二月十六日第一一五節）

有一次我提到「耶穌被釘死在十字架上」，說它是個事實及現實，雖然它並沒發生在你們的時間裡。它發生在時間不像你們所知的時間的地方……發生在一個夢發生的同類時間裡。其真實性世世代代都感覺到，並且對之反應。它本身不是個物質實相，卻以純物質實相絕不可能的方式影響物質世界。

「耶穌被釘死在十字架上」，是改變並豐富了夢宇宙及物質宇宙兩者的一個龐大實相，而它源起於夢的世界。它是那個領域對你們自己這領域的一個主要貢獻，而可以在實質上與一顆新行星在物質宇宙裡的出現相比……

「基督升天」……也是夢世界對你們自己宇宙的一項貢獻，代表在夢系統內的知識：人是獨立於物質之外的……

許多觀念、進步及實際的發明，只不過是暫時在夢的世界裡等待，直到有人在他的實相架構內接受它們為可能性。想像是醒時之人與夢世界的聯繫。想像時常重建夢的資料，而將之應用到日常生活中的特定環境或問題中。其效果可能出現於物質內，但其本身並非物質性的。往往，夢世界擁有有朝一日會完全改變物質世界歷史的那些觀念，但否認這種觀念在實相裡為確實或可能的，制止了它們，而延後了極為需要的突破。

這種發展會意謂著釋出額外的能量到你們的領域裡。概念和觀念是非物質的確實性，它會吸引沒歸屬的能量，指揮並集中這能量。夢世界更為密切地存在於內我如此覺察的「廣闊的現在」。它比較沒那麼捲入於偽裝……

那麼，可以說，在許多方面，夢宇宙依賴你去給它表達的機會，正如你也以同樣方式依賴它去尋求表達一樣……

任何一個夢的衝擊都有物理、化學、電磁、心理及心靈的影響，都是確實且持續的。任何一個人經驗到的夢的種類是由許多不同因素決定的，我現在說的夢經驗是如它發生的樣子，而非做夢者自我容許他回想起的剩餘部分。

正如一個個人按照其能力和缺陷，並且配合其預期和內在需要，創造他的實質形象和環境，因而也創造他的夢；而這些與外在環境相互影響。

不過，由於睡眠時自我是在休息中，個人往往容許通訊及夢構造物通過自我的障礙。舉例來說，如果他現在的期望是有錯誤的，當自我休息時，他可能重新創造一個期望曾很高的時候，結果產生的夢，會部分地打破那粗劣實質構造的差勁期望的惡性循環，而令這樣一個人開始走上一條建設性的路。換言之，一個夢可能開始透過提高內在期望而改變實質環境。

夢的「電性實相」及夢的地點

（摘自一九六五年二月十日第一三一節）

我們已知所有的經驗都以電性密碼資料保留在細胞裡，而細胞的材料包圍著這密碼經驗而形成。我們已知自我由內我誘發形成，受到遺傳及物理環境非常大的影響；當這自我繼續存在時，累積起它自己的一個電性實相，並且形成其經驗……進入細胞內的密碼資料。

在任何既定的一「點」，自我在電性實相內是完整的，正如它在物質宇宙裡、在心理上是完整的。這包括了其夢的保留，以及純粹實質資料的保留……

電性系統是由電組成的，與你們對它的想法相差極遠。照你們的看法，電只是這些無窮變化脈動的一種回聲散發物或影子而已，其實那些脈動給予了你們熟悉的許多現象實際性，但那些脈動在物質界裡卻並沒出現為可觸知的物體……

這電性系統是非常濃密的。這是一種並不占有空間的濃密，被種種不同強度之無窮盡「電場」（electrical fields）所引起的濃密。這些電場不但沒有兩個是完全相同的，並且在其內也沒有完全相同的脈動。

強度的次第是如此細微，以致不可能去測量它們，然而每個電場以密碼方式，包含了無限長時間之實際活生生的實相；包括了數不清的宇宙之你們所謂的過去、現在和未來；包括了在任何宇宙裡曾存在或將存在的任何意識密碼資料；那些好像已消失，及那些看來好像尚未存在的……

這個密度是極為重要的，因為它是一種強度的密度。並且它是強度之無窮盡的變化和層次，使得所有的本體、所有的完形，就人格、場及宇宙而言的所有身分成為可能。就是這個密度，連帶著這無窮盡的強度變化，容許本體及改變發生……

在你們系統內可被感知的電，只是你們無法感知的一個龐大電性系統的一個投射而已。至今，科學家們只能藉觀察在他們的參考系統內，可感知的電之投射去研究它。當他們的實質工具變得更成熟，對這實相將能看到更多；但既然他們無法在已知的參考系統內解釋它，他們會對所報告的現象給予許多奇怪而扭曲的解釋。

然而內我提供這麼多的線索……它運作於物質的參考之外，本身是不受物質系統特具的扭曲效果影響的。舉例來說，對夢的一個研究，會使得許多這些要點清晰起來，然而許多科學家卻不屑於做這種研究。

為什麼沒有人懷疑到，夢地點不只有一個心理上的實相，並且還有一個明確的確實性？對夢地點的研究是非常重要的。夢地點是由電性質量、密度及強度組成的。這兒還有個要點：在夢裡可以做明確的工作，但實質的手臂和腿卻不會累。這看起來像是與你們所知的法則矛盾，但沒有人曾研究這點……

即使要暗示一下實際存在的「電性確實性」的無限複雜和次元都已困難無比了。當你們思考一下，你自己的每個思緒都是由一個獨特的脈動強度（intensity of impulse）組成，完全不與別人共用；而你一輩子將有的每一個夢也都如此；並且你所有的經驗都是收集在特殊的強度範圍內，又是全然獨特的；並且你之為你的所有總和存在於強度之一個微細範圍或一段裡，那麼你便知這是多難解釋了……

這不只適用於你的實質場域，並且也適用於所有其他的。你的場域含在自己的強度範圍內，電性脈動的一小段，比由所有已寫過或將被寫出的整個樂譜中任意選出的一個音符還要小百萬倍。由於你們還沒準備好，我現在不想談得太深入。但由於可以有無數的強度範圍，每個個人都有他可以在其內移動的無限量強度。

所有的移動都是精神或心理的移動，並且所有精神或心理的移動都有其電性實相。內我藉移動過強度而移動。每個新經驗打開了一個新的脈動強度……在電性系統內移動過強度，造成在實質場域裡移動過時間的效果。以後我們將討論這一點，和所謂的靈體旅行（astral travel）一同討論。

夢世界，夢影像及行動，夢作為行動

（摘自一九六五年四月二十六日第一四九節）

我想就夢與行動的關係來討論夢。我們先前提到過，所有的行動並不必然涉及對你們而言很明顯的動作。或多或少，所有的行動都是「開展」。做夢的自己的行動部分是個實質現象。那麼，有個使做夢成為可能的外在行動，那個行動就是做夢。

然後在夢——其本身是個連續行為——內有無數形形色色的行動。夢裡的影像也在活動。他們移動、說話、走路、奔跑。有時候，有一個夢中之夢：做夢者夢見他在做夢。當然，在此，行動次元是比較多樣的。

由夢影像做出來的許多這些行為是肌肉行為、身體的操縱。但許多這些行為也是精神的操縱或美學上的實現，甚至美學上的表演。不管怎麼說，這些夢影像並不是一次元平版似的人物。就透視及空間而言，他們的機動性，更比你們的大多了。

你只感知一小部分自己創造的這些影像。你無法將他們帶回目前實質場域有限的觀點裡，而變得只能影影綽綽地看到本來比正常實質影像更真實、鮮活且活躍的影像。

我以前說過，夢世界是由分子結構組成的，並且它是一個連續實相，縱使你對其覺察通常只局限於自己的睡眠時間。在此有一個相互取予。因為，如果你給予夢世界許多能量，你自己許多的能量也是由之而來……

夢世界也並非你自己世界的一個影子。它按照在它之內與生俱來的可能性繼續下去，就如你按照物質系統裡的可能性繼續下去一樣。不過在睡眠時，你集中改變了的覺察力在另一個世界裡，那是個與你的物質世界一模一樣有效的世界。在睡眠時只有小量的能量集中在物質系統裡，只足以維持在環境裡的身體。

就許多方面而言，夢世界之內的行動比你自己的還更直接。由於你只記得閃爍不定及不連貫的插曲，所以夢往往顯得混亂或無意義，尤其是對自我而言——自我刪除掉了許多潛意識保留下來的資料。對大多數人而言，這種檢查過程是很有價值的，因為它使人格免於被它無法處理的資料覆蓋住。保留「在其他領域獲得經驗」的能力，是更進一步發展的趨向……儘管如此，每個人都直覺地知道他與此事的牽連……

有些夢事件比醒時事件更加生動。只有當人格脫離了夢經驗，在回顧中它才可能看似不真實。因為當醒來時，再次的，能量和注意力的焦點是在物質宇宙裡。那麼，實相是能量和注意力之焦點的一個結果。

我故意用「脫離」夢世界這個詞，因為在此我們看見一種輕而易舉且往往完成了的行動——一種「進出」，牽涉到沒在空間裡移動的行動。做夢者對他「先前的」夢經驗之記憶唾手可得，並在他之內帶著夢行動背後的許多內在目的。那麼，在離開夢境時，他對自我變得更覺察，而創造出對自我有意義的那些活動。不過，如先前提及的，夢象徵對人格的所有部分都有意義。

夢世界有一個分子的結構，但這個結構並不占有如你們所知的空間。夢世界包含了深度和次元、擴張和收縮，那也許是與「不需要你們所熟悉的那種特定結構」的理想更清楚地相關。在此，直覺與某些其他的內在能力有多得多的自由，以致不需要以任何禁錮的形式去用到分子。在夢世界的行動是更具流動性的。由於價值完成被容許有更大的支配力，影像的出現和消失都快得多。

到某程度，在物質系統內發生的，「成長之較緩慢的實質顯現」，涉及了被原子及分子填滿之長期模式，然後，那些原子和分子到某個程度被禁錮於那結構內了。在夢世界裡，較緩慢的「實質成長過程」則被心靈及精神的價值完成取代，那是不需要分子長期被禁錮在一個模式裡的。這涉及了經驗及行動的一種加速，相對來說，不受在物質宇宙內天生必有的那種時間因素阻礙，行動被給予了更大的自由……

這並不是說結構不存在於夢世界裡，因為一個精神及心靈上的結構的確存在。但結構卻並不依賴物質，而分子的移動則更自發。在對你而言彷彿的一剎那間，可能有幾乎不可置信的深度經驗。

對「純行動」你能看到最接近的一瞥，就是當行動牽涉到夢世界，並且當人格進出夢領域時，其行動之可動性。在物質世界內，你處理的是行動轉變成實質的操縱——但這只涉及了行動本質的一小部分，而我的目的是在令你熟習多少存在於純粹形式的行動。以此方式，你將能感知行動被轉譯進其他實現領域的方式，那是不涉及到你們所知的物質的。

那麼，在夢世界的實相裡，完成並不依賴物質說法的永恆性。突然迸發的發展是可能的，那是通盤成熟而不受時間束縛的。

這些發展是同時在許多方向發生的行動結果，而非像在物質系統內透過看似一連串片刻而發生的發展。基本上，甚至物質宇宙本身也是如此建構的，但為了實際的目的，就感知及經驗而言，是有時間和實質的成長。結果，到一個很大的程度，人格的自我部分，其成熟及發展依賴著那個人曾在系統內消耗過多少時間。

因此，就一連串片刻而言，某部分的實質成長是必要的，以令價值完成在一個實質的有機體內顯示出來。但在夢世界裡，「成長」是透過行動觀點達成的價值完成——透過在任一既定行動內旅行，跟隨它且隨之而變。

現在，你體驗行動就像是你在沿著一條直線前進，其上的每一點代表了你們時間的一個片刻。但在任何這些「點」，行動都向所有方向發出。由那「片刻點」（moment-point）的立足點，你能想像行動形成一個以那點為頂點（apex）的想像圓圈。但這發生在每一刻的每一點上。圓圈並沒有特定的界限，它無止境地向外擴大。現在，在夢世界裡，且在所有這種系統裡，發展並不是依靠著你們的直線旅行而達成的，卻是靠投入你們所謂的一個片刻的那個點裡……基本上，物質宇宙是在這樣一種系統本身的頂點上……

夢與快速眼球運動（REM）睡眠，夢與化學的關聯

（摘自一九六五年九月二十九日第一九四節）

（羅和我讀到一篇談科學夢調查的文章）

夢的實相只能藉直接接觸來調查……REM睡眠或非REM睡眠，你們的夢經常存在於意識底下，甚至在清醒狀態。人格經常受其影響。縱使你剝奪了一個人的睡眠（如在某些夢的實驗室裡做的），你也不可能剝奪他的夢。這個機能將在潛意識裡繼續……

在REM睡眠開始時注意到的眼球運動，只是與自己實質層面密切相連的夢活動之指標。這些時段並沒標明夢的開始，卻是指人格由夢覺察的更深層次回到較表面層次。自己實際上是回到較表層來檢查一下物質環境。在較深的夢境裡，主要能量有一個轉移，由集中在身體轉而集中在精神上。

十分簡單地說，自己旅遊到與身體活動領域離得很遠的實相範圍。那時肌肉是鬆弛的，因為並不需要身體的活動。沒用在身體上的能量乃被用來維持住精神的行動。在清醒狀態累積的多餘化學物在被排出時，自動地改變成電能，也有助於形成及維持夢影像。

如果你們的科學家訓練自己做「夢的回想」，他們會對夢的本質學到更多。再次的，光是想剝奪一個人的睡眠這種企圖，就會自動開始潛意識的夢活動機制。那干涉於是改變了狀況。你們該留意的是對發展中的夢直接體驗。

如果給了一個人適當的暗示，說他剛好會在一個夢結束的那一點醒來（如在我們自己的實驗裡那樣），就可以研究此點。用催眠也可以合法地研究夢境及種種狀況。在這兒，你是在與心智本身打交道，只是建議它以某種方式運作。你並沒干涉它運作的機制，而自動地改變了狀況。

若有位好催眠師，利用催眠你可得到很好的夢回想。你可以暗示普通的睡眠和做夢，然後暗示說在沒醒來之下，受測者對他所經驗到的夢給予一個口頭描述……另一個辦法是，暗示受測者在催眠下重做前晚的夢。

用這些方法，也可研究精神病患者的夢，如果病情不是太嚴重的話。能以這方式調查兒童的夢，並與成人的夢做比較。兒童做栩栩如生的夢，而且常做夢。不過，他們比較常回到一段接近清醒的時間，以便檢查一下物質環境，因為他們對它沒有成人那麼有把握。在深睡的時段裡，就夢活動而言，兒童跑得更遠些。

自我容許他們有更多自由。為了這個理由，他們比成人有更多心電感應及千里眼的夢，也有較多的心靈能量：就是說，他們能較輕易地汲取能量。由於他們醒時經驗的強烈，多餘的化學質累積得更快。所以，在夢的形成裡，兒童有更多這種「化學推進力」可用，也比較意識到他們的夢……

我常常說，任何一個行動都改變了行動者，也改變了接受那行動的人；因而，在目前所做的研究夢的那種實驗裡，調查者的行為以這樣一種方式改變了狀況，因此很容易找到他們在尋找的東西。透過他的行為，調查者不經意地引起他在找的那些結果。那麼，那特定的實驗可能像是建議了本來並非普遍，但卻看來像是普遍的狀況。在催眠下，受測者則不像一個實驗裡的對象那麼小心提防著，後者事前得知他會被實驗者叫醒，電極會連在他腦殼上，而實驗室的狀況取代了他每夜的環境。

當實驗者企圖將做夢者和其人格分開，並對待夢好像它們是物質或機械的時，是不可能研究夢的。研究夢的唯一實驗室即研究人格的實驗室……

當賽斯在傳述這資料時，我們也已開始了自己的夢實驗。後來，在一九六七年，我開了我的ESP班，而學生們開始做他們自己的夢回想和實驗。如你將看見的，這些導致夢的操縱，並且，在許多例子裡，導致由夢境的意識投射。

雖然每個人進度不同，一般而言，較進步的夢工作跟在較早的簡單回想階段之後，再到夢境內更頻繁的「自知」，從那兒再進到操縱夢影像及投射。那麼。以下的幾章談的是我們與種種不同的夢經驗，以及它們在日常生活上的影響。再後的幾章將談到由先前實驗結果導致的意識擴張。

我們對夢的興趣也溢出到我自己的創作作品裡。以下的詩是在一九六四年寫的，那時羅和我剛開始我們自己夢回想的實驗，賽斯也剛開始他談夢世界的課。

〈在午夜叢林裡〉

（一九六四年十月二十日）

做夢者跳入
午夜叢林裡，
當明月
靜靜地照耀。
城市睡著了，
身體俐落且空空地
並排躺著。

但每個自己
獨自溜出去，
在黑暗中
沒穿著影像，
完全警醒，
而自由地旅行，
在地圖上沒列名的
道路上。

沒人能找到
他曾去過的地方，
或以血肉之軀跟隨到
自己踏過的地方，
或將自己關住
雖然門是關著的，
因為自己穿過

木與石。

沒人能找到
引領自己
走過這樣奇怪地方的
標竿或記號。
路不見了，
自己回來
悄悄穿上
它多骨的形象。

〈我做夢的自己〉
（一九六四年十二月八日）
我做夢的自己
望進窗戶
看見我在床上。

月光充滿了
我睡著的腦殼。
我裸身不動地躺著。

我做夢的自己
進來
四處走動。
我覺得好像門把轉動，
打開了我腦子裡的
房間。

我做夢的自己
有鑰匙似的眼睛
在黑暗中閃閃發光。
在我骨頭內
沒有它們打不開的

壁櫥。

我做夢的自己
穿過我靈魂的框架。
他一邊走過一邊開燈。
外面的夜色
黑而冷。

我做夢的自己
躺在床上。
我以敬畏之情站立一旁。
「唉呀，我倆原是一個！」我說。
他說：「我以為你早已知道。」

〈異象〉
（一九六四年六月十日）

我見自己舒展於群星之間。
我的皮膚，一面張開的網，
與種子、月亮和魚懸在一起。
鳥兒穿過我的血肉，
由太空之海我的血肉
升起為大塊陸洲。一隻手臂，
一個宇宙，甩成
兩手叉腰之姿。我左手第三指指甲
是地球，珍珠色澤的指尖，隨著
我腰富韻律的動作而轉。

一隻眼望著
大腿伸展的銀河——而見
每個細胞星之爆裂
躍入血肉內即刻成形。
另一隻眼，轉而向內，瞥見

隨每次呼吸向外漫開影像
的思維與夢
織出的新網路和繭。

〈做夢者〉
（一九六四年十一月三十日）

做夢者形成他們自己的人行道，
網路由思緒延展到思緒，
不安寧的頭殼之延伸，
無形無相、黑暗而靜止。

這些夜間投射升起
如無實質的粉筆線，
虛懸於黑暗和黑暗之間。

約會訂了也踐履了，

而記錄倉促間潦草寫下，
同時身體等待於清爽白床上，
整潔、安全而全然未被觸及。

Chapter 14

夢與健康

賽斯談治療夢
賽斯與一個友人在夢中談話
如何用夢來促進健康

我的一個學生蘇・華京斯，心靈稟賦很高，並且相當善於利用夢。當她寄給我這小箋，連帶著一個夢的劇本時，她和她丈夫卡爾住在附近一個城裡。那個夢美妙地闡明了夢和健康之間的密切關聯。她幽默地起了個標題：「肩膀簡史，或卡莉・納遜關於壞關節的說法是對的。」

一九六七年，我由大學回家後不久，我第一次注意到，當我抬右肩時，它會痛──後來我才知道是典型的滑囊炎症狀。不久之後，症狀漸漸減輕。然後一九六八年，症狀又回來，而且持續了差不多三個月，才慢慢消失。在一九六八年十二月又回來了一會兒。一九六九年二月，我又嚴重發作了一次，反反覆覆，一直到十月我兒子出生。自那時開始，症狀每況愈下，直到上個月我一直無法將右手插入我牛仔褲的口袋、梳頭或做任何事，那會引起我右肩胛骨及右手一直到指尖的劇痛。

瑜伽及「心理時間」暫時減輕症狀，但到上週，僵硬惡化到我整個肩膀痛得像卡住的砂紙一樣。我甚至發現自己在對嬰兒大吼，那令我覺得糟透了，然後，一九七〇年四月二十五日，我有了以下的夢：

我來到羅和珍的公寓，碰上了一節賽斯課。我坐在羅旁邊，而他一如往常在作記錄。賽斯（身為珍）立刻轉向我。他的聲音幾乎帶著怒意，但並非沒有同情心。「喂，我要告訴妳該做什麼，」他說，「但我將不對妳使用文字的那個部分說話。」

他開始長篇大論，談處理攻擊性及以可接受的方式予以表達的方法。在這時，我批判性的自己與我正接受講課的「夢我」分開了。〔換言之，蘇覺察到了她自己及做夢的自己。〕我批判性的自己馬上覺得被排斥，因為它無法了解或轉譯那講詞。不過，它彷彿有一種明確的功能，也許是與肉體相關的。兩個自己都同樣地覺察。

賽斯隨即坐在我的「夢我」面前，餵它吃某種像穀類早餐食物的東西。我批判性的自己隨即變得不高興起來，幾乎覺得那夢是沒價值的。然後賽斯對批判性的自己說：「這是象徵性的……供思考的食糧……比妳知道的複雜得多，並且非妳了解的妳任何一部分所能了解。」夢自己立刻變得平靜了，幾乎像被催眠了似的。批判性的自己則一直在想，這不可能在夢裡發生。

賽斯又開始講話，而我批判性的自己開始消失。我問：「賽斯，我有沒有一天會了解這個？」答案遺失了，不過我感到在我聽不到的講課裡收到的「新知」正在療癒我，而作為一個妻子和母親，我則感到前所未有的自由。

當我醒來時，我的肩膀、手臂和手都完全輕鬆自在了。皮下的腫塊——我的醫生稱之為鈣腫塊——仍在，但幾個月來，我第一次能毫無困難地動我的肩膀。我也能伸進我的褲袋。

在結尾時，蘇補充說：「當然，『夢我』只是那起動力。我的內我一直知道該怎麼做。或許它是忘了如何維持一個整齊的檔案！」

在此，賽斯有沒有在夢裡對蘇講話並不重要。重要的是，由於一個夢，症狀消失了。她曾擔心那症狀，而向她的內我求助；而那個夢是她的答案。當然，蘇的無意識很可能採取了一個權威人物的樣子，以使有關攻擊性的資料以最大的衝擊力傳了過來，而用賽斯作為名義上的頭頭（如果你想要相信賽斯是我無意識的產物，那麼你必須承認，他對別人無意識的目的頗有幫助，並且對他們具有一種真實性，與他和我的關係無干。後來的例子將使這一點更清楚）。

賽斯會稱蘇的夢為一個治療夢，而他用了很多節來談夢與健康，以及它們之間的關係。不過，在我們研究治療夢之前，有必要了解，我們為什麼會有徵狀。生病有沒有明確的理由？照賽斯說，答案是「有」。

談疾病和行動

（摘自一九六五年六月二十三日第一六四節）

疾病可被視為阻礙的行動，代表能量的實際阻塞，行動轉入對此人格而言並非最有利的管道。能量顯得是濃縮的，並且轉而向內，影響了整個系統。它們代表分枝；除了從形成人格架構的其他行動觀點來看，否則疾病本身並不必然有害……

實際上可為人格利用的某部分能量，被消耗在維持這阻礙行動或疾病上。那麼，很顯然，能被用在作為一個整體人格系統較為有益的行動上的能量便較少了。

按照在疾病背後原始肇因之起動力及強度，情況有種種不同程度的嚴重性。如果起動力很強大，那麼阻礙的行動會比較嚴重，為了其自己的目的阻塞巨大的後備能量。它顯然變成了人格的心理結構、身體、電性和化學結構的一部分，甚至多少侵犯到夢系統。

（在此賽斯解釋了許多人常覺奇怪的事：如果疾病是有害的，而我們也知道，那為什麼健康不佳的狀態有時候留連不去？）

有時候，疾病被人格暫時接受為自己的一部分，而這即為其危險所在。它不僅是象徵性地被接受，而我也不是以象徵性的說法在說。疾病往往相當真實地為那人格架構接受為自己的一部分。一旦發生了這事，衝突立刻開始發展。「自己」不願放棄其自己的一部分，即使這部分在作痛或處於不利之境……

（這有嚴重的涵義。顯然，最容易治癒一種疾病的時間，就是在它被接受為自我形象的一部分之前。賽斯在這節裡繼續解釋症狀的持續，及我們為何接受的其他更深層理由。）

首先，疼痛雖令人不快，它卻也是由與加速的意識邊緣相擦而熟悉自己的一種方法。任何一種升高了的覺受，不論它是否舒服，對意識都有某種程度的刺激效果。即使當這刺激可能是令人屈辱的不愉快，心理架構的某個部分卻不分青紅皂白地接受它，因為它是一種覺受，而且是個鮮明的覺受。這種對於痛苦的刺激甚至也予接受是意識本質的一個基本部分，並且是個必要的部分。

甚至從這樣一種刺激的一個迅速而自動的排拒或退縮，在其本身，也是意識認識自己的一個方法。自我或會企圖逃避這種經驗，但行動本身的基本天性認識它所有面向的自己。以一種很深的說法，行動並不分辨快意和痛苦的行動。

這些分辨在後來才在發展出的另一個層面出現。但由於人格是由行動組成的，它在其內包含了所有行動的特性。

（賽斯繼續描述形形色色的意識對痛苦的刺激反應方式，最後宣稱：在最深的細胞層面，所有覺受的刺激，不論其性質為何，都被即刻地、自動地，並且快樂地接受。在這層面，並不存在著對威脅的體認。「我」的分化尚不夠明確到會害怕毀滅。）

在此，行動認知它自己，並且體認到其基本的不可摧毀性。它不怕毀滅，因為它也是新行動將自其中演化出來的毀滅的一部分。

具身體結構的複雜人類人格已演化出一個高度分化的「我」意識，它的特性原本就會企圖保持「本體身分」的明顯界限。為此之故，它必須在行動之間做選擇。

但在這圓熟完形之下的，是它存在較單純的基礎，而的確包含了對所有刺激的接受，非如此則不可能認清身分。沒有這種接受，身體結構絕不能維護住自己，因為其內的原子和分子經常接受這種刺激，甚至歡喜地忍受它們自己的毀滅。它們在行動內覺察到自己的與之分離，以及它們在行動內的實相。

現在你們該了解為何甚至阻礙的行動也能被人格如實接受為它自己的一部分，以及如果想獲得任何進步的話，為何必須要努力慫恿人格去放棄它自己的一部分。

不過，我們也被人格的幾個特性所助，就在於它是一直在改變的，而其彈性會很有益。我們只不過想改變人格能量移動的一些方向。人格必須了解，一種阻礙的行動對整個結構來說，是一種困苦，而且自己的這個特定部分對原始人格而言並非必要。接受這阻礙的行動的時間越久，問題便越嚴重。

（但疾病有沒有可能達到一個好的目的？照賽斯所說，是可能的。）

人格的整個焦點可能由建設性領域轉變為將主要精力集中在患病的地方。在這種情形，疾病往往代表一個新的使之團結的系統。如果人格的舊團結系統損壞了，疾病，被用為一種暫代性質的緊急措施，可以維持住人格的完整，直到一個新的建設性的「團結原則」取代了原來的。

在這種情形，疾病不能被稱為一個阻礙的行動，除非在目的已達後它仍滯留不去……即使在那時，你在未知全部事實時，也不能遽下判斷，因為疾病仍能給人一種安全感，被留在手邊作為隨時可用的緊急設備，以防萬一新的「團結原則」失效的話。

「團結原則」是成群的行動，人格在任何特定時候以之為中心而形成。當行動被允許無阻地流動時，這些原則通常相當順暢地改變。當行動不被允許跟著人格已演化出來的表達模式或管道而表現時，那麼便發生了能量的阻塞。

這些必須被理解為，疾病不是與人格分開的什麼東西，卻是變化中的人格的一部分。它們往往指出內在問題的存在。它們往往有暫時的作用，引導人格離開其他更加嚴重的麻煩。在此我並不是說疾病是好的。我說的是，疾病是組成任何人格的行動的一部分，因此它是有目的的，而不能被視為外來的侵略。

在這特定的一節裡，賽斯描述疾病為行動的一部分，但，如他明白指出的，這並不意謂著含有對心理或心靈價值的任何否定。不過，行動的性質是重要的，因為賽斯聲明：

人格是同時性的行動；它是由層層相因的行動所組成。其一部分意識到它覺察自己為行動的一部分，而另一部分則試圖置身於行動之外，袖手旁觀。這個企圖形成了自我，而自我本身也是行動。

如果疾病是由外面被扣到行動或人格上，那麼個人會是在外在因素的掌控之下，但事實卻非如此。人格是受到外在因素的影響，但以最基本的說法，它選擇那些它會接受的行動。

一個疾病能被拒斥，生病的習慣能被拒斥。當行動被允許自由流動，那就不會發生對行動神經質的拒斥……所有的疾病幾乎總是另一種行動未能被貫徹的結果。當被抑制的行動路線開放了，途徑開放了，這種疾病自會消失。不過，那被阻撓的行動也許是個會招致災禍的行動，卻被疾病阻止了。

讓我們來想一想蘇的症狀，照賽斯的說法，那症狀是被爆炸性的、壓抑的攻擊性引起的。蘇自小被教以去壓抑情緒，但如今到了非表達不可的時候，她想出手攻擊卻覺得不應該，而被否定的行動隨之壓抑住一般而言會出擊的右臂機能。按照賽斯的說法，甚至鈣質的沉積也是存積在身體裡受壓抑能量的累積。

在她的夢裡，蘇被給予了資訊，告訴她如何去釋放和創造性地利用這能量。雖然她清楚地記得這夢，並且立刻看到其結果，那資訊卻沒被給予有意識的自己（甚至在夢的戲劇裡也沒有給予），而是給了與身、心機制更密切相關的其他層面。結果手臂和肩膀有了完全的活動力，但仍留下一些由鈣質沉積引起的痠痛。

在一九七〇年五月十二日，做那個夢的幾週之後，蘇有了另一個跨越做夢與醒時實相的治療性經驗。她正在看一本談艾德加・凱西（Edgar Cayce）一生的書，肩膀便開始痛起來。她突然有個衝動，翻查那本書，找到她先前注意到談及給滑囊炎的肩部瑜伽操那一段。當她讀這一段時，聽見一個聲音大聲說：「放濕的茶袋上去。」

她嚇了一跳，抬起頭看。那聲音聽起來幾乎像是來自一個收音機。它又說：「放濕的茶袋上去。」蘇寫道：

因此我去拿了些茶袋。覺得太可笑了。我奇怪是否該把它們直接放在肩膀上，或墊一塊毛巾，而那聲音說：「直接的。」我脫掉上衣，躺下來，把茶袋放在肩關節上面。

「低一些。底下才是問題所在。上面只是露出頭的。」因此我翻過身，將茶袋移到下面，而突然間，我調準到在我腦袋裡進行的一個對話。有兩個聲音，一個比另一個略大聲，在討論這事。

「要放多久？」第二個聲音問。

「半小時。」第一個聲音回答。

「多少天？」

「每一天。應該只要花六天，但必須更清楚地了解狀況。六十天。」

在這時，我開始覺得睏了。「放鬆，」大聲的聲音說。「放鬆食指，放鬆雙腿。讓血液流通。吸入生命，呼出毒素。」

我打了十分鐘瞌睡。當我醒過來時，痛已消失。我一直在做瑜伽操，並用茶袋，而痛沒有回來。

兩週後，蘇在半夜被同樣的兩個聲音吵醒了。「現在情形怎樣？」第一個聲音問。

「好多了，」第二個聲音回。「瑜伽練習在修補影響到肉體系統的效應。她也在學習別將攻擊性導引到肩膀上。」

在治療了六天之後，所有的疼痛都消失了，鈣質腫塊也沒了。自那時起，在少數幾次壓力大的時期，蘇的肩膀會不舒服，但她學會了，只要重讀最初的賽斯夢，立刻會使肩膀再度恢復正常。這些經驗是極有價值的，並且產生了不可否認的結果，並且只要蘇容許情感能量正常釋放和表達，效果都可持續下去。

照賽斯所說，健康不佳主要是破壞性的思考和感受模式引起，它們直接影響身體是由於它們落入電磁系統內的特定範圍。舉例來說，並非壞的健康先發生，結果產生不健康的思維，而是相反。賽斯宣稱：

疾病的治療主要必須藉由改變基本的思考習慣。除非做到了這點，否則毛病會以不同的扮相一而再地發作。不過，身體有能力療癒它自己，而該給它每個機會去這樣做。

在大多數情形，〔朝向療癒的〕刺激來自自己的更深層面，在那兒它們可以被轉譯成個人潛意識能用的方式。在這種例子裡，這些感知可以找到通達自我的途徑，以靈感或直覺思緒的樣子出現。

許多這種直覺是在人格離體時或在夢境裡出現……任何思緒的影響是相當精準明確的，並且由於它本身的電磁身分本質而發生作用。肉體運作於某些電磁模式之內，而其他的電磁模式則對肉體發生不利的影響。不論是好是壞，這些影響改變了細胞的實際分子結構，而由於引力法則，習慣性的模式將會起作用。那麼，一個破壞性的思緒不但對有機體的現狀有危險，並且就「未來」而言也有危險。

再一次，蘇的「聲音」是否屬於確定的無形體幽靈，或它們是否治療性質幻相被用來令她的意識心印象深刻，並沒什麼區別。反正它們給她的指引和教導有用。在近來一次ESP班上，我們正在討論這事時，賽斯透過來說，他在那個夢插曲裡真的和蘇溝通過。

賽斯在一九六五年十月十三日第一九八節裡，第一次談到治療夢——雖然他從一開始就堅稱內我有能力治癒身體。在這一節裡，他精確地解釋了這樣一種夢如何在身體系統上發生作用。

我們有一陣子沒談到內在感官了。到如今，你們應該領悟到它們也有一種電磁實相，而精神酵素有「點火」的作用，引發內在的反應。在夢境裡，這些反應很容易被觸發。這是由於降低了自我防衛的結果，因為自我設立了控制，而對〔在醒時狀態〕種種不同的內在管道產生抗拒作用……

在許多例子裡，一種破壞性心態在夢境裡一夜之間便被轉變成建設性，而整個的電磁平衡已被改變了。在這樣一種情形，負離子形成一個電性架構，在其內療癒是可能的。當自己感覺到一種絕望感，而自動打開了通到人格更深層面的管道時，最常發生這種治療夢。

總之，我們發現一個幾乎即刻的再生，一個看來彷彿是立即的痊癒，在某一點那有機體幾乎奇蹟似地開始好轉。在比較不驚人的例子裡，也發生了同樣的事，舉例來說，一種僅僅是令人煩惱的健康問題突然消失了。

透過自我暗示，經由練習，可以引起這些治療夢。暗示（即是行動）有其自己的電磁效果，已經開始發動了某種療癒過程，而同時也導致了其他過程的形成。

這種內在的治療可以在其他形形色色的意識層面發生，在那兒它們可能被具有美感或愉悅性質的外在刺激引發。其他的外在情況也有影響。舉例來說，參與大團體常常是有益的，不僅因為可將注意力暫時由自己移開，並且也馬上可以運用更廣大的電磁範圍。

個人的整體健康是很重要的，而電磁屬性的微妙平衡也一樣……當有機體深深地陷入了破壞性的模式，那時在夢境有時會感受到此點，因而破壞性的夢也加進整個情況裡去……因此之故，用自我暗示帶來建設性的夢是大有裨益的。

賽斯也談到，夢可以完全反轉沮喪的情緒，而這種「改變情緒」的夢，也可以透過利用暗示而製造出來。一個下雨的三月早晨，我決定去遵守他的指示。我發現我已憂鬱沮喪了一個多星期——由於我沒聽到出版社的消息，也由於我在畫廊碰到了問題而煩惱。

天空很暗，下過一陣小雨，有暴風雨的前兆。在憂悶地坐在書桌旁一個小時，試圖把心放在我的書上之後，我決定小睡一會兒。我走進臥房，鐘上顯示十點三十分。我將鬧鐘設定在十一點，便躺了下來。剛要入睡之前，我給自己暗示，要做一個會提振我的精神、並且恢復我天生熱誠的夢。

我躺在那兒，覺察到一種越來越不安的感覺。突然我覺悟到我正聽到聲音，但它們彷彿是來自我腦袋裡。它們穩定地變得越來越大聲。我確知我仍醒著。聲音漲高了，我覺得好像一架收音機在我頭裡面調到了最大音量，但電台卻混在一起了——因為我聽不出所說的話是什麼意思。相反的，我彷彿聽到片段的談話。我真的被嚇著了，我搖搖頭，並且四下看看。

每件事都是正常的。早晨仍是黑暗而陰沉，透過百葉窗可見外面的灰光。但現在聲音真的是如雷貫耳。我拚命試圖找到那來源，然後才發現床頭桌上的電晶體收音機正發出很大的響聲。我把它關掉了。但我沒想到，在現實裡，我們家中並沒有這種收音機。令我大惑不解的是，那聲音仍在持續著！然後我「記起來」在羅的畫室裡有另一架收音機。聲音一定是從那兒來的！我跳下床，快跑到畫室。收音機在那兒。我很快地伸手去關它，而受到一次很嚴重的電擊。不僅如此，那聲音事實上變得兩倍響！

現在我太害怕而不敢再去碰收音機，或拔掉插頭切斷電源（這個收音機事實上也不存在）。相反的，我跑過臥房和浴室，跑到起居室裡。

在這兒我停了下來，一動也不動。暴風雨已來了，外面是大雨傾盆。裡頭每樣東西都奇怪的靜默著，那聲音忽然停止了。整個房間似乎在一種等待的狀態——但等什麼呢？完全茫然之下，我看看四周，試圖了解我的處境。而這得花些工夫。不可否認的，一扇門取代了我們的中央凸窗。我好奇的走近它，終於將它打開了。

在這兒我發現了一套細緻的黑木桌椅，而再過去，是另一間寬敞的公寓。我再度停下來；這公寓打哪兒來的？然後我彷彿覺得，我在某個模糊的過去曾看過它而又忘了。的確，當我急忙走過門廊時，彷彿還記起其他這種公寓。

門廊開向被用作服裝店的一個大的中央區域，他們正在為一次大減價做準備。我想起來了，這些人是那同樣被想起來的過去我的一些朋友，而我以前曾以這同樣的方式來探訪他們。人們看到我，立刻認出來，而非常歡喜的歡迎我。

當我們閒聊時，我心中充滿了溫暖的滿足感，並且奇怪我怎麼可能會忘記我們先前的訪晤。隨之有一場快樂的談話。在某一刻我記得走下一個樓梯，同時一個年輕英俊的黑髮男人抓著我手臂，把我轉了一圈。我也注意到一件可愛的綠夾克，而領悟到在我上回來訪時，把它留在我朋友處了。

我和朋友提到那些其他的公寓，希望去探查它們。朋友們認為那會很有趣，而提議和我同去。我心中充滿了一種探險的感覺，記不得我什麼時候覺得這麼好玩過了！然後我想起必須在午前回家，準備羅的午餐。雖然我很想留下來，還是離開了我的朋友，答應那天下午再回去。

下一幕，我發現自己在雨中跑出去後院，我把香菸包掉在濕地上了，撿起它們後，我驚愕地發現它們根本沒濕。而同時我在衣袋裡發現了另一包香菸。這真的令我停了下來。我是如此確定我只有一包菸。當我站在那兒試圖弄清楚這件事時，一個報童走過草地來，叫道：「嗨！」

我抬頭看他，這次真是搞糊塗了。他明明不是我們現在的報童，卻是幾年前，在另一個城裡送報給我們的報童。他不可能還是同樣年紀，而且還在艾爾麥拉送報！此外，我們只訂了晚報，而現在仍是早上。

我才第一次感到奇怪：這可不可能是場夢呢？我心底湧過一陣失望。如果我是在做夢，那麼當我醒來時，這些公寓就會消失了。我再也不能去探險了！我看看院子。是我們的院子，周遭的環境極為清晰。然後，好像完全沒來由地，閃過一種自由和快活的感覺——如果我想要的話，我可以去看那些公寓！我是在身體外面，我的身體在床上。

有了這個了悟，我的感官變得超級警醒了。院子及在我視野內的每樣東西都具有重要意義，活生生且超級真實——彷彿比在我一生中任何別的時候都來得真實。同時，我想起了我在十點三十分躺下，而顯然已超過了我給自己的半個小時，不知為什麼鬧鐘沒吵醒我。我該回去了。同時呢，我卻完全有意識且警醒的在院子裡。在那時，我才記起躺下前給自己的暗示。我決定立刻回到我的身體。

完全沒有過渡階段地，我在床上跳起來成為坐姿。我立刻查對時鐘。由於小按鈕按得不夠低，所以鬧鐘沒響。無論如何，還沒到十一點。實際時間只過了半小時。

雖然當我起來時天還在下雨，可是我覺得棒極了。起先我只記得第二部分的經驗，而只在我寫這篇東西時，我才記起先前的恐怖插曲。我覺得如此地生龍活虎，以致我對這「夢」的治療性質毫無疑義。但第一個令人不悅的部分怎麼可能是治療性的呢？它的意義又是什麼？如你將看到的，賽斯在下一節裡解釋了此點，並且利用這機會對健康和夢做了更多解釋。

直到在本書的後來部分，我才會探討那次經驗的「出體」涵義；相反的，在此我想要強調，那「夢」的「改變情緒」因素，以及它對我的意義何在。在下一節裡，賽斯解釋這夢，並且顯示轉世背景、目前問題及個人象徵全都被用在夢戲劇裡了。那經驗有部分是夢，其他則是一種不同而有效的主觀事件，而整個作品是應我暗示要一個「改變情緒的」夢而來。

以下是賽斯在一九六五年十月八日第一九九節裡說的話：

我很高興看到魯柏試了一下談治療夢的資料。第一個夢的基本行動涉及了他收聽到幾個聲音。雖然他不記得，但它們說了鼓勵的話。它們代表了他自己能力的極佳證據，因為它們起初是水晶般清晰而沒有扭曲的。總共有四個聲音——全是男性。它們屬於不再活在物質系統裡，但與魯柏在前世裡密切相關的人格。第四個聲音是我的。這是個試想建立魯柏信心的企圖——給他看看，如果他的能力被充分利用的話，他能收聽得多清楚。

所以，上面那部分事實上並不是夢，卻是發生在當他解離時候的經驗。它們嚇壞了他；因此有當他後來將之變成一個夢時的驚嚇感。當他聽見那些聲音，沒有變得有信心，反而融入一個夢境。他不想接受他覺得自己能力放在他身上的責任，因而在夢裡，他在外面找聲音的來源，而夢到了收音機那一段。可是，在夢裡，（當他關掉收音機後）聲音繼續下去，因為他知道他是由一個非實質管道收到它們的。

他又試了一次，在你的書架上，保存我們文稿的地方，發現了另一架收音機。其中的關聯很明顯，因為他明白賽斯資料和那些聲音來自同樣的系統。在此處伸手去關收音機而被電到一下。這電擊是他的覺悟：如果他關掉他的能力，賽斯資料本身就會停止。與你的關聯也很明顯，既然涉及了你的房間。如果他能像關掉一架收音機似地關掉他的能力，那麼你也會受到損失。

於是，在夢裡，他走進自己的房間。他在意識上忘了這部分，以模糊地感到一場電氣風暴遮掩住它。不過，在夢本身裡，他發現他的能力就如呼吸一樣是他的一部分，而無法隨意開關。是有場電氣風暴。他站在屋子中央，被震動的電流觸及。雖然他害怕，但卻了悟他是風暴的一部分——風暴並非破壞，而是創造，並且特別是實相的一個簡單的基本部分。這第二個覺悟使得他能做第二個帶有治療成分的夢。

第二個夢是個擴展夢。最有意義的層面是那個，在其中許多房間及公寓代表了心靈的發展區域，繼續打開的無窮盡可能性，但卻是建立在前世經驗的可能性。在夢裡有轉世資料的許多面向，全都加強魯柏人格的健康成分。

賽斯的詮釋在下一節（第二百節）裡仍在繼續。他說綠夾克代表在一次前世裡我有的一個新能力，卻被我誤用，這新能力現在等著我去領回。那些人全是與我有前世關聯的人。這引起了重新發現和喜悅的感受。賽斯說：

當他由欄杆跳下時，是我伸手助他一臂之力。我出現為有橄欖色皮膚的年輕男人。我們全都試圖徐徐灌輸信心和喜悅，而反應是情感化的。那夢發動了充分的能量以提升魯柏的心情，並容許他正常的熱誠全部回來。將他的壞情緒縮短了幾週之久。

夢不只能消除症狀（如蘇的例子）或完全改變心情（如我的夢），它們還能給我們初期健康問題的預警——如幾年前發生在我身上的。在我們通靈經驗的早期，有天晚上，我夢見我看到羅站在廚房水槽旁，他彎下腰並倒到地板上。那個夢令我驚嚇得很厲害，以致當我醒來時，發現自己在說：「那個夢嚇壞我了，我不想記得它。」換言之，我發現自己正在想要刪除那個夢。光是這個就告訴了我它必然是重要的，所以我強迫自己把它立刻寫下來。我甚至沒告訴羅這個夢。

三天之後，羅走進浴室，突然在浴室洗臉盆邊昏過去，跌到地上不省人事。如果我留心了這個夢而告訴了羅，能不能阻止這件事呢？若我告訴了羅，我現在認為，透過夢治療或在一個輕度出神狀態，他可能會發現症狀後的理由，而免掉他自己一段痛苦時間。

內我的確知道我們的健康狀況。有一次，我有一些症狀，我使用了暗示、自我分析和夢治療等組合的治療方法。我似乎有所改善，但想做個內在的查核。有天晚上，我要求個會讓我知道我進步了多少的夢。

那天晚上，我夢到我在被一位認識的醫生檢查。他告訴我，問題差不多解決了。當然，在這個例子裡，我顯然是用一位權威人物來使我的意識心印象深刻。

並非所有夢到生病的夢都該照單全收。它們往往是你心境的象徵詮釋。你可以要求另一個夢以澄清在你第一個夢裡的象徵。在第一七三節裡，賽斯說：

就如人格被任何行動所改變，它也會被自己的夢改變。正如人格被外在環境塑造，也同樣被夢塑造，那夢是人格所創造的，而又有助於人格形成其內在世界。對全我而言，外在與內在行動之間，鮮少區別。自我才做這種分別。人格的核心並不……正如一個人格藉由對實際情況反應而改變了它，因此他也以同樣方式改變他的內在或心靈的情況……

在夢裡，你給了那些在正常醒時實相限制下、無法適當表達的行動其自由。如果人格很能幹地處理他的夢活動，那麼有問題的行動在夢裡便得到了釋放。不過，當自我太頑固時，它甚至會試圖檢查夢……而甚至在做夢情況裡，也沒全然容許行動的自由。

如果這個解決方法失敗了，阻礙的行動隨即將以一種身體的疾病或不大好的心理狀況具體化。如果一個人有無法在日常生活裡表達的強烈依賴感，他將在夢裡表達。如果他不那麼做，那麼可能發展一個容許他在實質生活中表達依賴性的疾病。不過，如果他覺察到有問題，可以要求會釋放這感覺的夢。

那個人不一定必須記得這樣一個夢。不過，心理上，這樣一個經驗會是有效的，而依賴性表達了。我再怎麼強調此點都不為過：對內我而言，夢經驗和任何其他經驗一樣真實。

於是，藉著利用暗示，種種的問題都能在夢境裡解決。我們提過的內在自我（inner ego），是這種統合活動的指揮。它是你夢裡的「我」，在內我之內的位置，就與自我與外在身體的關係差不多。

於是，適當的暗示下，人格會在夢境解決特定的問題，但如果其解答對〔有意識的〕自我不清楚的話，這並不必然意味著沒找到解答。有些情形，自我不只不必要，並且也最好不知道答案。睡著的自己會以自己的方法去聽從那些建議。解答也許不以有意識的自己所預期的樣子出現。有意識的自己甚至沒認知它已被給予一個解答，但它卻可以付諸行動……

心理與身體的病，兩者都大半可透過夢治療去避免。相當無害地，攻擊傾向也能在夢境裡被給予自由。透過這種治療法，行動會被給予更大的自發性。在釋放攻擊性的例子裡，所涉及的個人會在夢境內體驗此點，而不致傷害任何人。也可以給予暗示，因此他學到透過在夢境裡觀察自己而了解那攻擊性。

這並不像它可能看起來的那樣牽強。以這方式，很多乖僻的反社會行為都可以避免，罪案可以被防止，所渴望卻害怕的行動不會累積到爆炸性的壓力。如果容我耽溺於一個幻想的話，理論上你們可以想像一個夢治療的大規模實驗，由睡眠中而非清醒時的國家來打仗。

〔不過，實際做來，〕還有許多必須了解的考量。舉例來說，如果問題是在攻擊性，那麼，最初的建議應當包括一項聲明，即攻擊性並非對某個特定個人而發，潛意識很能以這方式處理狀況。這可能看來像是個雙重檢查，但在所有情況下，重要的是攻擊性本身，而非做夢者也許決定想發洩攻擊性的對象。

當攻擊性透過一個夢釋放時，並不需要一位受害者。我們不要給一個人建議他在其中攻擊另一個人的夢情況。這有好幾個理由，包括你們尚不了解的心電感應實相，以及不可避免的罪疚模式……

一般而言，我們並不企圖以夢行動代替實際行動。在這兒，我們在說的是潛在的危險情況，其中，一個人顯示出無法透過平常的適應方法去應付這些心理行動。再回到我奔放的幻想上。沒有人能否認，在特定的時候，一個夢中人打的仗會比一場貨真價實的仗傷害要少些。不過，會有不可避免的影響，因為，基本上以人格並不分辨睡時與醒時事件。

再次的，如果人格有相當好的平衡，那麼他在夢實相裡的存在會加強他實質的存在。你是涉足於耍弄兩個實相的把戲裡。如果你有興趣了解人格的整個經驗，必須看到它在兩個實相內的運作。

Chapter 15

預知夢

在遵循賽斯的夢回想指示時，我們收集了一些預知夢的絕佳例子。有一些非常清晰明確，幾乎與預見的未來事件完全相合。其他的則部分以象徵掩飾。還有其他的則與其他的夢資料彼此相交織，所以我們只做了記號，說它們有預知象徵，就讓它去了。有時看似無意義的夢，包含了一個清晰、重要的影像，然後它在幾天內又會在一個全然不同的內容裡出現。在幾個例子裡，甚至有兩個或更多的事件會被濃縮進一個夢裡。

在過去幾年中，我們花了許多時間記錄夢。為了我們自己的利益，也經常寫每日事件的簡單日誌，因而比較容易將夢與每日及每週發生的事相對照，並將夢與過去、現在和未來的事件相連。

所有這些到底有什麼意義呢？首先，記錄自己的預知夢會說服你，你可以感知未來的一段。這種個人性的體悟比光是理智上的接受，要重要多了。

你並不需要靠信心相信預知，如果小心保存夢記錄，早晚你會找到自己對預知的證據。我自己每個預知夢在當時都留給我很深的印象，而且代表了我正朝著正確方向進行。現在我則對預知如何起作用，是什麼觸發了它，以及什麼轉譯成了夢經驗深感興趣。

每個重被捕獲的夢，不只是極度個人性的文件，也是進入夢存在本質的線索。由此看來，預知夢是最發人深省的。做夢者為他自己預見未來事件的能力感到困惑，而這使他特別對於夢生活本質有異於尋常的好奇。

不過，在平常的事件脈絡裡，縱使這強烈的興趣也是起起落落的。我的學生和我都曾經過一些時段，會有好幾週之久都忘記去記得夢，或是在醒來時只記得少許夢的片段。往往，幾個月過去而沒有一個預知夢，然後有一種怪異的、新鮮的、發現一件預見事件的感覺。於是我又被挑起了興奮之情，想偵探到做夢的自己，並探測它在其中經歷的奇異環境。再次的，我隨時醒過來，潦草地寫下我最近的夢，熱切地將它們與每日發生的事核對。

在這種夢裡，實質的未來事件往往被模糊地感知，至少在某些層面被扭曲，正如當由醒時生活觀點看夢事件時的樣子。我在下面描寫幾個我偏愛的預知夢，選擇那些證明有種種不同程度的清晰和扭曲的夢。有一些會包括了我原先的註，因而你們能明白在比較夢和隨後的事件當中，我所用的方法。

至於那些想自己做實驗的人，要記住：在預知夢中，你收到的是你無法以正常方式收到的未來資訊。那夢該被記錄下來，並標上日期。寫下每件事，不論它是多麼瑣碎。如果你只記得夢見一個人或名字，記下來。當你醒來時，不要對一個夢的重要與否做理性上的判斷，或決定它不夠切身，不值得記錄。我們常常預見彷彿對我們沒有什麼特殊意義的瑣碎事件。但如你在後面一段賽斯摘錄裡可以看到的，可能聯想力正在作用，以一種直覺而非邏輯的方式把這種經驗連起來。

如果可能的話。在晚上讀讀你的夢記錄，與白天的事件核對。每週一次，查核整個系列。要記住，象徵是重要的。往往，你必須學到自己處理夢象徵的方式，才能了解夢。並非每個夢都是預知性質，也沒任何理由花太多時間去詮釋看來太含糊的夢。有些預知性質資訊會以象徵的形式出現。不過，如我自己幾個夢將清楚顯示的，如果你不知道一個象徵的意義，暗示自己你會直覺地弄明白——因此信任你的答案。

夢之一

（一九六六年一月四日）

首先我似乎浮在一輛車上方。男性駕駛在痛苦中彎下了腰。

其次，我浮在一輛車上方，開車的是另一個我（事實上，我由於視力差而不開車）。車子接近了我們華納街和華特街的街角。其他人也在車裡。當我由我懸浮的位置觀看時，「開車的我」在交通燈處犯了個錯，而突然我們變得陷入了車陣中，車子由四面八方過來。我嚇壞了——顯然會發生車禍，但卻沒發生。

評論：第二天，一位朋友彼得‧詹姆斯來看我們。他背部有毛病。當他坐在椅子上時，突然因痙攣彎下身去。我們給他一顆阿斯匹靈。當他恢復時，他提議載我們去修車廣取我們的車。

在路上，彼得突然闖了一個紅燈。結果我們跑到了對面車道，而車子由四面八方向我們開來。在其他兩個車道的車子看到的是綠燈，而我們正在他們的道路中間。一連串尖銳的煞車聲後，首當其衝的一輛車距離我們還不到兩呎。然而，奇蹟似的，卻沒有車禍。彼得後來告訴我們，他就是沒看到紅燈。

一直到那天晚上我照常查對我的夢記錄時，我才將夢與實質事件連起來。那時聯繫就變得清楚起來。仔細的檢查顯示，有相當數目的細節相符。這是發生在我們身上的第一件這種事——而我們很少與別人同車。以下為夢之一與實質事件之相似處。

夢事件（一九六五年一月四日）	實質事件（一九六五年一月五日）
1.男性駕駛在車裡因痛而彎下身去。	1.是的，但是是在沙發上。
2.由於駕駛錯誤，車子跑到錯誤的車道。	2.是的。
3.我與其他人在車子裡。	3.是的。
4.我以為會發生車禍，但並沒有。	4.是的。
5.在艾爾麥拉。	5.是的。

在夢與實質事件之間的不同——換言之，一些扭曲——也很明顯。我不像在夢裡那樣在開車，而是彼得在開。差點兒發生的車禍發生在離華特與華納街角的夢位置大約三條街外。不過，事件涉及的主要成分顯然在夢中出現過。

夢之二

（一九六五年七月三日）

我夢見下過雨。我看見一輛摩托車在一條濕路上，騎士失去了平衡，車子打滑偏向了，但騎士及時重獲平衡，繼續駛去。我跟羅說：「摩托車在濕路上很危險。」

評論：在七月十日那天，我們去探望羅的父母。在閒聊當中，我的公公告訴我們說，在七月三日，他從他的窗子看見一場涉及一輛摩托車的幾近意外。他隨即繼續精確地概括出我的夢，最後說：「摩托車在濕路上很危險。」——完全就是我在夢裡說的話。

在這兒沒有必要列出相似處。在夢及實質事件裡，路都因雨而濕。一位摩托車騎士一時失控，而車子偏轉卻繼續駛走了。同樣的話被說出來。不過，在這兒，我認為預知事件實際上是我與公公的對話，而非那件事本身。

我提及這兩個夢，因為每個都涉及了一次幾近意外。那是我在那年所記錄的僅有的這種夢，並且在醒時生活裡僅有的這種事情。有一陣子，我奇怪為何會收到像一個男人騎摩托車打滑這種不重要的插曲。與我會有什麼關聯呢？我們並不認識任何擁有摩托車的人，而我的公公或我自己都完全不知那位騎士是誰。我好些年沒騎摩托車了，他亦然。我們從未在一起聊過摩托車。然後，我記起來，當羅的父親是個年輕人時，的確有過摩托車。在一本老相簿裡有些家庭照片，顯示他得意洋洋地站在一部摩托車旁，當時他正在追求羅的母親。而好幾年前，我曾由紐約騎車到加州。因而關聯變得清晰了；在羅父親和我的心裡，有個隱而不顯的關聯，一個情感上共享的經驗，使我們有對摩托車感興趣的「傾向」。

或夢或醒，我們只感知於我們有意義的事件。如果意義或關聯不清楚，那只是由於我們對自己隱瞞了這麼多。這在正常的知覺和超感官知覺兩者都是事實。我們依情感運作。在字句和邏輯底下，有大半指揮我們如何用字句和邏輯情感上的關聯。研究夢，尤其是預知夢，能令我們看到，制約我們朝向經驗到某種事件的這些內在作用。

下面的兩個夢令我著迷、困惑且好奇，每個都包含了潛意識的扭曲，以及與其他夢資料交織在一起的強烈預知成分。這類型的夢可能比那些預見事件和實質事件雷同的夢，更能告訴我們關於詮釋及收到預知資訊的方式。

夢之三

（一九六六年十月十五日）

這個夢事實上是一連的四個短場景。在第一個裡，我看到一個年輕的黑女人和一個年輕的白女人，在華納街和華特街的街角上。她們在掛衣服，而我站在那兒鼓掌。

下一景，我在教書——在這種情況下，這並非一個不尋常的夢，因為那年秋天，我是在公立小學裡擔任代課老師。

在第三場裡，我在與第一景裡的白女人長談，而還有一群別的女人在場。

然後，場景又換了。那白女人在講電話。她轉頭悄悄說，是她丈夫打來的，他不在城裡。她丈夫告訴她，他們必須搬家。由於來不及預先通知校長或房東，她很困窘。然後她朝電話裡笑出聲，並且以假裝不相信的口吻說：「什麼？」同時，在我心眼裡，我看見她將遷入房子的畫面。它令我想起某醫師在鄉下的家。

評論：第二天早上，我寫下這個夢，心想天曉得它會是什麼意思。兩天後，在十月十七日，我被叫去代課。這才是我第二次代課，而我從不知道我什麼時候會上課，直到學校開始前一小時左右。由於我從未去過這所學校，我早一點出門。

在走廊上，我意外碰見安娜泰勒。她住在華納街和華特街轉角處的一間公寓，但並非一位很熟的朋友——只是點頭之交——我們很少看到她。我知道她是老師，但完全不知道她在那間學校教書。當她看到我時，笑出聲來，如在夢裡的那個女人一樣，以假裝不相信的口吻說：「什麼？什麼？」她不知道我在教書，並且才剛被調到這間學校來。

她立刻告訴我，她先生兩天前曾打電話告訴她，他們必須搬家。他出城去了，而才剛知道他將被調到另一個區域去。安娜說由於他們必須很快的遷居，而她不會有時間給人預先的知會，因而感到非常不好意思。

午餐時間我們在教師休息室會面，與一群女人一同用餐，其中包括了一位可愛、特別聰明的黑女人。此時安娜告訴我，她和先生正在紐約州阿爾巴尼（Albany）一帶找房子。後來，在一段空閒時間，她帶我去看她一年級的教室，特意指出衣櫃，並且提到幫助孩子們掛他們衣服的麻煩。

當我下課後回到家，坐下來喝杯咖啡時，電話響了。是安娜打來告訴我，她先生剛才打電話來說他已決定在阿爾巴尼租房子。這是四個月來我第一回碰見安娜，並且是我們唯一通過電話的一次。

在一個如此被彷彿不切合的、明確的預知成分及插曲混淆的夢裡，一個簡單的圖表往往有助我更清楚地看清狀況。以下是實質事件與夢事件之間相似程度的清單，是我那天下午試著核對那夢時準備的：

夢事件（一九六六年十月十五日）	實質事件（一九六六年十月十七日）
1. 我遇見一位年輕黑女人和一位年輕白女人在一塊兒。	1. 是的。她們一起在午餐團體裡。
2. 在華特與華納街角。	2. 不是。但安娜就住在那街角。

3. 我在教書。	3. 是的。
4. 那女人說她正要搬家。	4. 是的。
5. 她丈夫剛告訴她。	5. 是的。
6. 她沒時間知會人家而覺得不好意思。	6. 是的。
7. 她在電話上說：「什麼？」並且不相信地笑出聲來，同時我在一邊聽著。	7. 她在走廊裡以完全一樣的態度和笑聲對我這樣說。
8. 她打了個電話。	8. 是的。
9. 她將遷入一間大房子。	9. 是的。
10. 她的新居令我想到某醫師的房子。	10. 她的公寓距某醫師診所只有三家之遠。

我寫下了清單而呆瞪著它。在夢裡我為什麼不認識安娜？我看到她在院子裡掛衣服又是為什麼？我以前從未夢見過安娜，為什麼現在夢到她？然後我突然得到了答案。安娜本身對於我並不真的重要。真正的資訊是，隔壁街角房子裡的公寓會空出來。衣服那一景是錯的，因為並沒人真的掛出了衣服，然而在象徵上它是有效的。夢裡，那女人在院子裡晾出衣服……而安娜指給我看學校裡孩子們的衣櫃，評論到衣服。安娜的姓是泰勒（Taylor），一個裁縫（tailor）是個與衣服相關的人。我想我一直知道她的名字，而在夢中將之轉譯為行動；那麼，衣服的插曲真的指明了

安娜這個人，並且預見到她給我看衣櫃的那回事。

我只是坐在那兒發笑。那麼，夢可以像是猜謎遊戲，我們在其中表演出字句，而非看見或說出它們來。自這個夢開始，我總是留意這種「表演」，而在許多例子裡發現幫助我解夢的線索，否則，那些夢是沒法子解得通的。

下一個夢要古怪得多，並且相當的嚇人，但關於夢的本質，以及賽斯先前提到的許多要點，它教了我更多。以下是我原始的夢筆記：

夢之四

（一九六六年一月四日）

我跑過一塊相當大的空地，它若不是泥土地，就是只鋪好一部分。大雨傾盆——雨滴如此有力地擊中地面，它們砰砰有聲地濺回。我跑到這塊地的盡頭，來到了一座建築物前，然後匆忙穿過建築物主體而到了一個增建部分。我看透到一間小房間或凹室，看見兩個男人進去。在他們背後，其他的男人排隊等著輪到他們，全都穿著某種長袖連身工作服，而臉都被面具罩著。

我領悟到這是一個消除輻射塵的中心，不許民眾進入，非常危險，而我變得極為害怕。那些人顯然在做與他們那種工作相關的什麼事，而衣服保護他們不受輻射之害。現在我記起，盡快地跑，以降低污染到最小程度，雨濺在我腿上。隨後，我遇到羅和一些朋友，告訴他們，從現在起我會比較小心。

下一刻我站在寬敞、綠化過的景觀裡，有規畫整齊的石子小徑，被樹及灌木分隔開。有彼此分得相當開的好幾座建築物，以及可愛的碧綠草皮。房子很有氣派，就像在公園裡的那種。有幢建築看來有點像座教堂，雖然我不認為它是。所有的建築都是白色或灰色石頭蓋成的。有個告示說我們不可再走近，因為那個區域是不對外開放的。我注意到幾位老婦坐在公園的長椅上，她們是這兒的居民或病人。

還有一些其他的夢成分，太過涉及個人私事而不能在這兒提及。舉例來說，以上所述夢的最後部分，結果牽涉到《人與時間》（*Man and Time*）作者J. P. Priestley的一段，那是我剛看完的一本好書。我在三點醒來，立即利用床邊小桌寫下夢。臥房是如此之冷，以致我最後在較暖和的客廳裡寫完我的筆記。夢仍是如此鮮活，尤其是第一個插曲，於是我也畫了一張速寫，畫那座有清除輻射塵中心在內的房子。我仍能感覺自己跑過放射性的雨。然而，整件事是如此不可置信，以致我幾乎無法明白它如何可能是預知的。我吃了些餅乾和牛奶，再讀一遍我的筆記。縱令它是象徵性質的，我也一點都不喜歡它。

評論：一月十日，在那個夢之後六天，羅和我突然跑去監理所查我們汽車牌照換新的事。在幾週前，我們透過郵政去申請了新照，但它還沒來，而期限已逼近了。當我們在排隊時，我拿起堆在櫃台上的一本小冊子。

冊子的標題是：**能保你活命的公路標誌**。上面有各種路標的圖片。其一是：**消除輻射塵中心**；另一是：**維持最高速**。其後有說明：「用在輻射污染需要限制暴露時間的地段。」另一個標示是：此區關閉。其說明是：「用以關閉通往一個區域的支路，由於危險的輻射或生物性污染，禁止所有車輛通行。」

我將小冊子塞進我的口袋，就沒再去想它了。然後那天晚上，我如常地坐下來查對我的夢記錄。當我重讀一月四日的夢時，我立刻看出與小冊子的明顯關聯，而跑去取小冊子。我是如此驚奇，以致我叫羅來一起比較小冊子和夢的記錄。

「就與泰勒事件一樣，」我說，「我演出了整個的小冊子——以行動實在地轉譯了資訊——跑過輻射性的雨，看見在消除輻射塵中心的人。」

懷著逐漸升高與興奮之情，我們查對我的記錄。「幾乎每個標示的訊息都以行動付諸實施了。」羅說。「妳跑過放射性的雨以避免污染，真的是為了活命而跑，而小冊子談到活命好幾次，以及『維持最高速』。」

「『劃一（uniform）交通管制』又如何？」我問，「所有我在消除輻射塵中心的人都穿戴連身工作服和面罩——它們也算是一種制服（uniform，譯註：『劃一』與『制服』皆為同一個英文字）。」

「我不知道妳到底能不能把它算進去，」羅說，「雖然妳可能是對的，但在夢記錄裡清楚的

『消除輻射塵中心』字樣真是棒極了。簡直沒法更接近了。」

我們繼續看夢的最後部分，而我興奮地叫道：「哇，看到了嗎？容納『牌照科』所在的郡政府大樓是灰白石的，還有一個令它看來像座教堂的尖塔。附近還有其他有石子路和草地及長椅的建築物。」

羅現在從我肩後看我畫的夢速寫，指著它說：「那個布局和監理所一模一樣。」的確如此，監理所是郡政府大樓的一個延伸部分，正如在夢中消除輻射塵中心是另一座建築的延伸。附帶一提，我只在好幾年前去過監理所一次。

我當時便立刻做出在夢和實質事件之間的相似點清單，並嚇了一跳——正因為我所預見的事情很顯然是來自閱讀了小冊子，又隨即把它轉變成奇怪的夢戲劇。當我寫出清單時，我發現先前錯過了的一些要點——那就是為什麼對任何有深意的夢要做這樣一個清單的理由。

夢事件（一九六六年一月四日）	**實質事件（一九六六年一月十日）**
1. 我在清除輻射塵中心的外面。	1.「消除輻射塵中心」的標誌出現在監理所的小冊子上。
2. 這中心是另一幢建築的延伸。	2. 監理所是郡政府大樓的延伸。夢位置的速寫與郡政府大樓的布局相符。

3.穿制服的男人排隊等候。	3.男人排隊等發照，我們也一樣。夢裡，男人穿制服。小冊子有「制服」字樣。
4.夢區域不對外開放。	4.輻射污染在小冊子上明確指出。
5.由於輻射污染。	5.同右。
6.我盡快地奔跑以避免暴露於由雨水而來的輻射。	6.小冊子的標誌警告駕駛人維持最高速以避免污染。
7.我為了逃命而狂奔。	7.小冊名稱：能保你活命的公路標誌。
8.然後我站在有景觀設計的地方，有石子路、灌木叢、草地及長椅。	8.郡政府大樓四周有同樣的景觀。
9.有座建築看來像教堂，但並不是。	9.郡政府大樓有個尖塔。
10.所有的建築是灰石或白石的。	10.郡政府大樓是灰白石的。
11.我認為這或許是給病人用的空間。	11.小冊子提到「醫學中心」。

「但妳為什麼會去接收那特定的資訊呢？妳想到過沒有？」羅問。

「沒有。但我確信在某處一定有個情感上的聯繫。」我搖著頭，但隨即答案突然閃現。「本都（Bundu），」我說，「我幾年前刊登在《幻想與科幻》雜誌上的科幻小說。它講的是在世界毀壞之後的一些事件。而我曾就同樣主題寫過另一個故事及一些早期的詩作。」

理解了那個夢，令我感覺好像登上了某座山峯那樣的得意。然後我又告訴羅，我不可能證實的另一個想法。

「不過，還有一點問題。」我說。「我是點點滴滴地想起來的。我想真正發生的事是這樣的：我離開我的身體，以我的夢體漫遊到郡政府一帶，走進去，看見小冊子，然後造出了關於它的夢。我知道你能在身體內，也能在身體外做夢。我曾經發現過自己在出體狀態做夢。」

對我而言，學習無意識如何運作——不只是一般性地，而且是個人性地——是極令人興奮的。我演出了最初預見的事件——小冊子——以同樣方式，我相信其他的超感官資料是被收到，並且被織入我們的白日夢、幻想及創作裡。

在下一例裡，詮釋是既容易又有趣的。有天晚上，我有關於一次慶典的混亂的夢。羅和我與一群人在一起，全都在笑、吆喝和回應。我有一個擴聲器。我們一遍遍地叫「袋鼠」。

這彷彿像是個無意義的夢。幾週後，我收到加州一位友人的信，其中有些東西令我生出熟悉之感：有一頁的整個下半部畫滿了一隻袋鼠。在信裡，我的朋友也寫了一頁關於一次家庭慶祝會的事。

我的筆記裡包含了許多顯然的預知夢記錄，它們都相當的清楚，而且往往是關於非常世俗的情況。奇怪的是，我發現這些不如有些其他的夢那樣「內容充實」，在其中，資訊似乎暗示了其來源，或在形成夢資料的過程中「被逮到」。

舉例來說，在一九六八年的三月，我收到我母親的一封信告訴我，我一位老友麥克·邁爾去世了，還有他的遺孀非常煩惱。我已十幾年沒見過麥克和瑪麗了，他們住在很遠的地方。羅說：

「也許妳夢過麥克死了。」

「沒有。如果我夢過一定會記得。」我回答說。但我查了查我的夢記錄。果然，在十二月二十四日，我夢到麥克「去了」，而瑪麗找不到他。這是我記錄裡僅有提到麥克的地方，但我已全然忘了那個夢。

但有些預知夢，在我想要知道的時候，精確地說出了我想知道的事——如果我有夠深的動機去透過暗示要求知道它們的話。這些夢很令人著迷，不只因為它們很實用，並且也因為它們暗示了內我令人敬畏的能力，能為我們解決問題，並且獲得我們認為重要的資訊。

Chapter 16

再談預知夢

在談到我學生的夢之前，我想再舉一些自己的例子，顯示對於我們在情感上深感興趣的事件，夢裡的預知如何能給我們切中要點的資訊。這本書本身就是個適當的例子：即使在它以目前形式存在之前，我也一直被告知出版商對於它的決定。三年之間，在長長的一連串夢裡，我已預見到出版商對我的信及詢問答覆。

在一九六六年二月十二日，我夢到我躺在一張床上，羅在我另一側，還有另外一個男人在附近。在我的骨盆裡並沒有疼痛，卻有些動靜，而我生了個女嬰。但那時一位醫生舉起了兩個嬰兒，而我笑著想：「哦，不好了！雙胞胎。真是的，這太過分了！」——意指在沒有懷孕之後，同時生了兩個真是非同小可。然而醫生向我保證，只有一個嬰兒。那醫院是在我自己兒時的住家附近。我很高興生產過程既容易又不痛。

我懷孕了嗎？由於當時我是在兩次月事之間，所以身體上沒有辦法知道。那個夢是象徵性質的嗎？羅記下了那個夢，並且計畫在我們下一節課裡問問賽斯。結果，賽斯並沒等我們開口，立刻詮釋了那個夢。那是在一九六六年二月十四日（情人節）的第二三三節。賽斯說：

魯柏的夢代表了好幾層資訊。在表面上，它代表魯柏在身體上並不怕生育的內在知識。在另一個層面，它代表魯柏明白一個未來的努力一開始會看來像是兩件分開的事——兩個成就，但後來再審視，又會明白它們是合一的。這些還沒發生，而它們代表了一個新的生命——由無意識而來。時間就在今春。我是在夢裡出現的一個人，約瑟是另一個。由許多觀點來看，這事都很有益，並且代表創造性的努力。再次的，他會以為牽涉到兩個，而將領悟到他完成了一個合一的產品。他看到一個女嬰，因為那產品來自直覺及靈性，而非生自邏輯的。它將在差不多他自己生日的時候開始，這是為何用到生產象徵的另一個理由。

這產品不會生自痛苦，所以魯柏沒感覺到痛。它會是心靈行動的結果。這只不過代表了在我們的幫助之下，他將生出的另一個創造性的努力。現在，我衷心祝你倆情人節快樂。

「也祝你快樂。」羅微笑著說。他忘了今天是情人節。

而如果我們沒弄一屋子心形巧克力和花，且讓我說，經常享用心形巧克力和花可能變得很乏味呢！

在當時，我剛開始兩本書——一篇初稿寫出「賽斯資料」裡概念的大綱，以及我認作是我「夢書」的一篇談夢的文稿。我沒想到這兩個稿件可能與那夢的詮釋有任何關係，因為它們是現在而非將來的事。它們顯然是兩本書，每本各有自己的本色，並且涵蓋了不同的主題。

同時，我的《實習神明手冊》（*How to Develop Your ESP Power*）出版了。在一九六七年，我寫完夢的稿子，而加寫了許多談「賽斯資料」的文稿。不過，我不喜歡我處理那本書的方式，所以我將它歸了檔，準備以後再看。一直到一九六八年二月一日，我才將夢稿件寄給一位出版商。二月十七日，我夢到它被退回，而我寄稿子給他的那個人已不在那兒工作了。二月二十三日，稿件被退回了。回信是另一位編輯寫的，並且日期是在我的夢的前一天。

二月二十七日，我再將稿件寄給另一家出版社。同一天，我寄出一本詩集《天會送梯子下來》。三月十二日，我夢到兩者都被退回。在三月二十二日，兩份稿件都回來了。

我自然很失望，但我又再寄出了夢文稿，這次是在一九六八年四月二日，寄給Prentice-Hall。四月十二日，當我做「心理時間」時，我收到一個很有力的印象：如果我大刀闊斧地修改那本書，Prentice會給我合約。四月十九日，我收到助理編輯譚•摩斯曼寫的一封信，說出版社也許有興趣出一本談賽斯的書，用到夢書稿件的一部分。我回信想弄清楚他們到底有何想法。

幾週過去了，而我什麼都沒收到。在四月二十九日那天，我躺下來，告訴自己，我會有個夢給我一些資訊，讓我知道會不會簽合同，那時是早上八點，我設了九點的鬧鐘，而立刻睡著了。

首先有個極鮮明的夢，在其中羅和我在紐約州的一個小城裡。然後我經驗到一次假醒：我以為我醒了，正要起床記下那夢。電話響了。我跳下床，衝到客廳。但當我要接電話時，鈴聲停了。在同時，我即刻有一種怪異感。在我上床前，天空晴朗無雲，現在則暗得多了。一種抑鬱氣氛充滿了房間，而在窗外，每樣東西都浴在模糊的光裡，彷彿突然成了天亮前的時光。

然後我想起先前的夢境實驗，而知道我並非如我以為的處於正常醒時狀態，卻是在出體狀態和幻相中飄到了客廳。電話鈴根本沒響過。我的身體仍在床上。黑暗是我意識狀態所引起的一種效應。所以，當我有這機會時，我決定做些實驗，而走出了走廊的門，下樓到了外面。

此時，鬧鐘響了。我啪一下醒來，在我床上的身體裡。我很氣這經驗被腰斬，又再睡下，再次給自己暗示說，我要知道在出版社發生了什麼事。

有過幾個正常的夢，然後我看到來自出版社有關我的書的一封信。它打在正常的打字紙上，並且，首先，要求一些更進一步的資料——或是一本未來書的大綱，包括夢文稿的一部分，但要強調賽斯，或是一些章節樣本——然後再談簽合約。有一句是：「或者，最好寄一些原始『賽斯資料』的記錄，而我們也許可將之算作預先寫好的書的一部分，用來簽合約的。」

在五月五日，我收到一封信，要我就種種不同主題寫出賽斯的觀點，作為將來要出版的書的內容說明。由那封信看來，我認為理所當然必須看一遍當時我們已有的四十本左右「賽斯資料」筆記，而找到談各個主題的那些段落。直到我開始寫那本計畫中的書之前，我實在不想花那樣的工夫。但是，第二天，我便開始動手了。

五月十四日，我夢到關於那內容說明書我出了點錯。那夢令我如此不安，以致我打電話去出版社，而發現我誤解了譚的信。我只需要寫一個簡單的說明和大綱。要不是做了那個夢，我會早在有此需要之前，花相當多的時間收集資料。我覺得好多了，而在五月十七日寄出了整包東西。

十天過了沒聽到任何消息。然後我做了另一個相當令我煩惱的夢。在夢裡，羅下樓去取郵件。有封由Prentice來的信。羅打開它，開始看。

「看在老天的份上，快一點。」我說，「我認為這是個夢，而你必須在我醒來之前告訴我信裡說什麼。」

「這不是夢，」羅向我保證。「妳是在正常的意識狀態。」

「不是，我是在做夢。別逗我了！把信給我，或念出來。」我說，越來越慌了。

「沒有問題的。」羅說。

「你是說它真的是一封信，而不是一個預知象徵？縱使我真的醒來，也還能讀到它？」

羅再度向我保證我不是在做夢，但現在我確信我是在做夢，而怕我快要醒了。羅遞給我信。我急急地抓它過來，後來我忘了我讀到什麼，但我知道他們還不會給我一紙合紙——會拖延一陣子。發生了一些障礙，但仍有希望。還談到我在一個工作上被解雇了，因為我是個惡名昭彰的作家。

由此點，我進入一個長夢，牽涉到一個不知怎地與我們房東有關的年輕義大利男人之死，以及與一位學生蘭娜・柯斯比親近的人之死。當我醒來寫下夢時，我不太高興。我希望我的大綱會很快得到合約，而夢的其餘部分也不怎麼令人開心。

第二天，我們得知一個年輕義大利男人死了——是以前曾住過這幢公寓的鄰居；因而，在夢裡有與我們房東的牽連。我從經驗得知，在一串夢裡的一個成分若是預知性質的，則其他的也通常是如此——至少在我的情形是這樣。所以我等著。第二天，我聽說蘭娜的一個朋友死了。但我們沒接到出版社的任何消息。

我每天注意著郵件。沒有信，也沒電話。在五月三十日，我有個短夢，在夢中我跟一位女士在電話上談到計畫中的書，我完全不知道那是什麼意思。我一直是與譚打交道——他是個男人。

又過了三個星期。我終於打電話去而發現我的夢是正確的。是有一些抗拒。一直在與我通信的譚，必須向他的上司——一位女士——推銷那本書的想法。譚問我，肯不肯同意讓一位著名的通靈作家替我來講我的故事，因為他的名字可賦予那本書更高的知名度。想到我的夢，我拒絕了。我現在了解關於失去了我的「工作」，以及與「聞名的」作者的關聯。譚說他對那書有很大的信心，他會繼續為我努力，話就說到這裡。

然後，再次的，一無消息。在六月二十三日，我夢到我第一本書的出版人打電話來，告訴我有關銷售的種種資訊。六月二十九日，譚寫給我一封鼓勵的信，問我第一本書的銷售數字。

最後，我將夢書稿件的一部分併入《靈界的訊息》裡，在一九七〇年九月由Prentice-Hall出版。那麼，那本書是一個方案，卻彷彿是兩個全然不同的方案。我在我生日的次日五月九日開始寫它。賽斯對差不多三年前我第一個夢的詮釋是對的。在一系列的夢裡，我也知道原始的夢稿件未用到的部分會出現在另一本書裡——它們的確是的——就在你現在正閱讀的這本書裡。

那一串夢對我而言是重要的，因為在一個情感面極感興趣的計畫上，它們給了我額外的資料，並且減少了正常通訊所涉及的等待時間。

很顯然，羅的「夢眼」也在密切注意我的寫作利益。在一九六四年那時，一家全國性雜誌接受了我的短篇故事，《大凍》（*Big Freeze*），預定在刊出時付款。過了一段時間，我沒得到任何消息，而我們並沒定期購買那本雜誌。我心裡惦著要寫信給他們，卻一直拖著。然後，在一九六五年十月二十一日，羅夢到我那篇故事已經刊出了，他告訴我那個夢，並且在早晨把它記錄下來。

那天，在羅上午上班的美術部門，一位同事告訴羅他剛看過我的故事，並且很喜歡它。它出現在那雜誌最近的一期裡，正在書報攤上賣。那本雜誌才剛出來，而羅還沒看到它。我寫信給他們，而後收到了稿費，以及他們為了「疏忽」的道歉。在賽斯提到夢的一節課裡，他告訴羅，羅還曾將篇名轉譯為〈在醒來時的寒冷感〉——一件羅已忘記的事實。

一位朋友吉姆．羅德，也覺悟到夢能有很大的幫助，因為有個夢真的救了他的命。當吉姆被派去越南時，他才剛開始做夢回想的實驗。正當我開始寫這一章時，收到他的一封信：

我暗示自己在回想夢上有很大的進步。現在我每兩天至少能記得一個夢（先前他鮮少記得夢）。很不幸，我在服役時無法保有一本筆記簿，但只要可能，我都迅速地記下夢的要點。

最近，我有一個非常有趣的夢。不過，首先讓我給妳幾項細節。星期日下午，我通常都在海濱散步。一九七〇年一月十七日的星期六晚上，我恰巧工作到很晚，而星期日則整天放假，而非只放半天。因此，我期待整天都在沙灘上消磨。

可是，那天晚上，我夢到我以通常的方向沿著沙灘走。當我如此做時，我心想，如果當我在外面散步時，有火箭進襲軍營，會發生什麼事。甚至當我在猜想時，我也可以見到自己慢慢在散步。就在那時，我也看到一具火箭擊中水面，並且聽到基地的警報響起。在夢裡，我一路跑了回去。

次日早晨，我已準備好要出去走走了，而突然記起了我的夢。它是對未來事件的一個警告嗎？我決定還是小心一點的好，所以我留在營中。十點時，我們有一次火箭的進襲。被擊中的地方正是我通常去散步的地帶。

當然我無法透過任何正常資訊得知那次攻擊，而在基地一帶過去也沒有關於火箭或任何事的言談會暗示這個夢——只除了有這種可能性存在之外。不過，我在這兒的九個月裡，只有過兩次這種攻擊，所以它們絕非每天都會發生的事。

照吉姆信中其餘部分看來，如果他那天早上如常地去海邊的話，只有奇蹟才能救他的命。在這個例子裡，他被給予了最有價值的資訊——而他據之行事了。

請注意在夢中他沒看到自己的死亡！但是，無論如何，死亡的夢並不一定永遠會預示死亡。它們有一些只不過是讓我們釋放被壓抑的願望，其他的可能涉及了轉世的資料。賽斯說我們就如運用外在感知一樣地運用內在感知——以對我們感興趣的事知道得更多些。如果你有悲觀的傾向，極有可能也常會有悲觀的夢。

有時候，我們似乎接收到甚至與我們不相干的不幸事件。舉例來說，六月二十日，我的一個學生維吉妮亞・麥勒蕊告訴我們班上以下的夢：「我看見載貨火車在鐵道高架橋邊的地上……我想是在艾爾麥拉的格雷街高架橋，但我並不確定。它們出軌跌落下來。好像沒人受傷，而車廂也沒嚴重受損。就我記得的，兩節車廂躺著，而一節則豎立起來。我不記得看到任何汽車。」

六月二十五日，在艾爾麥拉有一次火車失事。兩節貨車由高架橋跌落，正是維吉妮亞在她夢裡看到的高架橋，卻在格雷街南邊的幾條街。沒人受傷，車廂毀損不嚴重，也沒波及汽車。兩節而非三節車廂翻覆了，一節豎著一節躺著。

在我們下一節課裡，維吉妮亞猜測她為什麼會感知這個特定事件。她完全不明白此事與她有何關係。事實上，是她丈夫想到了線索。維吉妮亞的父親曾替鐵路公司做事，可能是這個情感上的聯繫，使她對鐵路產生了一般性的興趣。

一位朋友克萊兒・馬庫魯從六月二十六到二十九日有幾次以下的夢。她看見自己在一個十字路口發生了車禍。還涉及了兩輛其他的汽車，不過只有一輛撞到克萊兒的車。在轉角處是一家莫比爾加油站。因為她正計畫六月三十日去一趟紐約市，因此這個夢令她很不安。在那次旅行當中，她非常的小心，並將她的夢告訴了她家人、我，以及在紐約的一個朋友，她回來的三天後，她在本市的邊郊發生了車禍。每件事，包括莫比爾加油站，都與夢事件一樣。

嚴格說來，克萊兒的夢也許是、也許不是預知性質的。在她人生中的那個時候，或許容易發生意外，而夢本身可能只有暗示的作用——像一種「催眠後」的暗示，她只能抗拒那麼久的時間。或那些夢可能是對未來合理的一瞥。如果是如此，縱使她開車時格外的小心，也並沒改變那事件。

但未來是注定的嗎？賽斯說不是——時間在每一點都被改變。不可能不考慮可能性而談到時間和預知。以下講可能性及夢的兩章，包括了賽斯給過我們最令人感興趣的資料——而預知必須以這較大的視野為背景來看。不過，首先，這兒有一些更明確地與夢及預知有關的摘錄。

在心電感應、千里眼或預知夢裡，到底傳達了什麼？我由自己的夢記錄中尋找答案，但賽斯在一九六五年十月十一日第一九七節裡討論過這一點：

我曾提到過，任何行動都有一個電磁實相。在心電感應及千里眼通的經驗裡，電磁模式被傳達了，然後，如果個人要有意識地覺察那資料的話，它必須被轉變成能被「自我」分辨的一個模式。

往往，接收到的資料已被潛意識轉譯過，並且採取了行動，而並未經有意識的贊同或認知。不過，幾乎在所有的例子裡，必然都有一種情感上的吸引，因為這就是引起最初的傳達並且使之成為可能的因素。

自我極小心地選擇接收管道，並且，再次的，它檢刪掉任何覺得威脅到其主宰性的東西。可是，在睡眠中，許多夢都具有心電感應的性質，並帶有強烈的千里眼涵義〔自我固執地辨別它將選擇對哪個刺激反應，因而決定物理時間在人格看來是什麼樣子〕。由於自我的機能和特性，它無法像直覺性的自己那樣做出迅速的決定。所以，它幾乎是以「慢動作」來感知事件的。

「那麼，知性的工作又是什麼呢？」羅問。賽斯說：

在未來，自我和知性將擴展去包括、利用及欣賞它們現在不信任的自己的其他部分。個人身分將擴展去包括更多形形色色的衝動和刺激……一般而言，自我將變得更像個組織者，真的讓一大堆經驗進入，而將它們形成有意義的模式，現在，由於自我並不確信它的力量或組織經驗的能力，所以它害怕這種經驗。

在上一節中，我提到，你們的科學家並沒領悟到，自從人有了大腦之後，的確進化了。因為大腦學會形成億萬個新的聯繫、意義和觀念。這些新完形，使人變得與他以前不大相同。現在這一切都是一種新的電磁模式，也是人類種族不可磨滅的一部分……

超過了某一個點，腦的大小就沒多大關係了。不過，電磁聯繫的數目是重要的，而且即使是腦的老舊部分也受到影響。老舊部分也與以前不同了。身體檢查只透露出它們目前的狀況。

潛意識的層次及預知夢

（摘自第二一二節）

你們會發現，做預知夢和有關溫度及天氣的資料之間存在著明確的關係。我不相信你們能將你們的夢實驗做得那麼深入，而能發現存在於潛意識的種種層次及體溫下降率之間的某些其他因素；所以，我在這兒提一下。

有必要在夜間量好幾次體溫，並且將結果與潛意識在夢系列裡顯示的層次比對參照……不過，你應該要知道，除了幾種其他狀況之外，這些形形色色的潛意識層次都落在明確的體溫範圍之內。到某程度，這可以藉催眠來確認。不過，若暗示受催眠的對象體溫升或降，則很可能看不出原來的效果……

只有當人格是在一個不活動的狀態，才能觀察到這關係。些微的動作或興奮會改變並影響體溫，所以這特徵性的體溫範圍便不會被注意到了。疾病也能掩蔽這效果。

如果我們能在夢中看到未來的事件，這是否意味著「自由意志」的理論只是個迷思？完全不是。但為了答覆這問題，賽斯將之與時間的本質及可能事件一同考量。

（摘自一九六六年二月十六日第二三四節）

有時預知資訊會顯得是錯誤的。在有些情形，這是由於「自己」選擇了一個不同的可能事件予以物質具體化。我可以通達可能性的領域，而且至少以自我中心的方式來做，但你們不能。對我而言，你的過去、現在與未來混合成了一個。

在另一方面來說，如我告訴過你們的，你的過去本身持續地在改變。在你看來它沒變，因為你隨著它一齊變。不過，預知的問題並非爭論有關過去的資訊。你的未來當過去改變時也改變了。既然預知是與未來事件打交道，在這兒〔改變時間的〕問題才顯露了出來。

在這種情形裡，被感知的必須是正確的可能事件頻道；「正確」意指以你的說法終究會被選擇的那個頻道。那選擇依賴著你過去與現在的選擇兩者。可是，這些選擇是建立在你對過去與現在改變中的感知上。由於我比你們有較大的感知範圍，我能夠比較熟練地預言可能會發生什麼。但這仍然要靠我對你會做的選擇預言。

預言本身並不與自由意志的理論矛盾，雖然自由意志所依賴的絕不單是自我的自由而已。如果容許自我去做所有的選擇，而自己之其他層面沒有否決權的話，你們真的全都會陷入一種悲哀的處境呢！

（那時「可能的宇宙」對我們來說還是相當新的字眼，所以羅問：「你現在可不可以告訴我們更多關於可能的系統及其關聯的事？」賽斯回答：）

可能的領域與你們的物質宇宙是一樣的真實。自己之其他部分在那兒遭遇的經驗為全我所用。不但就整體經驗來說，並且作為訓練自我和潛意識在種種不同活動中做選擇的一種方法而言，在那兒獲得的經驗都是無價的。

所有這資料是立即可得的，只不過自我並不覺察這個實相領域。它會被遮蔽掉。從這可能領域，你選擇你將織入宇宙的實際物質的那些思維模式。做夢的自己看到兩個領域，並且在兩者之中運作。你們應當了解，可能的自己也有其自己的夢。

這個可能的領域除了你們自己的系統外，還播種了許多其他的系統。它是由思維意象組成的，以你們的說法，並沒有實質地具體化，卻是能量活生生的儲藏室。這就是所有過去、現在與未來由之造成的材料。它根本不是一個關閉的系，它不但供養了物質宇宙，並且在它之內，你們自己的夢之許多面向都變成實在的了。你夢到一個蘋果嗎？那蘋果在可能的領域裡出現。

談預知與聯想

（摘自一九六六年三月七日第二三九節）

聯想沒被清楚地了解，因為目前的心理學家們相信，聯想只在與過去事件有關時才有用。他們也低估了夢事件，因為許多的聯想是發生在夢境事件之結果……心智在夢裡繼續其聯想過程。

任何一個個人性的聯想，可能源自夢事件，也可能源自過去的一次醒時事件。一般而言，心理學家還沒接受你們自己物理學家的理論，而仍繼續將時間認作一連串的片刻。翻轉的（inverted）時間系統認知時間的實際本質，在其內有給心智之聯想過程一個頗為完全的解釋空間。與大腦相反，心智以「廣闊的現在」說法來感知。所以，它不僅由你的現在及過去，並且也由你的未來汲取聯想。

舉個例子來說；不論何時，當菲德力克・Y聞到某種香水時，他就覺得噁心。他不明所以。一位心理學家可能藉假設過去某件不愉快的事，與他對香水的感知有關，來解釋他的反應。這是個可能的好解釋：不過，它往往是唯一會被考慮的一個。

菲德力克也許是對在夢境經驗到的一個不愉快事件反應，在其中令他不舒服的情況是被那特定的氣味伴隨著。〔但〕他也可能是對同樣性質的一個未來事件反應，因為，再說一次，心智並不把時間拆散成一連串的片刻。拆散時間是由實質的大腦所做的。

一般而言，自我並不覺察這更廣大的時間經驗，但潛意識則往往覺察；而心智的聯想過程能夠且的確對未來反應。所以，我們的菲德力克很可能在今年因聞到一種特定的香水而感到噁心，因為，比如說，在潛意識上他知道，在一九八〇年當他母親去世時她抹了這種香水。聯想的過程會向前也會向後發生作用。

談預知和千里眼

（摘自一九六六年三月九日第二四〇節）

我告訴過你們，每個個人創造物質的東西，包括物體和他自己的形象。一致性、水久性的幻相，在空間裡的位置、質量及顏色，全都以已經解釋過的方式達成協議並獲得同意。心電感應式的溝通是達成這種同意的方法之一。

很久以前，我解釋過主要和次要的構造物（construction）。我強調，每個個人只感知他自己的實質構造物。基本上，在心電感應和千里眼之間並無不同。其明顯差異是對時間的性質了解不足之故。在兩種情形裡，重要的事實都是，接收到的資訊並不是經由正常感官管道來的。

當一個人千里眼地「看見」一件事時，實際發生的事是這樣子的：首先，他忘掉了通常阻礙感知的「連續時刻」觀念。他的感知改變了焦點，以致覺察到一件本來會像是在未來的事。一無例外，他無意識地按照手頭可得的資料建構物質的物件。

那麼，不用說他有助於形成千里眼地感知的事件，正如他有助於建構任何眼前的事件。至於實際長寬高等問題的協議，是以平常相同的方式達到的……

感官資料基本上並不依賴肉體。心智能繞過感官，而以一種更直接的方式收到資料，自動轉譯它感知到的東西，就像它轉譯平常的感官資料一樣。

在平常的情況下，資料是經由身體感官收到，然後由大腦詮釋的。當感知到一件千里眼事件時，資料由心智收到，隨即傳給了大腦，而由大腦詮釋之。身體變得覺察到它，但感官實際上被避過了。可是，詮釋是以與通常一樣的方式去做的。否則，實質有機體不會記錄下資料。

當然，心智直接感知的資料的確大半都完全避過了實質有機體，而不為所察。在有些這種例子裡，潛意識的確收到了資料。在其他的例子裡，資料沒以任何方式記錄在身體系統之內，卻記錄在自己更深的層面。

不過，萬一有需要的話，潛意識也可以得到這資料。在它能被實質的有機體利用之前，資料〔首先〕必須由更深的層面拿給大腦來詮釋，就好像它是新的感官資料一樣……

在夢境，你嗅到並不在實際房間裡的氣味。這些記憶就像任何「真的」氣味一樣忠實且真實地被身體記錄下來。那經驗變成〔被埋葬的〕記憶的一部分，可以透過催眠找回來。有時候它可能自動自發地復甦。

預知夢和集體夢

（摘自第二五三節）

有許多種集體或共有的夢。

目前，我們將談談幾乎是全球性的集體夢；那是說，在某個時候被你們星球上大多數人共有的夢。

這類特定的夢是關乎解決與物質實相有關的某些難題。那些夢通常不是預知的，雖然它們可能看起來好像是，因為許多那些夢事件後來會發生。不過，它們並非預知的，大半是它們引起或導致了後來的那些事件。

比較上來說，這些夢就發生在緊貼著容格所謂「集體無意識」的上面一層。如果你能對準到這些夢，對未來的主要事件會很有預感，因為你會看見它們誕生出來。它們與會影響許多國家具重要意義的事件有關，代表深刻的意向、希望和目的。有時候，它們有震撼全世界的絕大威力，帶來有益或有害的改變。

不過，一個個人的重要性，是你做夢也想不到的，因為強度和意向是重要的。一個人熱情地願望善或惡，真的能勝過一百個人。而在夢境裡，領袖也能誕生出來，並且使自己被他人認出。人們尚未在物質實相裡認知他們之前，便已在集體夢裡認識他們了。

Chapter 17

夢與可能性

蘇遇見一個可能的羅和珍

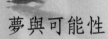

一九七〇年十月九日，我收到一位讀者蓓・波義斯的來信，談到我的書《靈界的訊息》。她隨信附上了莫理斯・尼柯《活生生的時間》（*Living Time*）的摘錄，以及由艾莉絲・貝利一篇文稿的摘錄。那天晚上我們會有訪客。晚餐後，我看了電視上的「不可能的任務」（Mission Impossible），並且開始看尼柯的摘錄，談的是可能性。我沒看貝利的文章。尼柯的摘錄令我深感興趣，我想到要問問賽斯關於他的一些想法。

在看完後，我可能又看了幾分鐘電視。然後我走到廚房去洗剛才泡在水槽裡的一只平底鍋。當我在洗鍋時，突然，一串精確清晰的字句來到我的腦海：「雖然這些事情很偉大，卻有一種經驗與感受的整體性，將它們全部涵括在內，一個漩渦（votex），包含且轉化這些無窮盡的部分。」

那些字句就這麼出現，對我來說完全是自外侵入的。我一直在皺眉刷著燒鍋，並且想著我們的客人。所以我說：「什麼？」

吃驚之餘，我走到我的桌邊，拿了紙筆坐下。那些字句完全和剛才一樣地回來，我就將它們寫下。我「知道」它們是對我剛才所讀的東西的評論——或補充。接著我以同樣方式收到一頁資料。一堆堆的字句就這樣跳進我腦海裡。寫完一句又來一句。

當時我是完全警醒而且帶著批判眼光的，不過，精神非常地集中，我所有的注意力全都充滿預期地以之為重心。那經驗很迷人，並且越來越有意思。先前，當我在看電視時，我喝過一點啤酒。現在，半滿的杯就在我身邊。我偶爾喝一些，而且也吸了菸。當時有一種強烈的愉快之感，還感覺有很大的能量。我並沒感覺到有任何一個人在給我那資訊，但是又很肯定，那些字句是由在我自己實相之外的某處或某人傳來的。它們並不像是由我內在升起的，卻是掉到我頭上來的。

當我寫完了第一頁，羅出來了，經過我去了廚房。我很驚奇他沒像平常，不用我告訴他就知道有些事在發生，而我又不想跟任何人說話。我終於想辦法說出：「親愛的，別打擾我。」要我由正在做的事上抽身一下得花那麼多力氣。但，羅卻沒聽懂，開始將垃圾倒在紙袋裡。沙沙作響的聲音彷彿放大了好多倍，並且有一種新的幅度，好像它正撕裂空間，揉皺了廚房裡空間的邊緣。後來，羅說他根本沒聽見我跟他講話，而懷疑我到底真的開過口沒有。當然，我以為我說了。

同時，樓下公寓住戶有客人來了。他們走上台階的腳步聲和笑聲正飄到我開著的窗口。突然，在一分鐘前我還渾然不覺的車流聲也打擾了我。現在，車子疾馳過雨水。所有這些聲音匯合在一起，強化了，同時每個卻又維持住其獨特的性質。

我想哭，有一下子我幾乎真的哭出來——為了受到這麼嚴重的打擾。羅繼續裝垃圾。現在，我們彷彿被一個與空間無關的遙遠距離分開了。我那時無法馬上跨過它去解釋正在發生什麼或請他停下來。他出去倒垃圾又回來。樓下的小孩們開心得不得了，開始在陽台上大聲叫嚷。終於，聲音靜下來。我等著。

接著，以同樣方式，又有了差不多三頁的口述資料。由於那資料的性質，我想我也許在被示以，如何由現在這一刻進入可能的一刻。資料給了我最初的指示，雖然只是初步的，但我已準備好跟著去做了。現在說話的人是在對我發言，而早些的獨白卻是沒針對個人的。很不幸的，在這時，我們的朋友到了。我真的很失望，卻搖搖我的意識使它回到日常的事情上，只花了一點時間重新辨位，就去接待客人了。

以下是那資料一字不改的副本，在一九七〇年十月九日，晚上八點到九點三十分之間傳來的，是關於尼柯的《活生生的時間》。

> 雖然這些事情很偉大，卻有一種經驗與感受的整體性將它們全部涵括，一個漩渦，包含且轉化這些無窮盡的部分。我知道我在講的東西。然而，每件小事件不可估量地不僅增長了它本身，並且也增長了所有其他事件，藉由它自己的實現，而帶來無窮盡的新行動與事件。這是它自己的一個開展或多次元化，一個進入次元化（dimensionalization）的啟動。因為每個事件的所有版本和可能性，在創造性的無限增殖裡，必須被實現。
>
> 有一百萬個開口（openings）由每個行動向外曲速旋出（warping outward），靈魂所旅遊及經驗的道路，自然且自發地跟隨其屬性。
>
> 那麼，在實質時間裡，任何一刻都是個曲速面，開向這些其他的確實次元，而在任一刻都能

被用為一個通道或橋梁。跨越之舉將反映在百萬個其他世界裡，但這些映影本身也是活的，而且感知這舉動本身仍將創造出另一個確實的漩渦。

藉由一個想像的橫向平行衝刺——一個……側行——注意力能由任何一個實際的片刻移轉到任何一個可能的片刻——

（此時發生了第一個干擾……羅進到廚房裡來了。口述停止，或不如說，它仍在那兒，但我卻弄不到它。在中斷後它又繼續：）

每個可能事件都被另一個可能事件改變。有經常的同時性互動。那麼，這些「分開的」可能系統並不彼此孤立地運作，卻是密切相連的。所有的系統都是開放的。實質的片刻是透明的，雖然你們給它一個「時間—固態」（time-solidity）。你們視它為不透明的。

伴隨著最後一句，我看見一個很難解釋的影像。它是個長方形的東西，令我想起NASA的詹姆士・畢爾有一次給我們看的玩意兒，一個會對光線反應，而另一個則會對壓力反應。這兩種玩意兒變成種種色彩，並且達到不同階段的透明度及不透明度。我現在看到的東西也是如此。它應當是代表了我們所感知的片刻的樣子。長方體的中央一截最不透明，而兩端則最透明。在此時，樓下又掀起一陣新的喧囂，而那影像就消失了。

幾分鐘之後，口述再繼續，這次從第一回中斷處開始：

如果心智能克服本身怕死的恐懼，藉由一個想像的橫向平行衝刺——一個焦點之側行——注意力能由任何一個實際的片刻移轉到任何一個可能的片刻。

舉例來說，你在哪些其他的世界裡，坐著寫這些記錄？擱下你的眼鏡。

被這問題和指示嚇了一跳，我停下來，取下我的眼鏡，把它放在桌上。

你並沒有把它擱下。

「我懂了。」我心裡說。

想像地滑進一個世界裡，在那兒，你並沒做你在這個世界裡要做的下一個小舉動。咳嗽、微笑、打噴嚏——在某個另外的確實性裡，你的行動是「非行動」，而你的「非行動」則實現了。

迎接你所有的夢的「當下—實現」（now-realization），因為它們也參與了可能系統。正如你的夢滲漏到你正常的有意識生活裡，它們一樣也滲漏進其他的可能性裡。一個夢行動是被一個醒時的人實質化的，正如一個醒時的你是被一個做夢的自己實質化的。

靈魂是太偉大了，以致無法認識它自己，然而靈魂的每個個別部分尋求這知識，而在這尋求中創造了發展的新可能，確實的新次元。個別的自己在任何既定時刻都能與其靈魂聯繫。最初，有一個意識的側向運動，一種掉落開來的感受。

（文稿結束，朋友到來。）

第二天早上，我打好這資料，走去檢查尼柯的書名。然後我看到了艾莉絲・貝利（Alice Bailey，譯註：神智學派的大師）的摘錄。我不免吃了一驚。它包含了貝利對她收到文稿的方法之描述。而那描述和我自己的經驗如此近似，就算說她在替我說話也不為過。

我在下一節ESP課時提到這點，並且念我那一小段文章給他們聽，補充說，如果那節沒被打斷的話，我認為會給我更進一步的教導。蘇・華京斯和我也討論了那個插曲。我們兩人都覺得它極有意思，並且希望我們能對可能的片刻獲得更實際的經驗。

幾天後，十月十七日那天，蘇有個夢，在其中，賽斯以更個人的說法描述了可能性。以下是摘自她的筆記：

我「甦醒過來」，發現我的身體在床上睡覺。我走進臥房，我父親站在那裡，抱怨他的問題。我立刻被他惹火了，而開始把我的問題告訴他。他變得非常不高興。

突然我由這一景被使勁地拉開，而卡爾（蘇的先生）和我與身為賽斯的珍同坐在一個大房間裡。賽斯轉向卡爾，給他一次長長的講話。卡爾向賽斯微笑，賽斯說：「現在，我數到三，你會進入深深的出神狀態。」卡爾開始進入狀況。我在沙發上躺下說：「哇，數到三就昏過去了嗎？」我閉上眼睛。

賽斯輕觸我的肩膀，面帶微笑。他告訴我，我有別的事要做，而給我一次長而友善的講話。

現在內容已不復記憶，但我想它與我自己心靈的發展有關。然後賽斯說：「在今晚稍早的夢示範裡，妳的父親有他自己的問題，而妳忽略了它們。整個屋子都覺察到妳的感受，並且吸收了它們。它會覺察它們相當一段時間。」

聽到這話，當我想像屋子真的吸收了我的壞感受時，我覺得很抱歉，並且怪誕。賽斯隨即說，我可以藉一個簡單的方法重演這整場戲，只要側向走入物質實相即可；他告訴我，這比我假設的會簡單些。

用賽斯解釋給我聽的一系列精神練習，我真的向橫裡走了一步——就好像我擠在兩根鐵棒之間，而我發現自己回到臥房，我父親又在那兒抱怨。這次我改變了事件，與它們第一次發生時的樣子不同，我了悟到他的問題對他而言多麼重要，我露出笑容，並且送給他好的想法。我立刻被推到另一個相似的場景。

在這個經驗裡，那天是感恩節。我母親娘家的人也在。我在日光浴室看著我父親由餐廳的自助餐桌取食物。我母親及她的姊妹在餐廳裡聊天。突然，我父親生起氣來，將他的盤子丟到地毯上，又抓起了另一個盤子。我母親開始哭泣。不過，我記起了可能性，我自己沒生氣，反而送給我父親寧靜和健康的思緒。我知道，現在這一幕不會在這個感恩節裡實際發生——我已幫助他們選擇了另一個更正面的景象。那一幕結束了。我覺得好像我曾觀察也曾參與。我聽見賽斯說：

「妳學得很好，並且操作得也一樣好。」

我半醒了，然後飄進一個一再發生在兒時舊夢的景象：有一個「殺人霧」追著我們，而我們必須在霧追到我們之前，經過一段積雪的道路回到家。我們掙扎經過一幢大工廠，突然之間，我又與身為賽斯的珍坐在一塊兒了，好像看電影似地看著這個雪夢。我說：「當然。」且領悟到我能救助雪中的人們。突然我感覺到我的肉體軀殼原本是什麼——我自己創造的作品——並且覺察到我比它要偉大多了。我回到那雪景裡。我們全部安全返家，而我祝福夢裡所有的人物平安，並且不受「殺人霧」之害。他們再也不必怕它了。我醒過來。

（與夢相關的註：我覺得這是一個示範，顯示在物質實相及夢境裡，可能性的許多分支。賽斯以一種溫和、指導的方式在那兒，彷彿一位老友似的；幾乎好像他是個電影操作技師，導演那影片或經驗。）

蘇等不及想告訴我那個夢。我們兩人都又驚又喜。可能的實相看來像是一個如此玄祕的想法，以致我們真的沒想到可以有多少相關的實際經驗。但你將會看到，這只是開頭而已！

在我們下一堂課裡，賽斯評論蘇的夢：

妳做得很好。現在，由於妳對可能性有興趣，妳在那方面還會有更多的經驗。我們將和我們的朋友魯柏來回地「跳房子」，因為這也是他的主要興趣之一。妳自己的經驗可被用來幫助整個ESP班，因為你們必須被引導去看出，可以用這樣一種方式改變實質事件。你們必須被引導去看見有其他實相的次元。

幾天前的一夜，另一個學生雪莉差點有一次出體經驗。在上一堂課裡，賽斯曾告訴學生，他會幫助那些準備好投射出去的人。幾晚後，當雪莉感覺賽斯就在附近，而剛剛快要離開她的身體時，她變得害怕而止住了自己。

當賽斯對蘇講完話後，他對雪莉說：

我也拜訪了我們這兒的朋友，但我們真的是有一個非常害怕的空魂，因為她逃到另一個方向去了。妳真的把身體當作是個溫暖的窩，而極討厭離開它。

他以如此深含了解的幽默說話，以致每個人，包括雪莉，都笑了起來。在這整段時期，賽斯在我們自己的私人課裡，和在ESP班上，都在講可能性。他自己的書《靈魂永生》已寫了一半，賽斯目前正在完成它，並且在其中，他會給更多可用來經驗可能實相的進一步方法。

在同時，蘇開始有一連串與可能性打交道的夢，第一個是在一九七〇年八月。她如常地寫下這個夢，並且打電話講給我聽，我大為震驚。當她讀那個夢時，各種的影像和想法湧進我腦海。

蘇・華京斯的投射夢

（一九七〇年八月十日……晚上）

在一個很長的旅行夢裡，一位友人和我撐著一艘竹筏遊過一條長長的、慢吞吞的河，然後在墜下一道瀑布後，我突然進入此景：

我走過與艾爾麥拉頗相似的城市裡的一條路，走進了一個小小的露天餐館，它似乎是由那種六角亭組成，位於一個像是環繞著草皮和樹木的公園的地方。顏色和細節都栩栩如生，甚至連中央共同大桌上的鹽和胡椒罐都在內。

令我驚喜的是，我看見珍和羅坐在那兒和一些其他人聊天。且慢，他們是珍和羅嗎？他們看起來比較老，而且兩人對他們的話題都露出非常憤世嫉俗的神態。我心想，不知道這是不是賓州的塞爾市，並且，不知我們是否真的全在那兒？或我們假造出了這個地方？其他的人走開了，我走過去坐在珍旁邊，而令我驚奇的是，他們根本沒認出我來。

在此刻，我突然頓悟這是另一個可能系統的夢境，涉及了珍和羅的可能自己。我突然對他們說：「我的名字是蘇・華京斯，而我丈夫的名字是卡爾。」他們給了我一個頗為不悅的「那又怎樣？」的眼色。

我抬頭看到一個較年長的矮壯男人，穿著某種深紫色袍子坐在我們對面，而大吃一驚地悟到他就是賽斯！我指著他說：「你們認識他嗎？」珍笑說：「你是指在那邊的聖誕老人？」我（不論是哪個「我」）退縮了回來。

然後我觀察到他們看起來多麼憔悴。珍胖得多，穿著一件黑色長袖的翻領上衣。她的頭髮較豐厚，但相當的灰白。羅看起來極端疲倦，彎腰駝背地坐著，他的臉不胖卻多肉——幾乎是放蕩的。他一支接一支地抽著菸。他倆看起來都很冷酷而不大快樂。

我覺得很想呵護他們。不知怎地，我開始跟他們討論「賽斯資料」，並且談到物質實相之類的事，而發現在幾年前，珍曾由「一個聲稱已死的幽靈」那兒收到一些奇怪的訊息，「但它簡直是荒謬，」珍說，「所以我們停止不做了。」

我說：「喂！妳和我都是在夢境裡。我是從另一個可能系統來的。妳在那兒認識我。在我的實相裡，妳繼續接收『訊息』，就會發現」——我瞄向賽斯，他正在微笑——「它們是由他而來，而妳繼續下去，會發現一些有關生命的精采事情。

「你們在那兒看起來也比較年輕——她差不多四十，而你，羅，在那個地方是五十歲，但在那邊你們不在乎年紀……

「羅，在那個可能性裡，你經常在作畫，而甚至在這個開始之前，珍發表了一批短篇故事、一本小說及詩。你們現在還在做這些嗎？」

珍和羅彼此相視而笑出聲來——一種不愉快的苦笑。「她仍全天在計程車公司做事，」羅說，「而我也工作。妳想到我們家來看看我的畫嗎？」

我點點頭，我們走出了餐館——賽斯跟在後面。我們走過一條樹蔭夾道的、安靜的街，而向內彎到一間白色大房子，有裝著紗窗的較低陽台。陽台左側有株大樹，而一條野草蔓生的車道導向後面一間白色穀倉似的房子，有兩扇鉸鏈在頂端的門上。我們走上外面的臺階，進入一間公寓，裡面好像有個大客廳。當羅正要拖出一些畫時——看來像是風景畫——他痛苦地呻吟，而很明顯地幾乎因背痛而跌倒。他想辦法躺到地板上，而我試圖教他一些治背痛的瑜伽動作，但他拒絕了。我突然覺得非得在一切都結束前替他們做些什麼。

在這時，我聽到幾個聲音在叫我。而我經歷了一次「假醒」，並且心裡也明白。我正躺在一個陌生房間裡的床上，但我知道我必須起身寫下這段經驗。我隨即想到，這必然是我自己可能系統裡的「靈界系統」（astral system），而我已安全返回了。我看見卡爾睡在我身邊，便放鬆下來，睡著了，然後在我實質的床上醒來。

（這可不可能是「約克海灘」的那一對？或只是個簡單的學習方法？我心中堅信這是個合理的經驗。）

在家午睡

（一九七〇年八月十七日）

有關「約克海灘」那一對的一些模糊印象——他們在一個內在層面上是否快樂些了呢？我認為我感覺到他們對自己做了些重新的評估。

在蘇念那個夢給我聽了之後，我不知該說什麼才好。「約克海灘」的一對！帶著怪異的不安，我讓自己回憶起來。《靈界的訊息》裡有那段插曲，但它是人生最奇怪的一個事件。

它發生在我們第一次通靈經驗的幾個月之前。羅病了，而我們正在緬因州度假。有天晚上，我們去了一家夜總會，希望改變一下心情。羅的背痛得這麼厲害，他幾乎無法走路。夜總會小而擁擠，桌子全坐滿了，樂隊大聲演奏著。突然，我注意到一對較老的夫婦坐在房間的對邊。我無法將目光移開，好像被催眠似的，我坐在那兒瞪著他們。

他們看起來像再老一點的我們之腫脹、冷酷的副本。那個女人比我肥胖得多，卻極像我。那個男的簡直像是羅的孿生兄弟，不過更老些，臉上布滿了幻滅的表情。他們令我非常驚駭。我一直在想：「老天啊，我們可能結果會變成那副模樣！」而以一種奇怪的方式，我覺得他們就是在某個可怕未來裡的我們！

我戳戳羅，把我的想法告訴他。然後他突然站起來說：「我們跳舞吧！」並把我拖到舞池上。我剛才還看到他痛得在做苦臉。樂隊在奏一曲扭扭舞，而我們並不會跳那種舞。一直到那一刻為止，我們很少外出，更少跳舞。我抗拒著，但羅完全不顧我的抗拒——非常不像他的作風。

後來，就我們而言，那對夫婦就這麼消失無蹤。我們認為，也許當我們沒注意時，他們離開了。但從那晚起，羅開始進步。我們跳了一整晚的舞，而如今跳舞是我們偏愛的活動之一。我們明白在我們生命中發生過某件重要的事，但卻茫然不知到底牽涉什麼。

賽斯課開始之後，他告訴我們，我們自己創造出那對影像，將我們所有的負面心態投射到他們之內，然後再對之反應。在當時，我對這解釋不知道該怎麼想。後來，當賽斯解釋人格的本質及其創造潛力時，我才看出這根本就是我們的所作所為。

賽斯告訴我們，這種影像的確有其真實性，但無疑的，我們並沒準備聽到什麼別的人在一個夢裡碰到我們在「約克海灘」的自己！「以我們所有的負面感受創造出他們已夠糟了，」我跟蘇說，「然後卻又把他們孤伶伶地放走！」

「問賽斯這件事，」蘇說。無論如何，剛好是有課的一晚，而賽斯在羅提出疑問之前，就中斷了他自己的書的口述，而給了我們以下的解釋：

現在，這不是〔我的書的〕口述，卻是魯柏可以用在他的夢書裡的一些資料。所以，我想評論一下你們的朋友蘇・華京斯的經驗，以及它與可能宇宙的關係。

那個經驗是十分正常的，並且在許多層面上，它都算是個教訓。首先，很明顯的，在形形色色的可能系統之間是有溝通的，並且在一個系統裡的行動能夠而且真的會影響另一個。

那一對夫妻確實存在，是在一個不同系統裡你們的可能自己。你們的朋友在發展她自己的能力時，涉入了在可能領域裡的活動，並且，由於她在此系統裡與你們情感上的聯繫，而被那對夫婦吸引過去。

所牽涉到的那一對會回想起部分的經驗，而它會有力地提醒起他們沒在利用的能力；所以，在那個系統裡扮演了一個刺激的角色，但卻是從這系統來的，並且是透過一個朋友的仲介。

那件事對你們來說也是個教訓，它顯示給你們看，當你們消極地思想時，跟著這種消極思緒而不停止——而且，事實上，縱使有可以改變事件的彌補行動，也還跟著消極思想時——所產生的後果。舉例來說，那另外一對忽略我而不與我接觸。人格之負面及冷酷的特質完全顯露出來，而沒被令他們滿足和有創意的能力所折衷及彌補，那些能力被他們窒息了。

你明白嗎，他們相當羨慕你們。可是，由於他們自己心靈的狀況，無法利用你們的知識。那件事被用來再提醒一次我和他們的接觸，使他們再仔細考慮，而它也可作為更進一步接觸的一個新刺激。

（賽斯夠幽默地比手畫腳，但隨即安靜下來，並且以一種極嚴肅的心情向前傾身。）

我們企圖救自己的影子，甚至在自己隱蔽的片段體最黑暗的深處也創造出光明。到那個程度，並且以那種說法，我們是自己的救贖者。

你明白嗎，到一個很大的程度，你和魯柏對那個接觸也有影響。因為，你們若沒有目前的經驗，你們與我的關係，以及你們與那女孩〔蘇〕的友誼，你們這些可能的自己，就不會得到幫助。所以自己的一部分對另一部分施以援手，就如我給你們援手一樣。

在這兒我要你們明白的是，以那種說法，溝通並不只是由上而下或由下而上垂直運作，卻也平行地運作。

同時，那經驗也意味著對你們的蘇．華京斯的一個道德教訓。在物質實相裡，她視你們為她所敬愛的人。透過那可能的經驗，她能夠看見，如果你們向消極思想和感受投降，而沒有在你們的工作和努力裡堅持下去的話，在這個系統裡你們可能發生的事。

所以，藉著比較兩對夫婦，她替自己及她丈夫兩者都收到一個客觀的教訓。不過，還不僅如此，透過這經驗你們全都學到，援助是由一個系統給予了另一個系統。藉由作為這樣一個客觀的教訓，雖然他們在有意識的層面上並不知覺，那另一對，可能的一對，也幫助了你們和你們的朋友。

現在，雖然是以一種全然不同的方式，在另一個實相系統裡，魯柏也替一個可能的蘇做了同樣的服務。而附帶地說，你〔羅〕曾以同樣方式幫助一個可能的卡爾〔蘇的丈夫〕去利用他的創造能力。換言之，可能的卡爾有極強的創造能力，而你幫忙他了解到此點。

這經驗帶來了與可能性有關而尚未被討論過的幾個要點。由於你們實質地誕生在你們的系統裡，理所當然以為你們也以同樣實質的方式誕生在其他系統裡。這也許適用，也許不適用，但顯然並不通用於整個的可能性系統。

如在先前資料裡所說的，那一對可能的羅和珍，是在「約克海灘」開始存在的。他們從你們的視線中消失了，但，如你們所知，以這樣一種方式創造出來的能量無法被否定，而必須繼續沿著自己的方向發展。

從這觀點，這些是片段人格；所以，他們擁有你們的記憶，始於他們出現的那一點，然後從那裡繼續下去。由於你們詮釋、創造，然後感知苦悶和負面的心態，所以他們被你們視為遠較年老。可是，對他們而言，在與你們分裂的那一點時，他們卻是與你們同年，這種人格能被創造，並且在多得無法勝數的狀況下被創造了出來。

不過，在這個例子裡，你倆感覺到你們的人生在一個危機時間，而向外投射你們的恐懼，形成了那影像。

「你是指原先在『約克海灘』嗎？」羅問。

原先是在約克海灘。所以，他們包含了你們所有的恐懼，因為你們預見到在這個系統裡，可能變成這種人——這並非不可避免的，可能性卻顯然很大。

可是，在同時，你們必須了解，這些可能的自己也是由於你們自己了不起的希望——你們覺得很難達到的希望——而被創造出來的；所以他們是由你們當時所擁有的同樣希望「誕生出來」的，卻是負擔了過多恐懼的人格。

由於你們的能力，你們創造出他們，然後，當魯柏立刻做了有意識的比較，而決定了你們永遠不該變得看起來像他們那樣……或充滿了寫在他們臉上的苦悶時，你們感知他們為物質實相裡客觀化了的鬼魂。所以，對於將他們帶入存在深層無意識的創造努力及心理機制，你們都完全不知道，你們只是有意識地注意到他們而已。

即使被恐懼和負面心態壓得很苦，他們仍保持了自己密切的關係，但無法彼此幫助，卻因苦悶，也因彼此的互愛，而聯合起來反抗世界。

那個羅並沒繼續作畫。他試想要客觀而理性，對他的父母卻沒有你們透過這些課而獲致的了解。他將錢財上的安全感放在第一位，在那方面完全不敢冒險，當然，縱使如此，他並沒賺多少錢，因為他的心和繪畫一起都大半被丟棄了。

魯柏的創造能力很快地退化，因為苦悶的心態枯萎了創造之源。在那個實相裡，你們由約克海灘回來，放棄了在艾爾麥拉的公寓，回到塞爾市，和你的父母同住了一陣子，為了省錢而通勤到艾爾麥拉去做事。

你計畫以此作為一個暫時的安排——最多六個月，以省一點錢——然後就要全時間作畫了。可是，你反倒留下來，自認為是幫你的父母忙，但這大半是個藉口。因為你不敢冒全時間畫畫的險，而又怕放棄固定的收入，縱使你並不需付房租。

你覺得父母也許會需要那筆收入，而當你繼續下去時，你感到自己所做的犧牲而變得更怨憤了。實際上，你那麼接受負面的狀況，以致就乾脆繼續了下去。

沒有必要再講他們的歷史，但我向你保證，那很符合你們給他們的特性；並且，要記住，這些是你們自己最強烈的恐懼。你明白嗎，他們擁有你們所有的潛力，不論是多麼的潛在。我總算和他們有了接觸，雖然不太夠，卻是確切的。而他們的存在仍能被改變，因為他們和你們一樣有自由意志。

無意識地，你們覺察他們的進展，正如他們也無意識地覺察你們的進展一樣。你們確保他們會得到幫助。記得嗎，無論如何，是你們給了他們存在和意識，以及他們會試著以自己的方式去達成的創造力和潛力。他們的經驗與你們的不同。所以，當他們達成它時，他們的成就會和你們的性質不同，帶出不會存在於你們環境裡的活動面——比如說，與你們的朋友蘇的會面。

現在，當然，在每個人格的一生中，有很深的危機和決策的時刻，一個人格由是決定種種可能的選擇之一。這些時刻並不一定會被你們有意識地知道，而那些選擇也不必然是有意識的，不過它們往往浮到意識上來。但，到那時，內部工作和決定早已做好了。

所以，當你們倆以這樣一種方式招出苦悶心態和傾向之最易揮發的部分時，大致上就不受其拘束了。從那一點你們開始改進，擺脫了爆炸性負面能量的危險累積，而到那個程度解放了你們自己。不過，你們並沒學會去改變態度，也沒學會如何阻止一個新的累積，你明白嗎？

不過，這是你們發展的下一個方向。你們清除掉殘渣，給自己心靈的呼吸空間，使你們的創造能力可以升起，並且因此打開了我們的開課之路。

將可能的系統和可能的自己當成一個令人興奮的知性觀念是一回事，如果你認為可能性是存在的一個顯著事實，而接受所涉及的實際考量，則又是另一回事了。十分坦白地說，我以為任何可能的實相都超過了我們之所能及，所以我並沒預期我們任何一個人有這方面的經驗。但我們事情還沒完呢，並且我懷疑我們現在也還沒完沒了，如你將看見的，蘇在她的夢裡，與可能的羅和珍保持連絡。透過我們的經驗，那觀念變成了一個我們要面對的實相。

Chapter 18

可能的自己們

在一九七一年一月二十二日，蘇第一次夢到約克海灘的夫婦之後的幾個月，她又有一個夢。以下是摘自她的筆記的那個夢：

我發現我在做夢，而告訴自己到另一個可能的系統裡去。我正站在艾爾麥拉市外的張伯林乳品商店旁，但景物並沒變，所以我「意願」自己到珍和羅的公寓去。我馬上就在那兒了。

家具不多，而牆面是暗淡的灰褐色。畫家的用具和紙張凌亂地堆著；顯然有人正在搬進來。珍和羅站在窗邊。在他們公寓裡擺著盆栽的房間隔離屏障不見了。房間光禿禿的，沒什麼修飾，像穀倉一樣。

突然，我注意到珍略微胖了一點，而她襯衫的釦子有部分沒扣上，露出兩個相當豐碩的乳房。「你們又是約克海灘的那一對！」我叫道，而這是他們頭一次注意到我。

珍的臉比上次會面中要柔和了一些，而羅也像是較放鬆些。羅問：「什麼海灘？」

「喂，」我說，「你們有沒有去過緬因州的約克海灘？」我也坐了下來。

「有啊，幾年前去過。」

「那麼，」我說，「你們記不記得在一家夜總會裡，一對較年輕的夫婦瞪著你們看，簡直無法移開視線？」

羅和珍彼此相視。珍說：「不記得。」不過，不知怎地，他們都彷彿更像我在日常生活中所認識的他們。

「以一種方式來說，他們真的就是你們。」我說，「在那一刻，他們由恐懼和負面情緒裡創造出你們來，帶著他們所有的才能，卻也帶著所有的攻擊性和苦悶。你們必須打那裡繼續活下去。」

他們交換眼色，珍吃吃傻笑。

「瞧，你們記得任何有關實際生出來的事嗎？有關做個小孩子的事？」我問。我想到也許他們記不起來。

「羅記得，」珍笑道，「我不想記得。」

「你們有他們的早年記憶。」他們似乎相信我，我說，「你們記得上回我們在露天餐廳見面的事嗎？」

在這一刻，我抬頭看見賽斯坐在一些大板條箱上，看起來比羅給他畫的像胖多了——更黝黑，穿著暗色的卡其衣服和靴子。

他們兩個沒回答我，似乎在分享一個祕密似的。「瞧，」我再解釋，「這是實相的一個可能系統，許多個之一。在我來自的那個系統裡，我也認識珍和羅。你們記得那個嗎？」珍點頭並且答說：「記得。」

「在那個可能性裡，珍瘦得多了。她不斷地吃以增加體重。」

我們全都為之發笑。我簡直沒法相信自從我們第一次的夢接觸之後，他們變了多少。現在他們對彼此的愛比那第一次要自由且開放得多，而且看起來似乎快樂些。

此時，賽斯轉向我及一些現在出現在屋裡的其他人。珍或羅都沒看見賽斯或其他人，雖然賽斯在做手勢，並且他的聲音是可以聽見的，至少對我而言。

「珍也寫了許多書，」我說，「她出了兩本書，現正在寫第三本。」我環顧那些凌亂的東西，以及到處堆著未裝框的畫。羅頗為驕傲地對它們點點頭，而我們交換了祝賀的眼色。

「最後的書是講賽斯資料，」我繼續說，觀察著他們，「你們認識賽斯了嗎？」

珍點了支菸，想表現得輕率。「那豈不是很古怪嗎！」她說，「就在今天，羅在講電話而必須掛上。他說：『賽斯就快來了，我得掛上電話。』然後他不知道自己是什麼意思。我們猜也許是某種失言吧！但我們都覺得很奇怪。」

「你們曾與賽斯接觸過嗎？」我鍥而不捨地問。他們似乎不想討論它，但珍終於點了點頭。她的眼神警醒而明亮。

「而你們也的確記得我們上回見面的事？你們必須記住這次的會面。」我說。

在同時，和賽斯在一起的其他人中，有一個和賽斯在說話。是一個高大、看來快活的僧人。我也注意到羅的背似乎比我們初次見面時舒服多了。「在這個可能性裡，你們將繼續活下去，並且發展你們自己的方式。」我說，在我們之間親愛之情彷彿泉湧而出。

珍隨即遞給我一篇稿子，一個從她的觀點而建基於我們在八月十一日的夢接觸上的小說，但它也包括了當前這個夢經驗，賽斯的來臨及某個叫麥可・丁・安東尼的人。當我讀完時，覺得寫得似乎很不錯，但我發現至少就我而言，此地時間順序有點混亂，而這故事令我糊塗起來。「我很抱歉。是篇好文章，但我現在必須走了。」我很快地說，再看了他倆最後一眼，他們一同坐在這麼多事情的邊緣上，我完全清醒地醒過來，並在床上坐起。

很顯然，這個羅和珍正搬進我認識的羅和珍住了多年的同樣一間公寓，卻是在另一個可能性裡。

蘇和約克海灘的夫婦還有幾次短短的夢接觸，而在每一次會面裡，他們似乎都更有自信更自在。現在，當她到我們的公寓來時，她感覺到這另一個珍和羅剛剛在我們正常的感知焦點之外活動。

在一個夢裡，蘇還似乎會見了她自己的一個可能的自己。以下就是那個夢：

我遇見卡爾（她現在的丈夫）在靠近富里東尼亞（Fredonia）的一個地下道裡。這是我們第一次會面，邊走邊聊了一會兒。當我們轉了個彎時，只見那兒擺著一部極大的哈雷機車。

「哇！」我說，「這是你的機車嗎？」

卡爾點點頭。我立刻了悟到在某處——我不了解是何處——卡爾並沒擁有這麼一部機車，而我們兩個是夫妻，並且有個孩子。就好像我正記起了實質生活彷彿一個夢似的，然而我有個感覺，覺得卡爾和我以前曾有過這機車的一幕，而我們也還正在另一個地方演出，並且，縱使現在在演它，將來還會演它。這「全部都一同發生」，彷彿是完全自然似的。

我們騎上機車，疾飆過田野，而在騎車時，我終於領悟到這是個夢。我考慮到投射，卻決定不要毀了卡爾騎機車的經驗，因為他會愛死了擁有一部機車，縱使他只是我夢中的卡爾。

有關可能性的整個一連串經驗引起了許多問題。在蘇最後這一個夢的幾天之後；賽斯在班上的一節裡回答了其中好幾個問題。賽斯直接對蘇講話。首先，他提到折磨了蘇一整天的頭痛：

妳因為「可能的自己」的意涵而不安，並引起了頭痛。只要告訴自己，妳在這個實相裡做得很好，發揮了妳的能力，幫助妳丈夫，並且照料妳的小孩。妳不必為了創造出任何可能的自己而感到愧疚。他們帶著問題進入真實性，但你們全都帶著「事先」設定的挑戰進入真實性。你們給了他們「存在」這個禮物。他們將學會如何去用它，並且以自己的方式去發展自己的能力。你們也給了他們個別性，那是指他們並非你們自己，卻是你們自己的變奏。

蘇說：「我怕我創造了一些我自己相當悲慘的可能自己們。」

許多人都是那樣。妳給了可能的自己們一個基礎、一個歷史及一個身分，而若妳沒創造出他們，他們不會存在，那麼，妳會否定他們的真實性以便他們免受痛苦嗎？現在，妳的頭痛可以消失了。所有的存在全都敏感到……深深盤據著的創造之可能性與可行性。縱使當妳將一個痛苦由自己扔出去，而把它給了一個片段人格作為其天性，妳也給了它妳的創造力和希望。妳並沒任這些人格沒有希望或潛力地四處漂泊。

另一個學生問：「我們是否常常將恐懼和罪疚投射到可能的人格身上？」

你們根本不需要這樣做。一旦你明白你的愧疚是沒有根據的，那麼它就能化解了。只有當你變得害怕了，才以這種方式投射它。

以下由賽斯資料的摘錄，將更清楚地解釋可能性系統，並且說明可能的自己與夢經驗的關係。

做夢的自己與可能的自己

（第二三二節）

我們提到過，做夢的自己有其自己的記憶。它有所有夢經驗的記憶。對你們而言，這可能意味著它有它過去的記憶，而的確，記憶本身是依仗著一個過去，否則這名詞似乎是無意義的。不過，對做夢的自己而言，過去、現在和未來並不存在。所以怎麼能說它有記憶呢？

如我告訴過你們的，所有的經驗基本上是同時性的。做夢的自己覺察其整個的經驗，顯然你們並沒有。你們可說是很不熟悉你們的夢經驗，只是略微覺察其重要意義。

做夢的自己到某個程度覺察到可能的自己。在兩者之間有一個相互取予，因為做夢的自己從可能的自己——經驗到自我會稱為可能事件的自己——處收到很多資料。

這資料往往被做夢的自己織入一個夢戲劇，告知潛意識有危險了，或報告任何潛意識正在考慮要付諸實現的既定事件可能會成功。

若沒有這個可能自己的經驗，以及它透過做夢的自己給潛意識的資料，那麼自我想在日常生活中獲致任何清楚的決定就會極為困難了。自我並沒領悟到不斷餵給它的資料。一般而言，它無法那樣做，因為自我的集中能量必須被用在操縱物質的確實性上。

這個可能的自己曾在每次轉世、人格的每次具體化中運作，而真的可以指揮上百萬個可能的狀況，據之做價值判斷。不過，可能的自己本身並不決定一個特定事件會不會被具體化，它只是傳達透過經驗收到的資料。

往往，這資料是透過做夢的自己過濾，而傳給了與自我密切相連、對自我有密切知識的潛意識。潛意識做它自己的判斷，而將之與資料一齊傳下去。然後自我才做決定。在有些例子裡，自我拒絕做決定，而由潛意識做了決定。偶爾，當自我做了一個不明智的決定時，潛意識會改變它……

可以透過催眠觸及可能的自己，但只在有絕佳的被催眠對象和催眠師的情形下才行。不過，它往往不會被認出來，因為它並沒有在物質實相裡有過經驗的證據來支持它的聲明。當在它自己的架構內時，其資料會是相符的。無論如何，以這種方式觸到可能的自己是極其困難的。就我所知，還沒有人透過催眠觸到它過。在夢的記錄及解析裡，它曾被看到一瞥，卻沒被認出為自己的一個分開的部分。

同樣的，自己的這些部分存在於每次轉世裡。在人格透過種種不同的轉世而具體化時，只有自我及個人潛意識層面採取了新的特性。其他部分則保持它們的經驗、身分和知識。事實上，由於這種保有，自我才得到它大半的穩定性。若非自己更深層面在其他人生中有其經驗，自我將發現它幾乎不可能與其他的個人建立關係，而社會的一致性也就不會存在了。

夢與可能事件

（摘自一九六六年二月十三日第二三五節）

如果你想對可能的宇宙像什麼樣子有一些概念的話，那就檢查你自己的夢，找尋那些和醒時存在的實質事件沒有任何很大相似處的事件。找尋你在正常有意識的生活中並不認識的夢人。找尋顯得古怪或陌異的風景，因為所有這些都在某處存在著。你曾感知它們。它們並不存在於你知道的空間，但它們卻又並非不存在，也不只是不具實質的、做夢心智之想像的玩具。

你也許無法瞭解看起來像是由不連貫影像和動作組成的混亂叢林。你的混淆主要理由是，一個以自我為中心的身分，無法感知不建立在連續時刻上的秩序。可能系統之內的秩序是建立在可以與主觀的聯想，或與直覺洞見閃現相比較的東西上——能夠組合可能對自我顯得是不連貫成分的那些經驗。此處它們被組合成一個整合了的行動模式。

可能系統並不經由主觀聯想建立其秩序，但那是我所能用的，最接近造成這秩序基本原因的說法。舉例來說，可能系統內的事件，在其實相領域內，的確是客觀而堅實的。要記住，你們自己的系統也只在其領域內才是真實而堅固的。

在睡眠中，你不只由物質的確實領域撤退出來，而且你還進入了其他系統。

至今，我們已經驗過兩種主要的，彷彿涉及了可能性的夢。先前提到的蘇的夢，代表了個人取向的夢，在其中，我們似乎感知了在正常環境內本可能發生，或在未來可能發生的事件。其他類型的夢則涉及了賽斯提到的「古怪環境」，而顯現對我們十分陌生的社會或文明，但至少是繞著可被認出的成分建立起來的。

我們好幾個人有過這種夢。再次的，蘇的兩個夢最具有代表性。兩者也都涉及了投射或出體狀態——在本書的下一個部分會再討論到。以下是摘自蘇的筆記。

夢之一

（一九七〇年八月七日……午睡）

我在陽臺的沙發上躺下。飄入一個淺睡中。我發現，藉由不知怎地收緊我頭皮的肌肉，我就能對我的腦子做一件奇怪的事，然後帶著我能「聽見」的聲音做某件激烈的事。聲音持續著，而我能感覺到我的靈體在肉體內顫抖。這就好像我從一個果凍模裡把自己拉鬆開來一樣。我以這種方式脫出了我的身體，浮在沙發上，又回到肉體去。我嘗試同樣的技巧，縮緊我的頭皮肌肉而感覺我的靈體動了。這回我脫出了我的肉身，並且站著瞧它。那經驗是如此怪異，以致有一瞬間我以為我死了，雖然我明知並非如此。我十分清楚地知道我在身體外面，正在實驗，而且並沒遭到困難。所以我轉身，將身體留在沙發上而走出門，走到我們房子外面的碼頭。

這兒，我發現大約有十二個用水肺潛水（skin diving）裝備的人在水裡。有人遞給我一些裝備，很多人在說，穿上那套裝備有多困難。當每個人都準備好了時，他們給我一個面罩。我已穿上了潛水裝。我們馬上游入湖裡。我們看到一座小屋，找到一個可游過去的空間，發現我們是在一棟完全在水面下的公寓裡。在這段時間，我非常敏銳地知覺到潛水裝備的噪音，以及極冷的水。

我們在公寓裡到處游動。一位較年長的婦人來到廚房裡。除了她的衣料是一種奇怪的金屬材料之外，衣著正常。她很驚訝地看著我們的裝備，但我看見廚房流理檯上有紙和筆，就寫了一個短短的解釋。她看看我潛水用的蛙鞋。我脫下一隻來，給她看我的腳。她驚訝的說：「跟我們的一樣嘛！」她的聲音清晰，音調卻非常高。

我寫道：「你們能在水中呼吸呀？」她答說：「是的。他們幾年前已立法禁用那些裝備，所以我們無法到……」她突然打住，而我醒悟到，我又再度在可能次元的某種曲速面裡，那裡有住在水下的人，或以水為大氣的人。我的面罩變得不舒服，並且開始進了一些水。

其他人也慌張地想出去。我們一個個踢著牆，由煙囪擠上去，到了水面。我使勁拉掉面罩的同時，也就猛然驚醒。有一陣子，我不知身在何方。我發現自己坐在碼頭上，卻不記得走去過那裡。當下我是在我的肉身裡了，然而不知怎地，我周遭的物質世界卻短缺了好多片而不完整。終於，我的頭腦清楚了，它一直充滿了一種奇怪的哀鳴聲。好像在我雙眼焦點之外的世界只成形了一半：其他的都是灰暗而在不停旋轉。

夢之二

（一九七〇年八月二日）

我們一群人在我父母房子的地窖裡，正在投射。我審視鍋爐間，在靠近天花板的地方注意到某種類似熱水器的東西。它變長，而延伸成一個瓷走廊。我踏進去，碰到好幾位貓樣的怪人，他們解釋說，我投射進一個次元的曲速面而進入了他們的實相。那是個可能的系統，在那兒，意識決定用貓的形像最令人滿意。在那裡，貓直立起來走路、會用工具等等。

人們擁有帶橙色的臉、尖耳朵，頭上及手上有很長的毛髮。他們穿著暗色長袍。一個「男人」和我走到一間辦公大樓裡去。這間特定的房間是以暗色木料和皮革裝飾的，沒有窗子。他告訴我，這個曲速面只會存在一會兒，連接他和我的實相，然後就會中斷，而同樣的情況就再也不會發生了。他也告訴我要回去很難。

我聽了很不安，這時門開了，我五年級的老師困惑而迷亂地走進來。「妳在這兒幹嘛？」我大叫。而那「男人」解釋說，那個連結物在好幾處觸及了物質實相。他告訴我，我年老的老師並不明白她在做什麼，或她在何處。現在我變得急於離開了。我聽見鈴聲叮噹地響，而我被拉出了辦公室的門，經過走廊，通過地窖，上了樓梯到了我床上。我醒了。

照賽斯說來，兒童們真的在夢裡嘗試對他們開放的種種不同方向。在一九六六年八月三十一日第二八二節裡，他對羅說：

在夢的實相之內，你可能演出許多可能性，並且嘗試不同的選擇，而並不必然是以短期的方式。舉例來說，你可能可以成為一個傑出的醫生。以你們的說法，你在三年的期間，藉由編織一個夢架構，在其間，你學習如果你以前選擇進入醫學，人生會是什麼樣，而經驗到這個可能性。這不只是想像而已。你審視一個可能性，又選擇了另一個。於是，個人選擇他想要具體實現哪一個可能性。舉例來說，在這樣一個插曲裡，你貫徹了你目前的路線；因而，你潛意識地覺察自己的「未來」——既然你選擇了它。不過，永遠有新的選擇。你在主要的選擇系統內預先看到未來的可能性。

在你目前的生活裡，同樣的過程正在繼續。大半這些夢都與自我沒有聯繫，而不會被憶起。可是，追求這些分歧路徑的「自己」是實在的。有人很可能原是個醫生，一度夢到過一個可能的宇宙，他在其中會是個畫家。他繼續去演出自己的可能性，他事實上是存在的。你稱他的系統為一個替代的可能系統，但他卻正會如此稱呼你的系統。

且說你們在夢境中會共享一些經驗。它們會牽涉到在你們分道揚鑣之前所熟悉的插曲。你們像是一棵樹的兩條枝幹。你們認知同一位母親……

你們共同經驗之過去和未來的夢是根源夢（root dreams）。它們是用來作為維持內在身分和溝通的一個方法。也可以由這些夢投射——那是說，舉例而言，你可以投射到那醫生的人生裡去（我在用你和那醫生做個例子。你明白嗎，藝術與療癒也是密切相連的。我所談到的投射，在你們雙方都偶爾且自發地發生）。

轉世不過是這可能系統的一部分罷了，是那個落入你們特定宇宙裡的部分。也有為全人類所共有的根源夢。它們大半並不像容格所以為的那麼「象徵性」，卻是內我用到的能力之真實詮釋。就此而言，如你所知，飛翔的夢並不必然是任何事的象徵。雖然往往與其他的夢成分相混，但它們可以是有效的經驗。在許多例子裡，墜落的夢也是簡單的經驗，代表向下的運動，或在投射當中的失控。

賽斯告訴我們，羅的醫生的可能自己是一位皮醫生。如我在先前的書裡提到過的，我們試著接觸他——但至今為止尚未成功。幾年前，羅做過一些醫學的繪畫，而對自己的成功大感驚愕。他並不記得小時候有過當醫生的想法，但在作畫時，他總是強調身體的結構和形狀。

但所有這些可能的自己又有什麼意義？他們與我們所認為的個性發展又有何關係？賽斯在他自己的書裡仍在討論可能性，所以，當然，我們還沒有全部的答案。不過，有天晚上，羅問賽斯，因為我們上課的結果，我們的自我有哪種改變，而賽斯利用那問題給了我們更多有關人格和可能的自己的資訊。

可能的自己和多次元人格

（摘自第三〇九節）

當然，自我的結構保持不變，處理物質實相的責任保持不變。但在某些方面，這種操縱的性質變了，變得更直接了，物質的屬性越來越在精神層面上被操縱了。比較而言，自我變得更像內我，而較不像它的老樣子了。它接受它原先否認的大部分實相。結構上，它維持不變，然而，它在化學和電磁性質上改變了。現在它對內在資料開放得多。一旦達到了這自由，自我永不能回到它的老樣子。

我曾告訴過你，「自我」是企圖將它自己與行動分開，而視行動為一個物體之「自覺行動」。

現在這改變了的自我保留其高度專門化的自覺，然而它現在卻能體驗自己為在行動內並為其一部分的一個身分。

這對意識及人格而言是一個基石。不過，這只是第一步。沒有它，意識進一步的發展是不可能發生的。你們系統裡的每一個人並不是都能達到這一點的。而你現在正在那一點。

當本體身分能在它自己內包含了所有轉世的切身知識時，就踏到了下一步。然而在這狀態裡，林林總總轉世的自己之獨立性並沒減少。意識的這些步驟的每一步，都牽涉到本體對它與「一切萬有」之統一性的內在認識。

於是，當每個分別的本體尋求認識，並體驗它其他的部分時，「一切萬有」就知道祂是誰及是什麼了。行動永不停止探索其自身。由於行動必然永遠要動，而每個行動創造出一個新的未知，所以「一切萬有」永遠無法完全認識祂自己。行動必須由每個可想像的點旅歷過它自己，然而，既然那旅程本身就是行動，它就會創造出新的途徑。

行動與可能性

（摘自第三〇九節）

有很多個你在可能的系統裡，而每個你在一個人格結構裡都有心理上的關聯。你所知的你是其一部分。在你們的系統裡，所有其他的你好像都存在於一個可能實相。

對他們任一個而言，其他人會像存在於一個可能宇宙裡，然而所有都是相連的。舉例來說，所有的你並非都有同樣的父母，而在你自己父母個別的人生裡，也存在著部分可能的情況。〔對著羅說：〕例如在某個可能實相裡，你母親沒有小孩，因此你不存在於這些實相中。在某一些可能實相裡，她嫁的不是你所知的父親。但在這一個系統裡的長子與你自己之間，卻存在著一個心理的關聯。

充溢著情緒的感受立即建立了你可以視為一條切線的東西，它表現在某個實相系統裡。這是行動的內在本質。以你們的說法，沒有被具體化的那些思緒、欲望和衝動，會在其他系統裡實現。

現在，內我在心理上受到這些可能人格的影響，因為他們代表了你完全不熟悉的一整個人格體系或完形。你們的心理學家至多也只在與單次元的心理學打交道。

在夢境，那更大的「結構」有時候以高度密碼式的象徵來溝通。現在要你破解這些象徵是相當不可能的。有一種回饋系統在運作。然而，你必須了解，這些其他身分是完全獨立並且個別的。他們以密碼式的心理結構存在於你的人格之內，正如你存在於他們的人格之內。

他們一直潛存於你之內，而在你的系統裡沒被表現出來。你有他們的能力而沒去用。你保持潛存在他們的人格結構內，而在他們的系統內，你主要的能力沒被利用。然而，你們每個都是在一個多次元心理結構內的自己的一部分。

這些並不必然代表了更進化的自己。某些能力在他們之內會比在你之內開發得更多，反之亦然。我說的並非那存在於「未來的」你自己的部分。每個可能的自己都有其「未來的」自己。

這個多次元人格或本體是我們在許多課裡將談到的心理結構。這名詞包括了「可能的自己」、「轉世的自己」，以及比你所知的自己「更開發了的自己」。這些組成了全我的基本身分。而所有的部分都是獨立的。

可能性和「無時間」（No Time）

（摘自第四三八節）

你們用可能性像磚頭一樣去建造事件。這必須以內在知識及計算為前提，因為你必須覺知可能性以便從中選擇。所以，內在自己有這知識。這些可能性包括了網絡（webworks），涉及了不只你自己，還有其他人的可能行動與反應。與這些內在作用比起來，電腦只不過是玩具罷了。以你們的說法，直到最後一刻，大部分的事件才「凝固」起來。按照你們對事件這個字眼的了解和詮釋，沒有一件事是由你們自己之外的來源所預先決定或命定的。舉例來說，你的童年環境是在你出生前由你決定的。在這架構之內，你卻也給了自己自由去操縱和改變。一個文明的主要事件是由其人民選擇的，但一個過程已開始，並不表示它不能在任何一點被改變。

那麼，事件從它們在「無時間」的根源裡，在你們的時間中具體化。可能性的來源或供應都是無窮盡的，所以，「無時間」並非一個靜態、完全的儲藏室。你由任何一套可能性形成的每個事件，自動地產生新的可能性。

任何一個既定的可能行動的性質，並不導致任何不可避免的特定行為。可能性以價值完成的方式擴張。那麼，一個既定行為並不必然導向甲、乙和丙行為，而繼續下去到某個結論性的行動。相反的，它在無限的方向都有分支，而這些又有分支。

這是我對實相的理解。還有更多需要理解的呢！在我所覺察及其他「人」所覺察的實相之外，還有我們無法描述的系統。它們是巨大的能量源頭，宇宙的能量庫藏，使得整個的可能性實相成為可能。

它們的演化已超過了所有我們理解的可能性，然而，在可能性之外，它們仍存在著。這無法以字句來解釋。然而，所有這些都並無意於否定個人，因為其他的一切都是建立在個人基礎上的，所有的存有都是由個人基礎上而有其存在的。也從沒有一個個人的記憶或情感是曾被剝奪掉了的，它們永遠隨他處置。

所有這些可能系統都是開放的。在你們的系統裡，看起來好像你們選擇了一條路，一條主要的可能路線，而就此了事了。在你們的系統裡，只有一個自我占優勢，而你認為你自己就是那個自我。在其他的系統裡，情形並不必然是如此。在有些系統，內我覺知到不只一個自我，覺知到同時扮演不只一個角色。作為一個比喻，這會好像是，比如說，你同時過著一個才氣縱橫的有錢人、一個窮人、一個母親和一個職業婦女的生活。你會覺知每個角色，而發現在每個角色裡你的能力都被開發了。這是個比喻，如果你太一板一眼地去當真，在好幾方面它可能會引導你入歧途。你要知道，在這樣一個系統裡，時間是沒有間斷的……

Chapter

19

由夢境出體的經驗

飛翔夢
意識在夢中的流動性

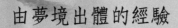

從一九六三直到一九六六年，羅和我單獨工作著，每週上兩次賽斯課，並且遵循他的指導。在賽斯課當中，以及在做賽斯稱為「心理時間」（psy-time）的練習時，我有過幾次自發的出體經驗。這些在物質實相裡得到了證實，並且記錄在我的書《靈界的訊息》裡。其中有些插曲與寫過信給我的陌生人有關。在出體狀態，我正確地描述了遠方的環境，給了明確而可求證的資訊。這種例子對說服我「投射」並非只是富於想像的編劇很有用。

同時，「夢回想」的實驗導致第一次由夢境的自發投射，接著是有意的實驗。羅和我並不熟悉記載於玄祕文獻裡有關投射的資訊。我不肯輕信賽斯所給的指示和資訊，然而我已有過足夠的經驗，知道賽斯的「理論資料」真的有用。在我們照著做時，自己的結果令那資料本身活了起來。

同時，我們參加了一個談通靈現象的讀者俱樂部。令我非常驚奇的是，他們的刊物上列出了好幾本談投射的書。我們訂購了奧利佛福克斯的《靈體投射》（*Astral Projection*），我驚愕地發現，我的經驗與他的相當近似，縱使到那時為止我的投射都是自發的。我決定藉著在白天小睡一下，特意地由夢境來實驗——以前我沒想到過這個點子。

遵照賽斯的指導，我正在學習當我在做夢時認知到我是在做夢，如果我想操縱夢事件便可操縱它，離開我的身體，以及分辨幻覺和實相。

但，在做了所有這些之後，我往往又睡著了，正常地做夢直到天明，而失去了對我的經驗的清晰記憶。我推想，如果我只在白天小睡個一小時左右，那麼我比較不會忘掉。這「在工作中睡覺」或去睡覺以便去工作，成了羅和我之間的一個笑話。到某程度，它也擾亂了我平常的睡眠時間表，所以我通常每次只做幾週這種實驗。

在以後三年中，我們嘗試過許多實驗，結果各不相同。當我開始我的ESP班時，我有些學生開始做他們自己的實驗。在我由我們的記錄中抽取一些例子之前，以下是賽斯在那段時間裡給我們有關投射的一些資料。它包括了指示、暗示，以及投射者可能會發現他自己身在其中的種種不同實相的描述。

夢體

（一九六六年五月二十三日第二六一節）

當然，實際上，在你們的出體經驗裡，通常會發現自己在某種「身體形式」裡。這些是個必要的偽裝，因為你們尚無法想像沒有某種身體的「本體身分」，所以使用以這樣一種形體投射。它因你們的能力而有所不同，而若沒有它，你們真的會很有失落感。那形體本身並不重要，但它能告訴你，關於你正在經驗到的次元的一些事。

「夢體」是你們最熟悉的一種，它被稱為靈體（astral）。當你在它裡面時，你覺得它是實質的，但你卻能用它做你通常無法做到的事。舉例來說，你能浮起來。不過，一般而言，以這個身體你並不能穿過牆壁。這是你在平常的夢裡用到的身體。它可以浮起來，但有其限度。

當你進入一個不同的次元時，身體形式的能力會改變，而實際上。它是個不同的身體——我們暫且稱之為一個「心智體」（mind form）。在形狀上它仍像是實質的，但你能以它穿過實質的物質。你能自由得多地浮升，在太陽系之內旅遊。但你無法走得更遠了。

在第一種形體裡，你可以有限地感知過去、現在或未來。在第二種形體裡，這感知增長了，意識的範圍加大了。如果你和其他人在夢境裡相約見面，這將是你所用的形體。

第三種形體我們可稱之為真正的投射形體。在它裡面，你可以超越你們的太陽系，並且除了自己的系統之外，你還能感知其他系統的過去、現在和未來。不過，你所用的不同形體並不會決定你的經驗。你可以用一種形體開始而變到另一種——或由第一種換到第三種。在這種情形，在回來時，你必須以逆向通過。形體只不過代表意識的階段而已。

在最後一次轉世，當身體死亡之後，那麼，正常的形體就是夢體，而從這一點開始旅行。如我提到過的，你是可能突然由第三種形體轉換到夢體，但意識會受到相當厲害的顛簸。

的確，有些其他人在這種經驗裡能幫忙你，而他們身為嚮導能對你大有幫助。你會發現，如果你的頭朝北，投射會容易得多。在這兒我要略微提一下，魯柏應當知道，當他在第一次讀福克斯的書時的醒時投射也是正常的。

（既然賽斯又進一步提到這件事，我要短短地描寫一下。雖然在這本專門談夢及相關資料的書裡，一般而言，並不會討論醒時投射。我因福克斯的經驗而如此的放心，以致我立刻由醒時狀態嘗試投射。我躺在床上以支撐我的肉體，閉上雙眼，用我所有的意志力將自己射出去。我必須承認，令我大吃一驚地，我幾乎立刻成功了。在我後頭有咔嚓的一聲，一記幾乎會痛的猛拉，而我發現自己以似乎不可置信的速度飛過一扇窗。到了屋外二樓高的地方。越升越高，越過了華特街向遠山飛去。我的頭充滿了壓力，快爆了。我完全警醒而有意識，我怕會墜落下去。

（如我後來告訴羅的，此時「勇敢的實驗者」真的恐慌起來。我嚇呆了；真有點「吃不完兜著走」的味道了。在驚慌的那一剎間，我猛然被向回拖，比我來時更快地——如果那是可能的話——穿過空氣。這比向前飛行更令我害怕。這次，有一種奇怪的、非常響的噪音，像那彷彿抽我回去的電線或橡皮筋放大了的砰然一響。我真的在震驚中擊中我的肉體，我肉身的頭和頸在枕頭上來回猛撞，以致我的肩和頭僵硬了一個星期。

（只在後來我才悟到，我感覺到的帶子或電線原來是靈帶（astral cord），那經驗卻是倒胃口的，所以隨後好一陣子，我總是利用一種輕度出神狀態或夢的架構來投射。現在賽斯說：）

實際的物質窗子是在他頭的後方。他覺得非得在他前面有個窗子，他才能離開實質的屋子，而他飛出去的那個窗子是他自己假造出來的一個象徵。我覺得這很好玩。你明白嗎，他沒有信心看見他自己穿過實質的牆，如他實際上所做的。相反的，他形成一個想像出來的窗子而投射出去。

現在，當你由夢體投射時，在意識上你已經在肉身外面了，你已然做了最初的改變，離開了肉體的焦點。大半有效的投射是由夢體做的。你明白嗎，當旅遊結束時，回到夢體是不費力氣的，因為沒怎麼牽涉到自我。可是，在許多這種例子裡，那知識是不為醒時的自己所知的。

當你變得更熟習這經驗時，醒時自己將記得越來越多而不再害怕。當你這次由清醒狀態發慌時，那經驗便結束了。如果醒時自己沒以這特定方式被帶走，旅程還可以繼續。

那次經驗是我最「震撼」的經驗，而我很高興它發生在一開始時。後來，我總是明確表明，我想在我房內或公寓內出體，或想到別的明確地點。你鮮少完全清醒的出去，像火箭般快速的飛出你的身體。無論如何，夢中投射是十分不同的，而如賽斯提到的，自我已然受到保護。

不過，那時對我們而言，每件事都非常新鮮，不管怕或不怕，我對那經驗還是極為滿意；而羅很嫉妒，還告訴我，他在同樣情況下是不會如此慌張的。結果，他這話說得過早了！

一個週末的下午，羅正在午睡，而我在洗碗。他睡著了，又「醒過來」，發現自己正在他畫室窗外的三呎處，在房子和遮蔭那房間的大梨樹之間盤旋。有那麼一會兒，他根本無法了解發生了什麼事。他知道實質上這樣一種位置是不可能的，所以他屏住呼吸，等待那不可避免的跌落。

但什麼都沒發生。他就只懸在那兒。突然間他悟到他出了體，但不知道下一步該做什麼。他大聲叫我，但我是在我肉身內，正在廚房快樂地哼著歌，充耳不聞。羅絕望地想找些支撐物，而頗自發地創造出一個出現在他身下的小孩的滑板。他可以清楚地看見院子和車房，但一個成年人離地兩層樓高踩在滑板上的畫面實在太過分了——然後他彈回他的身體裡。

同時，賽斯繼續講關於投射的課。

在投射當中的幻覺

（摘自一九六六年五月二十五日第二六二節）

我想告訴你們，關於在任何成功的投射裡，你可以預期會遇到情況的一些概念，這樣以後你多少會有心理準備。為了簡單之故，我們將稱在上一節裡討論到的身體形式為形式一、二、三。

形式一會由一個普通的夢境跳出。在自發的投射裡，你可能在形式一裡變得有了意識，投射，回到普通的夢境，由那兒又再投射幾次。你可以預期這些特定的投射現在很難詮釋，雖然在任何的夢記錄當中，你也許會發現那原封不動的經驗。

你以形式一所做的遠足，將會是在你們自己的系統之內，大半與地球相連，雖然可能涉及了過去、現在與未來。舉例來說，你可能遊覽西元兩千年的紐約市。

這裡，投射會是相當短暫的，雖然格外地清晰。不過，你可能碰到由自己潛意識產生的幻影，而它們看起來會像是極為真實。如果你悟到自己正在投射，你可以命令任何討厭的幻影消失，而它們就會消失。如果你悟到一場夢魘是自己潛意識的產物，你也可以驅除它。可是，如果你當它是真實的，那麼你就必須那樣處理它，直到你了悟其來源或回到普通的夢境。

一般而言，在形式裡，你不會遇到任何潛意識的幻影。不會有那麼多平常的夢成分，它們也不會太侵擾你。可能有較長時間的投射。經驗是異乎尋常的生動。在此你將開始十分清楚地感知非你自己的構造物，那在先前只能模糊地被略見一瞥。必須要一段時間來「熟悉環境」，只因為這些其他的構造物也許看來似乎令人迷惑。有些會存在於你的未來，有些可能曾存在於你的過去，而有些則是你想到過，卻從未具體化的東西。

但所有這些構造物的真實性將會同樣地生動，你明白嗎，因為它們的確是同樣真實的。我會給你一個簡單的例子。你可能發現自己與某些人在一個房間裡。稍後醒來時，你會發現那些人和背景都屬於一本小說裡的特定一節。於是你想：「那麼，這並非投射，而只是一個夢。」

可是，它可能是一個有效的投射。那房間和人們是存在的，卻非以你認可為真實的方式。它們存在於另一個次元裡，但一般而言，你卻無法感知它。〔對著羅說〕你將要畫的畫現在就存在。你是可能將自己投射到你未來的一張風景畫裡的。這將不是一個想像的投射。這正是我試著想告訴你的。

例如，你可能發現自己正在一場戰役當中，那場戰役曾在某將軍的腦海中計畫，卻從未在物質實相裡具體化。附帶一提，在這樣一個例子裡，你並非戰役的一部分，所以不可能被傷害。不過，你可能受到夠大的吸引力而將自己自發地投射到一個士兵的身體裡去，在那種情形下，你就可能體驗到痛，直到你的恐懼將你拉回來為止。當你學會控制時，這種錯誤就消失了。

有林林總總你必須學會處理的狀況，有不管你願不願意、都會將你拉向任何方向的吸引力和排斥力。經驗將教你如何處理這些。所需要的是，就你有意識覺知而言新的狀況之下，得維持一個穩定身分。我再怎麼強調也不為過的是，的確會發生投射到別的次元的事。許多這種例子往往被認作混亂的夢，因為它們並沒以實質方式發生，所以無法將之與實質事件相印證。

你是有可能投射到你將會捲入的未來事件去，而藉由你在投射中的一個行為，改變了這個未來會採取的方向。這樣一個行動因之看來像是發生了兩次，一次在你的現在，而一次在你的未來。但在未來，你會是被這來自過去的旅遊的自己改變了方向的那個你。

讓我們舉個例：當睡著時，你投射到一九八二年。在那兒，你看見自已考慮種種不同的動向。當你看這個較老的自己時，有那麼一會兒，你覺察到一種二重性。你和這另一個自己溝通；在另一節裡我們會更深入地談這類的事。無論如何，你未來的自己留意了你所說的。現在在實際上的未來，你是聽見一個過去自己聲音的自己，也許是在一個夢裡，也許是在回到過去的一次投射裡。

在這一節的幾天之後，我故意嘗試了第一個我所謂的「投射小睡」。我沒有如常地在八點走到我的打字機旁，相反的，我躺下來，將鬧鐘設定在九點半。我給自己暗示說我會入睡，當我開始做夢時，我會認知我的狀況，而將我的意識投射到身體外面。床頭几上擺著紙和筆。我也關上了門，使我不會聽到門鈴或電話。

我立刻睡著了。下一件我知道的事就是，我好像在某個不知其時的過去裡自己培植的一個可愛花園裡。然後我以為我非常清醒，在告訴羅關於這個夢。當我和他閒談時，心裡一直有種驅之不去的疑惑。我真是醒著的嗎？或這是賽斯和福克斯都描述過，我在過去也經驗過的「假醒」？我看看臥室，每件事似乎都完全正常。很難想像我可能真的睡著了而在做夢，而非醒來的。然而，我知道我曾上床做實驗，為了要確定，我決定雖然外表上看來正常，仍要視自己理所當然地是在做夢。

如果真在夢中的話，我應該能投射。所以我下床，走進浴室，坐在一張椅子上把事情想清楚。再次的，每樣事都彷彿是它該是的樣子，雖然房間看起來格外清晰，細部都清楚極了！我心想，可不可能我已經出體了呢？如果真是如此，在這個我看來夠實質的身體裡，我應該能浮起來。我意願自己浮起來，心裡又覺得自己相當蠢。

立刻，我的腳和腿感覺非常奇怪，充滿了一種沙沙作響的感受。有種內部轉移的奇怪感覺。突然間，我看見許多面鏡子，我知道它們不是實質的，並且不屬於這個房間。我以令人驚異的速度被推過它們。在鏡子內有些景象，還有人在走動。我疾奔過一連串這種場景。旅行的感受非常真實，無可爭議，並且多少有點嚇人。

我在一座小山邊「著陸」。兩位婦人奔上山去，我尾隨她們。我完全不知道她們是誰，但我決定試試看能否在這狀態，由地上跳到其中一個山丘的頂上。我一這麼想，便疾飛過空氣到了山頂，又回到我本來站著的地方。為了確定我的結果，我又再度「跳」了一次。

此處我經驗到另一次假醒，在其間我告訴羅發生了什麼事，並且解釋剛才的插曲（事實上，我相信我已回到了臥房，雖仍在靈體裡，卻失去了必要的意識焦點而發生幻覺）。

我幾乎立刻離開了房間，出現在假定是我們的朋友傑克和莉蒂亞的房子裡。不過，這並非日常生活裡他們正常的房子，而我是覺知這點的。在此我又站著跟羅說話，根本忘了他是去上班了。當我跟他說話時，我轉過頭，竟看見另一個羅，一個完全一模一樣的羅，站在走廊正對過的一間房間裡。我很驚訝，就叫羅站著別動，同時我走近門邊去核對我的觀察。

「看哪，羅，到這兒來。」我說，而羅來到門口，清楚地看到了他的替身。他們四目相視，那替身的驚訝看來和羅不相上下。

隨後我短時間地融入無意識裡。當我甦醒過來時，發現自己已回到剛才看過的花園裡。一個女人和我打招呼。我立刻認出她是莉西•盧翰小姐，好些年前我們的一個鄰居，已去世至少十五年了。記起了她的死，我很訝異看到她，甚至更好奇她的外表。雖然當她死時已八十開外，並且當我第一次認識她時，她已六十多歲，但現在她看起來像是三十五、六歲的樣子，我們聊了一會兒，內容不記得了。之後我融入一個正常的夢裡，被鬧鐘吵醒時，我也忘了那個夢。

這經驗一開始時，高速的感受是非常的真實，而在整個插曲當中，我努力掙扎以保持一種批判眼光，卻時有時無。那經驗是成功的，因為我確信我由夢境離開了身體。但羅的替身和盧翰小姐又該怎麼說呢？

那天，一九六六年六月一日的晚上，我們上了第二六四節課，而在其間，賽斯對我的經驗講了一些話：

魯柏由夢境的投射是正常的，雖然他控制得不大好。魯柏看見的植物代表他曾寫過及正在寫的書。莉蒂亞插曲包含了許多普通的夢成分。〔對著羅說〕在魯柏的一些旅遊裡，你的確在場，但你忘了。

魯柏看到兩個你。他看見如先前〔在第二六二節裡〕描述的你的第二個形式。另一個是魯柏在夢境裡自己創造的你的夢體。當你出現在你的形式二裡時，他足夠有意識認出你的來到，然後指出他已創造出的夢影像。由於你自己的狀態，你也能看到它。

現在，當魯柏夢到他曾與你討論一個夢時，在大多數情形裡他是那麼做了。你倆都相當自然的在形式二裡談天。當你們旅遊經驗夠多了時，這些對話能被記錄在你們兩人的夢裡。在此所需的工作量非常驚人，但你倆都能做到，而在如此做時，你們能增加人對夢境潛力的知識。

當然，這期間，我們在記錄所有能捕獲的夢。通常，每晚我至少有一個夢是與飛翔或浮升有關的。在一連串的夢中，我似乎正在努力使我的「飛行技術」臻於完美，並且在上別人的課。然後，在好幾個像這樣的夢當中，我有了以下這個夢。我的記錄如下：

「整個夢是以影像表現的。我看見宇宙或整個實相，無窮無盡的漩渦和星辰，在多次元的深度裡。有人告訴我，我們所珍視的大半有關實相本質的概念是全然錯誤的。這是個啟示夢，但在醒來時，我無法記得多少。我相信有人在指導我。」

在一九六六年六月十五日的第二六八節裡，賽斯提到了這個夢，且繼續談他投射的資料。

再談夢體、內在感官和投射

（摘自一九六六年六月十五日第二六八節）

你們記得我簡短地列出了在投射時用到的三種形式。在形式一裡，你通常用到某些內在感官；在形式二裡，你用到更多的內在感官；而在形式三裡，你企圖用所有的內在感官，雖然這很少成功。你應該留意你似乎在用的整體感知形式。你自動地保護自己，不接受對自己的發展速度而言太過強烈的刺激。不過，在任一既定的投射裡，這種平衡可能導致一個不均衡的經驗。

如你所知，你幾乎不可能覺察可能的全部感知，因為自我不能忍受它。可是，往往即使在簡單的夢裡，沒有任何言語交談，你也會感受觀念或理解一項特定的資訊。在某些投射裡，你會體驗一個觀念，而一開始可能不了解發生了什麼事。在這些夢裡，你實際地體驗了一個既定觀念之最深的實相。

在此節前的魯柏的那個夢裡，他是在第三個形式，而真的投射到超過了你們的太陽系。不過，這仍是一個在物質宇宙之內的投射。他被給予了他記不得的資訊。當你探究一個觀念的內部時，你演出它來，形成一個暫時卻非常生動的影像產品。如果魯柏的經驗只是這個，它仍會是有意義的，因為當你以這種方式理解一個觀念時，那知識是永誌不忘的。它變成你的肉體細胞及電磁結構的一部分。

可是，我要使這一點更清楚。假設你突然了解了與宇宙合一的觀念，以及對觀念的這種內在感受應當被利用，於是你便會建造夢影像，形形色色的各種形狀和樣子，以便代表生命之複雜形式。你隨即會有進入每個這些生命中的經驗。你不會在思考做一隻鳥像是什麼樣子，而暫時會是一隻鳥。這的確涉及了某種投射，然而，在對比之下，仍必須被稱為一個「假投射」。一個正常的投射會牽涉到三個身體形式之一。

那麼，有些經驗只是更充分運用內在感官的簡單企圖。它們也許顯得是投射，而當我們繼續進行時，我會告訴你們如何區分它們。

在有些場合，你能回頭而看見你的肉體在床上，在其他情形裡你則無法這樣做。舉例來說，在第一種身體形式，你能回頭看見肉身。如果你為了加強這經驗，而由這形式投射到下一個，那麼從這第二種形式，你就看不見肉身了。你會覺知到它，而你也可能經驗一些二重性。在第三種形式裡，你將不再覺知肉身，並且也看不見它。

在第三種形式，你的經驗會最生動，它們可能牽涉到在你們自己系統之外的其他系統，而你鮮少和物質環境有所接觸。為此之故，第三種形式的投射是最難維持的，其中有當你用其他兩種形式時所沒有的危險。

在用第三種形式時，你可能有一種傾向：沒認識到自己的身體狀況。很難將你目前的自我人格之記憶帶著去。這形式三是內我的一個載具。它感覺到的迷失方向，就與當肉體在死亡那一刻被捨棄時將有的感覺相同。這種迷失方向感只是暫時的，而當死亡時，形式三則與肉身切斷了，那時在電磁結構內的所有記憶和身分，都變成內我的一部分了。不過，有時候，為了教導的目的，或為了使整個人格認識強烈影響它的環境，也用到第三種形式。

無論如何，你們大半的投射會是在第一和第二種形式裡。通常，你會由肉身投射入第一種形式，然後，也許投射入第二種。偶爾，這會不為你所知地發生，縱然你費盡心思想去探知你的境況。

當然，有辦法知道你什麼時候轉換了身體形式，我們將一定會讓你們得到這資訊。在以後幾個月裡，如果你們以目前的速度繼續發展的話，你倆都該有好幾次在第一及第二種形式內的投射。

我想要提及從夢境及出神狀態投射，兩者之間在經驗和感受上的差異，還有魯柏所謂「彷彿清醒」的夢，因為此處有許多你們不知道的事，而它們是相當重要的。

你們有些人可能稱夢中投射為幻覺。然而，在賽斯課開始之前，我們從來沒有那種經驗。我們被給予的指導有用。一種奇怪的、新的第二種生活開始了，而與我們正常的生活毗連著。有人可能稱之為一種夢幻生活，但它顯然並不比平凡世界更是想像或神祕的。

所以，每週至少兩次，我會躺下來做實驗。我的身體躺在沙發或床上，鬧鐘設定好，屋子井然有序，同時，我試著「出去」看看能找到什麼。我看起來對這事好像有種奇怪的才能，而當我真的下決心出去時，很少失敗過。然而，有時候有段期間，我只集中精神在賽斯課上，而有賽斯在實相的一邊，羅在另一邊——兩位很好的守護者，那時我便避免做出體實驗。一種怪異的感受彷彿與這些實驗相連。我的意識如此習慣我的血肉，說我受夠了。我也很怕在冬天離開肉體。無可辯駁地，這聽來很荒謬，然而，在情感上，這個聲明比我所有故意相反的暗示還更合邏輯。所以，我在五月和十一月之間做實驗，當絢麗的秋日過去、冷入骨髓的寒冬降臨時，我便回來過冬了。

並不是說我離開了身體會冷，因為事實上我並不冷。縱然我應該由賽斯資料了解到那給予身體生命的天賦活力，但到十二月時，我的肉體本身似乎慢了下來。

Chapter

20

再談夢中投射

一些指導
我在「出體」時遇見康寧瀚小姐

經過一九六六、六七到六八年，賽斯談投射的一系列課都在繼續。在一九六六年，部分的課也談到千里眼實驗，而羅大部分的時間用來記錄其結果。如在《靈界的訊息》裡提及的，到一九六七年底，賽斯也用了一些課來幫助寫信來求助的陌生人。

當然，到那時，羅和我對賽斯課都感覺到一種強烈的承諾。現在我們覺得我們與宇宙一週有兩次約會，而無疑的，這種態度是在那些投射課期間，當我們在白天嘗試遵循賽斯的指導時，所發展出來的。當時，課是在臥室裡舉行的，現在我們則在羅的後面畫室裡上課。兩個房間都在公寓後邊，比客廳要私密些。所以，縱使從空間來看，在那些早期課及目前賽斯口述他自己的書的課之間，似乎都有一個關聯。

現在，與那時一樣，我們關上客廳的門，因此不會聽到電話，或被訪客打擾。羅將我偏愛的搖椅挪了進來。我們通常飲一點葡萄酒。所以從九點一直到午夜，我們都在那兒——做個謙虛的聆聽者。當然，也有可能我們只不過正收到、聽見並謄寫宇宙的噪音。我懷疑事情就是那樣的。但是即使如此，我也寧願將人生花在尋求意義、尋找學習上，而不願忽視出現在我們世界內的訊息和訊號。而且我相信，我們在接觸一個遠超過我們正常理解力的源頭。

我並不總是只取其表面價值。光是電報信息本身就意味著跟所表現的資訊不同的一些東西，點和線只是它們所包含資訊之象徵。要對我們這種具肉體的生物有意義，任何「真理」必須經過轉化，以某些說法來表達，否則我們無法了解。曲解可能是訊息的一部分——甚或是訊息必須藉之傳達的媒介。

這提醒了我在大學一年級寫的一首詩：

一隻青蛙坐定不動，以敬畏瞪著
躺在沙裡的一只手錶。
「現在，」牠想，「我頗為肯定
是有『人』這種東西存在。」

「我們的祭司，」牠若有所思，「曾談到過
造我們池塘的那個『人』，
或許是祂留下了這個，作為
我們之間的約定信物。」

因而那青蛙花了一輩子
試圖了解。
當牠變得又老又弱，

錶仍一逕在沙上滴答。

有些青蛙譏笑嘲弄牠，
有些則說牠了不起。
可憐寂寞的青蛙，
牠只微笑，
自顧自地去冥想。

也許，青蛙藉探討其蛙性，能學到更多，無疑的，我感覺比青蛙及其尋求的本質要高超很多——那是在詩裡暗涵著的。且說，就我而言，任何對實相活活潑潑的探究，應該導致喜氣洋洋以及更大的了解，而非悲傷和疏離。我不相信我們的世界會像那手錶一樣，就只是由另一個更大實相被丟棄的東西，雖然它的確是更大實相的一部分。

不過，青蛙並沒學會看錶，並且，即使牠學會了，也很難看出這對牠有什麼好處。在一方面，賽斯資料卻比較像一張地圖，透過賽斯的個性而被活化起來，而當我們照著去做時，我們真的對原先未知的其他實相變得覺察起來。

任何持續的「在做夢期間活了起來」的經驗，有一些批判性的覺知，一些理性的控制，對其他次元實相的一瞥——整體而言，這些事件一定會改變有關意識本質的一般觀念。

並且，比較來說，了悟到物質實相是如此的抓不住你，而你能如此輕易的溜開它；它比較像光亮而透明的玻璃紙，而不像堅實的木或石，總是很奇怪的。你能走進走出物質實相，穿過它又回來，而不留下一絲裂痕。然而，當你在肉身裡，並且集中焦點在世界上時，它又是如此的平滑無縫。

直到一九六七年我才開始辦ＥＳＰ班，所以羅和我獨自嘗試投射實驗，直到後來我的學生們才加入進來。我放棄了畫廊的工作，而這一段時間在托兒所兼職。這是大半這些課發生的背景架構。

從出神狀態及夢境投射的指導

（摘自一九六六年六月六日第二六五節）

我能給你們的不論什麼資訊都有很大的實際益處。但除非你們知道自己在做什麼，否則我不希望你們到處旅行。再次的，我要提到潛意識的偽造物這件事。尤其是在一開始，你們會碰到它們。你必須記住，你是在全然不同的次元裡飄遊，而你所熟悉的規則根本不適用。

那麼，你可能遇到潛意識形成的影像，屬於另一個次元十分有效的影像；或由其他系統裡的別人所創造的結構物。為了要獲得一點控制，你必須學會區分彼此。再次的，如果你遇見一個令人不安的影像，你首先必須意願它消失。如果它是你自己的潛意識產物，它就會消失。但如果你不叫它消失，或沒悟到其性質，那你就必須與它打交道。

我告訴過你們，你在其內旅行的形式可以給你一個暗示。如果你的浮升經驗彷彿帶你到了太陽系的外面，那麼你便知道你是在第三種形式裡，而比較來說，你那時的能力幾乎是無限的。你必須接受你在此看見的任何影像。稱這些形象為幻覺是沒用的，因為它們並不比我們的朋友魯柏現在坐著的椅子更是個幻覺。魯柏告訴你們的一個朋友要尊重物質實相。「不論汽車是不是感官的幻覺，它都能殺死你。」他說。而我告訴你，不論這些投射影像是不是為幻覺，它們都可能有危險性，而你必須尊重它們存在其中的實相。我要確定你們了解到，有些這種構造物會是屬於其他系統的。只要不去多管閒事，你就是安全的。你可以自由地探索，就此而已，沒有別的了。

現在，我的教導如下。你可以用你選擇的不論什麼方式引發一個中度的出神狀態。如你所知的，有時候，這幾乎會是自發的。在一開始，為了有最好的結果，當你覺得略微有點倦意，卻是很舒服的倦意時，嘗試做一個投射。當你導引了出神狀態時，就開始檢查自己的主觀感受，直到你認識到內我。

這涉及了認識到一個與你住在其中的血肉本質十分不同的你自己。然後，開始想像這個內我向上升。在此刻你該體會到一種內在的移動感。當你溫和地擺脫身體時，這移動可能是左右擺動。

相反的，它可以是向上一衝。不論你體驗到哪種移動，會有那麼一瞬，你感覺你的身分和意識明確地撤出了實質的有機體。在你開始實驗之前，要先暗示自己，實質的有機體將會被保護得很好，並且很舒服。

當你感覺到你的意識在撤退時，第一步是：忘掉身體或你該拿它怎麼辦，以一個快速動作命令自己出去。並不需要經驗福克斯〔在他的書《靈體投射》裡〕提到的幻覺。如果投射成功，用這個方法，你會立刻與身體失去連絡，根本就不會在裡面。

當然，身體絕不是無生命的。它會被我講過的個別細胞及器官的意識維持著。我會給你其他替代的投射方法，但現在我關切的是，你在離開身體之後的頭幾秒鐘裡，你能預期些什麼。

一旦你離開了身體，就在與一種不同的實相打交道了，但那經驗與任何其他經驗一樣的有效。你或許有或許沒有旅遊過門或窗的感受。這要看你涉及的是哪種投射。投射中的自己與肉體之分子結構性質不同。舉例來說，門的實質性質並沒改變，而是旅行的自己之分子結構改變了。

一般而言，不回到身體裡並沒有危險。如果在你的投射裡，好像正在飛越樹梢，那麼你正是在那麼做……在有些這類旅行裡，你能遇見別人，並且和他們談話。經過訓練，是可能安排這種會面的。當然，為了任何科學上的證據，這會是必要的初步行動。

要記得我曾告訴過你們，你們不只能訪遊過去、現在或未來——以你們的說法——如其會存在的樣子，並且也能訪遊從未實質地存在過的實相。在我們早期的課裡，我提到「強度」管制了經驗的「長短」。現在，許多只是想像的事件從未實際發生過，然而它們卻存在。它們只不過不是你們定義的實相的一部分而已。所以，你可能參觀了一所在十六世紀計畫要造，卻從未建造的博物館，而這樣一座博物館就和你居住的房子具有同樣有效的真實性。

我一直在談由出神狀態投射的事。由夢境的投射又是另外一回事了，而當你成功地付諸實行時，就有了「改變了覺察焦點的自己」的一個好例子。此時，當身體睡眠時，批判性的意識可以完全的警醒。自發而沒被記得的這種投射常常發生。投射者經由有意識的願望而投射是有益的。因而，你學到操縱自己的意識，並且體驗其機動性。十分簡單地說，當你不在物質系統裡運作時，這種投射允許你練習處理你會碰到的實相。

整個這段期間，我都試圖訓練自己在睡覺時「醒過來」。可是，把我記錄下來的所有這類的夢都包括在此，並沒什麼意義——在那些夢裡，我設法維持住了我的批判性，有時只又落回到正常的夢裡，有時候則開始有意識的實驗。但其中有個經驗特別鮮明而且很有意思。下面的摘錄會讓你們看到我在試著做什麼。

指導及彷彿醒來的夢

（摘自一九六六年六月二十日第二六九節）

關於那些在其中你肯定你是正常地清醒的夢，我有些話想跟你們說。當這些夢是不尋常地生動時，那麼自我是覺察並且在參與的，但一般而言，它並沒使用批判能力。如你所知，你可以變得非常地警覺，但當你如此做時，你明白你並不是在正常的醒時狀況。

在彷彿醒來的夢裡，你真的是醒的，卻是在一種不同的心理架構內，的確，是在一種不同的實相架構內。你在一個高層次的覺察上運作，並且運用內在感官。這些令你能感知一個格外深的次元，這就是在那種夢裡常常發生的生動性及愉快感的理由。當然，下一步是允許自我在這狀態內喚醒其批判能力。那時你就能了解，雖然你的確是醒的，如你好像是的樣子，然而同時你的身體卻是睡著的。

當這發生時，除了你在做夢狀況用到的能力外，還能用你正常的能力。你將會肯定你的身分，了解到實質的自己是在睡，或在一個夢境，而內我則是全然清醒的。這代表了意識範圍的一個明確增進，並且相當程度地擴大了你平常對自己設定的限制。

到那個時候，你才能全面開始操縱存在著的狀況，並且將你收到的這個知識告知自我。你明白嗎？在那段時候，至少到某程度，自我在這種經驗裡變成了一個直接的參與者。

幾乎你們所有的夢經驗真的都涉及了某種投射。就如任何其他的經驗一樣，這些夢經驗在強度、類型，甚至時間的長度也各不相同。在這些情形裡，要以任何真正的效率運作都需要很多的訓練和能力。

總體而言，知性扮演了一些角色，但直覺的特性是最重要的。也有化學變化，以及電磁的變化，那是當投射發生時，發生在肉體之內的。按照投射發生在哪種形式內，這些都會有所不同。投射形式的確會在物質系統中造成某些影響，這是可能被偵察到的。就物質而言，那是一種「假象」（pseudo-image），卻有明確的電磁實相和化學屬性。動物們曾感受到這種幽靈。牠們對化學屬性反應，而由此建立起對那影像的知覺。

不過，在這樣一個幽靈裡，這些化學屬性要比在一個實質形體裡的散漫多了。也許，一場風暴的化學組成能讓你更清楚我在講的一個概念……它們在物質系統裡引起小小的騷動。一般而言，它們並非固體，就像雲朵並非固體一樣，然而，它們有形狀，並且到某個程度，也有界限和動態。雖然你們通常無法以肉體感官感知它，它們卻真的有一個實相。

也許這種散漫的特質，正是一個幽靈和一個實質形體之間最重要的差異（由你們的觀點來看）。是有一個原子結構，但在有些方面，它比物質的結構較不完全。當一個人投射時，他的體重總有一個細微的差異。

雖然我在這方面有一大串的夢，下面的插曲闡明了在這一節裡提到的所有現象。它發生於大約一個月之後，在一九六六年十月十九日那一天，並牽涉到康寧瀚小姐，那位退休的老師。她終於被送到另一家養老院，而當她越來越遠離日常生活時，再一次進入我的通靈生活。

夢之一：我在一個美麗的風景裡。有兩個巨大的鞦韆，兒童遊樂場裡的那種，鞦韆的繩子直上雲霄。來了兩個男孩。他們上了鞦韆，盪得老高，盪過了山坡，盪過了底下較低的土地，來回擺盪過好幾哩的陸地。然後一個女人出現了，我們開始談話。我告訴她，那鞦韆令我著迷，但也令我心驚，因為它們是如此的高。她的汽車停得不遠，而我突然想到，我完全不知道我是怎麼到這兒來的——我知道那是在俄亥俄州。對我而言，這該是我正在做夢的一個線索，但相反的我很快地解釋說，我是個健步如飛的人。最後我爬上一個鞦韆，來回盪過整個山頂，而非盪過底下陸地的邊緣。

隨後我又有兩個不相連貫的夢，也依序記錄了下來。

假醒或彷彿醒來的夢：現在我有次假醒。整夜在我腦子背後，都是我確定要記錄我的夢的決心。此時，我肯定我醒來了。我把夢寫在床邊桌上的筆記本裡，然後，為了確定，我還叫醒了羅，告訴他那個夢。羅指出第一個夢和其他夢之一顯然是有關聯的。再次的，我很確定我是醒的。

然後，我忽然起了疑心，也許這是一個彷彿醒來的夢，而我仍在做夢，並且根本沒記下任何的夢來。我繼續努力去分析我的意識狀態，最後決定再核對一下筆記本。

在沒有移動我的身體，並且眼睛閉著的情況下，我伸手拿簿子，並且檢查我的記錄，發現那一頁是空白的。我對這自我欺騙勃然大怒，決定完全離開床，走進客廳，打開燈，並且確定這回我真的寫下了夢（當我此時下床時，我相信我是在我的夢體裡，卻不自覺）。

下一件事是，我在客廳裡了，在地板上有點站不穩，卻在地毯上方幾呎處撞上撞下。這事本身就該告訴了我，我是在我身體外面，但我卻沒悟到。當我站在那裡，試圖想出到底是怎麼回事時，我聽見有人在門口。康寧瀚小姐進來了，穿著睡衣及睡袍。她正在自個兒喃喃自語，並且哭泣著，很困惑又迷失方向的樣子。她一直在說：「柏茲太太？柏茲太太？」跟她以前來向我求助時一模一樣。

房間很暗，每方面都很正常，被外面的街燈照亮了一點。最先我以為康小姐在夢遊，而有點怕叫醒她。還有一些另外的事令我迷惑。我聽見非常模糊的爵士樂，無法想出那是來自何方。康小組絕不是那種在睡袍口袋裡會帶一個電晶體收音機的人。

我站在那兒一會兒，奇怪她怎麼進來的，而猜想我必定是忘了鎖門。但我心想，如何才能把她弄回她自己的公寓呢？我完全忘記她已搬走了。現在我站在浴室門邊。她走得更近了，喃喃低語著，而有一陣子，我們兩個人都被街燈清楚地畫出了輪廓。我們的目光相遇。我立刻悟到我是離開了身體，而她也一樣。康小姐深深地、害怕地倒抽一口氣，就不見了。頃刻間，我張開雙眼，發現我整個身體躺在床上。我從未這麼迷惑過。不到一秒前我還在客廳裡呢！

我很快起身，跑到那另一間房間去。沒人在那兒。時間是中午十二點半。我坐下來，寫下這經驗以及先前的夢。當我在寫時，我聽見模糊的音樂聲。它是來自樓上的公寓，並且正是我剛才聽到的那類音樂。我懷著一些興奮感走回臥房，在那兒是安靜無聲的。只有在我遇見康小姐的地方才能聽見音樂。

我確信當我決意走進客廳而遇見康小姐時，我是離開了我的身體，而她則是在她的夢體裡旅遊，在她的老環境裡流浪，並且如她習慣的那樣進來求助。不幸的是，只在這經驗快結束時，我的批判感才完全醒過來，雖然我做過好幾次英勇的努力想理解我的狀況。

在一九六六年十月二十一日第二九八節裡，賽斯評論這個經驗：

魯柏與你們康小姐的經驗是相當正常的。他在不知不覺中用了最有利的一種投射方法，而我大力推薦你倆這個方法。當你在半夜醒來——或好像醒來時——試著離開身體。只不過在沒移動身體之下離開床，而走到另一個房間裡去。

這是個愉悅且容易的方法。當你有了一些經驗時，會發現你能維持控制，走出公寓到外面去，然後你可以嘗試正常的移動或浮升，這個方法沒什麼壓力。記在心裡，因而你會警覺到有利的境況。你可能半醒著，也可能在一次假醒裡。在兩種情形下這方法都管用。如果你想的話，你可以向回看你的身體。

不過，你必須想要如此做。往往，你並不想看見身體單獨在那兒，可以這麼說，所以你選擇了使這點較難做到的方法。光是這一個練習便會大大地加強你的控制力。它是個入門。對自我而言，這經驗也比一種更突然的投射較不嚇人，並且那些活動——例如，走入另一間房——的平凡程度會令你心安。你在自己的環境裡比較鎮靜。當然，當魯柏看見康小姐時，他是離了體的，康小姐亦然。

且說，一個在身體內的人是可能感知一個不在身體內的人，但這是頗不尋常的。感知者必須是個有強烈通靈能力的人，或投射者必須為一種很高的情感強度所驅策，以使他自己被感知。

在這段時間，我也在實驗醒時投射。在那種投射背後的概念是不同的，我想要在出體狀態到某個地方去，記下我所看到的東西的印象，並且盡我所能的查核其結果。在夢中投射裡，我比較感興趣的是所涉及意識之操縱（停留在幻覺和物質實相之間的訣竅）和方法。這些對意識是如何運作洩漏得更多，並且我永遠對試圖在整個做夢期間繼續維持正常的意識感到好奇。

如我在《靈界的訊息》裡提到過的，我的醒時投射以及在賽斯課中自發的投射提供了足夠的證據，使我們堅信我是正常地離開了我的身體，並且感知到另一個地點——而並非頭腦出了問題。要取得夢中投射的客觀證據則困難得多了，然而主觀的證據則十分明確。試圖維持住意識的特定狀態這個課題，其困難度足以說服任何有這種經驗的人，其中的確涉及了遠比做夢或想像更多的因素。

而且，有些這種夢中投射真的提供了令我信服的證據。舉例來說，有天晚上，當我在夢境實驗時，發現自己站在一間差不多像我臥室一般大的房間裡，但它顯然是被用為一間壁櫥。由天花板吊下一個燈泡。牆面鑲著木板，還很新，而兩邊裝著架子。架上擺滿了各種尺寸的盒子，以及像潤膚乳和鞋油等的罐子。衣服掛滿四周撐架的衣架上。每件東西都非常的生動。我想，浪費了一間好棒的房間！然後我看到那個房間根本沒有窗戶。我知道我在某人的房子裡，而我的身體則在床上。但我在哪裡呢？突然間，我知道那座房子屬於比爾和貝弗莉·格雷，我們公寓房子裡先前的房客。他們約一年前搬到另一座房子裡，而我從此便沒再見過他們。

我所記得的僅限於此。我一定是落回到一個正常的夢境裡了，當我醒來時，已是早上了。我寫下我所看到的東西，如常地記下日期，告訴了羅，並且心想要不要打電話給貝弗莉問問看。

大約兩天之後，我在城中區遇到她，這是自從她搬走後我第一次看到她。我第一本書已出版了，而她聽說過我的書，所以我告訴她我投射的事，並且問她那個房間對她而言到底有沒有任何意義。她眼睛瞪得老大。然後告訴我，我完美地描述了她新房子裡的一間內室，甚至天花板上光禿禿的燈泡及鑲板。那房間做衣櫥真的是太大，不過做個正常房間又小了些。她不知道要怎麼利用它，所以最後把它做成了一個衣櫥。

最近又發生了同類的事。我在半夜「醒來」，發現自己站在一間浴室裡。在批判意識這短暫卻清晰的片刻，我看見一個放床單等的壁櫥，門開著。正對著我的架子上是一疊毛巾，尺寸全都差不多，好像它們是一套的樣子。當然，除了頂上的之外，我只能看見前面的邊。它們是藍紫色的，而最上面那條中央有一朵花。我可以清楚地看見我面前的東西，但右邊的視線卻被某物擋住了。我很快地盡量觀察。起先，沒有東西顯示給我看這是誰的房子，所以我在心裡問，而得到這一句：「你的一個學生湯姆的。」

再次的。我所知的下一件事就是：天亮了。我寫下我所能記得的。問題是，我有兩個名叫湯姆的學生。當我在班上提到這事時，其一說他不知道浴室裡的毛巾是什麼樣子的。另一位說，我的描述似乎適合他浴室毛巾櫃裡的毛巾。不過，直到幾週之後，羅和我才去拜訪了湯姆海特。「來啊，檢查一下浴室吧！」他說，每個人都笑了。但我一走進去，馬上知道它正是我到過的房間。櫃子就在門裡邊，牆上的一個凸出部分擋住了房間其餘部分的景象。櫃子和毛巾都一模一樣。

在另一個場合，在夜裡我給了自己暗示，我要投射到蓓和比爾•加拉格的房子去。當清晨來臨時，我什麼都不記得，只除了我曾試想到那兒去，並且飄到了那一帶，然後失去了對我意識的適當控制。幾天後，蓓打電話告訴我一個奇怪的故事。一位她在報社的同事告訴蓓，雖然他根本不認識我，卻在半夜醒來，而且確信我在他房間裡。他一再聽到我的名字，並且感覺到我的在場。那個人對通靈之事毫無興趣，他告訴蓓，因為他知道蓓是我的朋友。他的經驗發生在我試圖到加氏家裡去的同一晚——而他住在同一區裡。

在我提出夢中投射的更多例子之前，以下是來自賽斯課的進一步指導和暗示。

（摘自一九六六年七月二十日第二七四節）

在投射能發生之前，實質有機體內必須發生某些化學變化。要是沒有這些，你們仍會被囚禁在肉體形象之內！你們知道做夢有一個明確的化學基礎，在醒時經驗期間累積的化學素，經由夢被釋出。它們不僅被釋出，並且形成了一種推進動作，允許能量流向反方向。正如化學反應允許身體利用能量，並且形成物質的具體化，同樣的，多餘的累積物於是變成了一種推動力，容許行動以你會稱為「主觀的方向」流動。

在一個正常的投射能發生之前，必須產生這同樣的化學反應。這就是為什麼有意的投射沒更常發生的主因之一。通常，多餘的化學素被用在正常的做夢裡。在精力旺盛、身體健康的期間，累積了比正常更多的多餘化學素。這能觸發一次投射。不過，在暫時的微恙期間，做夢過程可能受阻，而多餘的化學素累積了起來。再次的，是嘗試投射的一個好時機。

這些多餘化學素是意識的一個自然副產品，被囚禁在實質的物質化裡。個人對實相的獨特經驗越強烈，就累積了越多的多餘化學素。當意識本身是肉體取向時，它燒完了化學素。個人越是熱烈，可以說，火便越旺，並且釋出了越多的多餘化學素。

它們必須被釋出，否則有機體無法倖存。一段時間的劇烈活動也可能產生這種額外的化學推進劑。雖然它是經由活動產生的，卻是在替換的安靜和休息期間被釋出。而使得投射成為可能。所以，這推進劑必須有一個有紀律的焦點。一段性質強烈而深沉地增強了的性活動時期會有幫助，可是，一段沒有性活動的時期也有幫助。另一方面來說，多餘化學素是由於很大的強度而累積起來的，並且在後者，它是由於心靈和性的釋放沒被許可而累積起來的。

就飲食而言，蛋和蘆筍都有幫助。顯然我並不是建議只吃蛋和蘆筍。不過，這些加上魚油是有益的，但不要與酸性食物一起吃……

我仍建議對你們的夢做一個更徹底的檢查，因為它們很多都包括了自發的投射。它們最常在凌晨三點到五點之間發生。在這種時候，體溫下降。由此觀點，下午五點也是有益的。飲用純淨的水也能幫助投射，雖然，為了明顯的理由，膀胱應當是空的。北南向的位置極為重要，並且，的確對任何有效率的夢回想是必要的……能量在這個位置最容易被利用，此其一，並且這將不必要的重新結構減到最低。

不論投射是否由夢的門檻處發生，在平常的夢和投射之間都有一個極大的差異。夢是被建構起來而送上它們自己的路的。如你們知道的，它們在自己的次元內維持一種獨立性。

投射則牽涉到全我更多的面向，並且是那個人格正在重要方面進步的一個標誌。在投射狀態，內在感官被給予了最大的自由，而自己則得到唯有如此才能得到的經驗。當這知識變成了平常醒時意識的一部分時，那你們就向前跨了一大步。

不過，如果要有意識的投射不成為稀有怪事的話，必須建立一種幾乎可謂自動的決心。就你們兩人而言，可能和其他人的問題有點不同。這些多餘化學素在你們自己的創造工作裡被用光了，此其一。你們自動地這樣做。不用說，你們自己的工作經由擴大的投射經驗，會獲益無窮。瑜伽練習容許你們汲取豐富的——的確超級豐富——能量。這能量也導致了可在投射裡被用到的多餘化學素，而沒由你們其他的工作裡吸走能量。

「你們是所有能量的一部分」這個預期和知識，將容許你們了解到，你們需要的所有能量都會給你們。你們對「什麼是可能的」態度，以非常明確的方式決定什麼對你們是可能的……

現在，（在投射期間）也會有電磁性的改變，那是可以用儀器感知的。在這些情況下，某些電「場」會顯示出來。那些「場」一直是存在的，但只有當它們被越過時——換言之，在投射這個動作裡——對物質的儀器它們才變得顯明起來。

另外的暗示：體溫要涼，但室溫要在華氏七十三・八到七十五・九度之間。高濕度是不好的。房間的色彩很重要，冷色系是最好的。太暖的顏色有害，因為與地球的情況太密切相連了。在你們的氣候裡，十月、二月及三月是最好的。八月可能有利，但要看天氣而定。太暖的天氣則有害。

（摘自一九六六年八月一日第二七六節）

投射實際上涉及了原子結構的一個改變。意識根本改變了其形式。當第一次達成了投射，在身體內有一種腎上腺素的改變，以及甲狀腺的高度活動。分泌出一股性荷爾蒙，也被用在投射上。

不過，當投射完成後，化學活動和荷爾蒙行動都大幅降低，體溫和血壓也都降低。夢研究者注意到的眼球快速運動（REM）完全停止，沒有用到眼睛的肌肉。通常在睡眠中發生的肌肉活動消失無蹤。身體是在一種很深的出神狀態。如果投射由夢的門檻發生，出神狀態也可能被睡眠所掩蔽。

按照投射的強度以及探訪的系統，當意識回到身體時，身體可能多少變得僵硬。這只不過是對返回意識的一個反應。糖分子被利用的方式會有微妙的差異。身體暫時會用到較少的糖，不過，在提供燃料給意識助其上路方面，糖分是重要的。它對意識與身體的連接也有幫助。

換言之，在身體和旅遊的意識之間，的確有一個，而且必須有一個，部分為實質的聯繫，而且這是建立在某種糖分子上，這些糖分子是在一種平常看不到的形式裡，所以，我會建議，有意識的投射之前，吃少量含澱粉或糖的食物。由此觀點，上床前吃些點心是個好法子。酒精有些好處，但好處並不很大。白天，在一次小睡裡，極佳的結果可在以夢為基礎的投射裡達成。

Chapter

21

由夢境投射

我要用這一章專門來談我們自己及學生的夢中投射。我特別指的是由夢境出發的投射，而非先引發出神狀態的那種投射。有意的醒時投射也被排除在外。

蘇・華京斯的記錄

（一九七〇年四月十二日）

我有一長串的投射，在其中我跟西恩〔蘇的兒子〕談到關於他在物質環境裡的健康狀況，告訴他保持健康很容易。在最後的投射裡，我發現自己盤旋在一長排像是購物中心的房子上方。有一家大雜貨店在近處，更遠的地方有一間藥房。突然，整個雜貨店爆炸成火焰。我能清晰地聽見在那幢建築裡的爆炸聲。窗戶炸裂開來，而火焰的顏色很絢麗。

（註：在四月十三日的清晨六點，靠近西拉丘斯的麥提代爾購物中心的巨大K商場，燒毀於一場無名火中。當我早上醒來時，在電視上看到這新聞。新聞影片照出食品罐頭爆炸——或，不如說，新聞記者解釋這是所發生的事。大片的玻璃窗炸開來，而所有這些都在新聞裡。我在六點三十分起床，所以我不知道這個經驗是在失火時的一次投射，或是對它的一種千里眼式的觀看。商場旁的藥房沒有受損。）

（一九七〇年九月十一日）

當我們要就寢時，我開始覺得在房間裡有一股極大的能量。我試著不被嚇著，並且告訴自己，直覺的自己感受到正在發生某些刺激的事，縱使自我是在擔心。我閉上眼睛，而那能量變得更強了。然後我睡著了，「醒來」發現自己投射到許多暗又不太暗的環境裡。賽斯站在門口，看起來就像羅畫的他。他矮而粗壯，穿著淺色襯衫和長褲。我了解到他是為了使我心安而採取這個模樣的。

他說，他到這兒來帶卡爾和我去做我們的第二次旅行。他不久前曾答應有三次，而我們曾去過一次。我轉身看著卡爾睡著的身體。然後我對他大叫，直到他開始投射，我抓住他靈體的手臂，幫他站起身來。賽斯站著微笑，然後做手勢，而我們都跟著他。他給了我們一場我發誓要記住的演講。

當我醒起時，已天亮了。那場演說是如此真實，以致我確定會記得它。事實上我並沒有。從現在開始，我要在我鼻端裝一枝原子筆，並且把頭枕在寫字桌上睡。

在好幾個場合裡，蘇曾發現自己在一種出體狀態，向剛剛去世而不了解他們情況的人解釋死亡的事實。顯然，這種經驗無法以科學說法證實。我也有好幾個這種「夢」，而我知道它們與普通的夢是完全不同的。是批判能力在作用，在正常的夢裡它們是不作用的，此其一。像我一樣，蘇的記錄充斥著有關必須維持意識在必要水平上，並且防止自己落入一個平常夢境裡的努力。

就在上週，在五到十分鐘的一段時間裡，羅有個扭曲非常少的極佳出體。如在《靈界的訊息》裡我解釋過的，他的能力曾沿著「靈視」的方向發展。他的投射次數不多，而直到這一次之前，他從未自夢境獲得任何有意識的覺知。「我怎麼能知道我由睡眠中有一次正常的投射？我怎麼知道它不是個夢或幻覺？」他常這樣問。在這經驗後，他告訴我，主觀的感受就是它自己的證據——當然，本來就是如此。

這件事發生在有ＥＳＰ課的一晚。羅一直在他的畫室做事，而約十一點入睡。他模糊地覺知同學們（在十二點半）的離開。

羅的筆記

（一九七一年四月二十一日）

我知道的下一件事就是，我覺得我在我們黑暗的浴室上方盤旋。我們將浴室和客廳之間的門關起來，以使我們的貓威立晚上留在客廳裡。我在關著的門前，但無法穿透它。我並不覺得害怕或慌張。雖然我在睡眠中醒來，並且知道必然是在投射，但最初我並沒覺悟到這一點。我慢慢才明白這事實。我並沒有離開身體的實際記憶，而且我必然有一陣子回到正常的睡眠裡，因為，我知道的下一件事是，我發現自己離體了，正盤旋在我睡著的實質形體之上。

我的肉體正仰面平躺著，雙手擱在身邊。我的靈體是在差不多同樣的位置，也許在上方六吋。那種狀態和感受都非常穩定且舒服。我覺得全然清醒，覺察到我正在做什麼，並且相當的自由和無重量。我知道我並不是在做夢。當時我記得以前曾問過珍，如何才能區分夢投射和夢。當你有了第一手的經驗時，區別是顯而可見的。

盤旋在肉身的小腿上方，我特別覺知我靈體的小腿，把它們動來動去，覺得非常好玩，享受它們擁有自由和輕快的奇異感受。我知道我肉身的腿無法這麼自由地移動，縱使它們很健全。我靈體的腿感覺有如橡皮，如此的鬆散而有彈性！我可以看見它們是淡色的，膝蓋以下是透明的──而我並不需要在靈體裡坐起來才能看到它們。

我說過，我根本一點都不害怕。我認為這是個好時機，當我還在這狀況時，可以做些什麼事──任何事都好──去探看什麼別的地方，逛到街那頭去……我躺在那兒，試著想出特別想嘗試的一些實驗。

所有這些時候，珍都躺在我身邊的床上。我也在打鼾。我能清楚地聽見鼾聲，而對我的身體發出這麼大的聲音頗感驚異。我相信，我聽見了正在我底下的，我肉身的腦袋發出的聲音。現在我生出一個念頭：用我的鼾聲作為離開床上身體的推動力，同時我就能飛走了。

在我做了幾次有意識並且刻意的努力，企圖再度「動身」，而將我身體留在後面之後，我想到了這個念頭。結果不成功。我還是留在原處盤旋。我試圖去用自己的聲音，於是開始更大聲──如果這是可能的話──打鼾。我想集結一個巨大的「聲音推動力」，想辦法用它來推動我。在這段時間裡，我一直享受著浮在我身體上方的感覺，但我卻還更享受用我的肉體來製造噪音。此地這必然暗示了一種雙重意識，因為我覺知到兩個身體。

我不知道是否能成功地更進一步，因為此時珍對我說：「親愛的——你在打鼾，翻個身。」我清楚地聽到她……那結束了它。雖然圍繞著那插曲的愉悅氣氛仍留連不去，我卻沒進一步的成功。在那整段時間裡，我都覺得，在那種狀態有這麼多的可能性，這一刻，美妙的成就剛剛就在我的能力之外……我自始至終都沒看到「靈帶」。

在羅再睡著之前，他告訴了我所發生的事。我很驚訝，因為我上床還不到五分鐘。我一直在等他的鼾聲安靜下來，或最好能停止。當鼾聲沒停止時，我叫他翻個身。浴室的燈最多只關了十分鐘，而浴室的門是關上的。除了換穿睡衣之外，這是我就寢前最後做的兩件事，結果發生了一件家居生活中幽默的進退兩難之事。現在，如果羅在打鼾的話，在叫他翻身之前，我得「三思」了。我怕會打擾到他的一次投射。

在我們下一節賽斯課——一九七一年四月二十一日第五八三節——裡，賽斯暫停他書的口述而提及羅的經驗。

恭喜！他說。

「謝謝。」

你在那個時候做實驗，萬一你害怕了，可以說，你手裡還握有最後的王牌——明知魯柏即將就寢。不過，你那時已準備好再試一次，並且選擇了一個緩慢而容易的方法、舒適的環境，以使你在嘗試任何太冒險的事之前，先輕鬆地熟悉那種感受。

「我是否在珍上床之前，在我意識到發生了什麼事之前，先做了這嘗試？」

你在魯柏上床之前開始你的嘗試，但直到他上床你才成功。在出體時的時間感受與身體的時間感受相當不同。你知道一次的成功經驗會令你自由。所以你選擇了最佳的境況。記得嗎？在先前進入客廳的快速投射裡，你曾選擇過那些境況。

打鼾本來是給魯柏的一個訊號。你知道他會「叫醒」你。這是其原始的動機。你明白嗎？如果你不喜歡那實驗，它就會被中止。同時，你變得開心起來，而決定用那噪音作為推動力，但魯柏對鼾聲的通常反應發生了。

羅有過幾回自發的投射，卻都不是由實驗產生的。賽斯提到的那次是幾年前在冬季發生的。由於公寓背面頗為寒冷，所以我們晚上睡在客廳。羅才剛躺在打開來的沙發床上。我在同一個房間東摸摸西弄弄，也準備上床了。所有的燈都是開著的。他閉上了眼睛。下一瞬間，他發現自己完全清醒，並且有意識地在他的畫室裡。

（摘自他的筆記：）我正在用鐵鎚敲釘子，釘一些畫框。實際上，我整天都在切割美耐板，並且將帆布黏在畫板上。我感覺到鎚子，並且看到釘子。

我在我的畫圖桌上工作。燈光亮著，窗子則是暗的。很顯然是晚上。一會兒之後，我悟到我本不該在畫室裡，我才剛上床，而且該是在客廳裡。我一想到這一點，便突然彈回到我的身體。珍在身邊，所以她也剛就寢。我知道我並沒有在做夢，並且感覺到一種非常怪異的懸吊和輕鬆的感受。

在這個例子裡，我想羅是投射到了畫室，並且幻想出其餘的事件，或是在靈體裡做了那些事。他在那時若是更具有批判力的話，就可以導致幻相消失，繼續下去或離開公寓。

實驗要求持續的保持警戒，並且繼續核對。我以下的經驗顯示出涉及的一些議題，以及能給你們某些人如何進行的一些提示。我通常很快的出體，並且迅速地離開這地點。沒人管我的話，這似乎是我特有的方法。但這不允許我有時間在室內走走，也沒機會以任何清晰的方式去研究我實際的離去：它發生得太快了。所以，我許多的實驗都包括了想緩慢離體的企圖，以便能研究我的行為。

我的記錄

（一九七〇年三月二十四日，下午兩點三十分到三點四十五分。）

我躺下來做實驗，立刻就睡著了，有了一次混亂的經驗，與夢的成分混雜在一起。我發現自己略微困難地脫離了我的身體，只不過我是另一個人，在一個年輕女學生的身體裡。我奔出一幢房子，到一座種植了花草的庭園裡，坐下，離開那個身體，在園子裡散步。還有別的人在那兒，而我因沒人看見我而高興異常。一個年輕男子站在臺階旁。我終於說：「我是離開了身體的人，你看得到我嗎？」他說他能，並且似乎完全不為所動。所以我又回到了另一個身體裡。我開始醒過來，而覺悟到曾涉及了某種投射，雖然我並不確定有多少是被夢成分所渲染。我決定讓自己落回假寐裡，看看還發生了什麼，並且監看我的意識。

我隨即了悟到我是在一種做實驗的絕佳狀態裡，完全警覺而清醒，並且仍在我睡著了的身體內。這次我決定試著以靈體起身，只在室內走走，並且觀察種種不同的活動階段。首先我謹慎地嘗試，害怕我反倒會激起了身體的肌肉。第二次我成功了，漸漸習慣了「不驚動肉體，同時移動起靈體」之間的微細分別。這需要心神相當的集中。我終於搖搖晃晃地站了起來，並且因這番努力而有點軟弱無力。

我好不容易離開了沙發，好好地走路。在所有這段時間裡，我都在害怕我的身體也許不像我先前以為的睡得那麼沉，但我所有意識都是跟著我在我的靈體裡。不過，我的視線不清，而房間看來有點模糊。我搖搖頭來弄清視線，卻很驚慌地看見，整個客廳的牆壁，包括關著的門等等，全都面向上的平躺在地板上。這立刻告知我，我正在發生幻覺，而如果不小心的話，我可能跌回到做夢狀態（如果我就接受那面牆的位置為「沒有辦法的事」，我就會失去了我批判性的覺察）。我決定最好先回到我身體裡，再試一次。

如今，我正背對著我的身體站著，而我就這樣「跌」回到裡面去。我相當迅速地又出來了，這次我能研究，區分我想要坐起來的靈體和我平躺的肉體的奇怪感覺。我走出到房間中央，現在它是完全正常的了，但我卻難以起步，而想起了——至少在我的例子中——當我離肉身很近時，有時就會發生這樣的事。我決定走到羅正在那兒工作的畫室去，看看我能否讓他察覺到我。

我仍在非常慢地走著，我的靈眼瞇成一條縫以減少分心。我閉上雙眼以加深我的出神狀態，並伸手去握浴室的門把。我覺得它硬而圓，完全正常地在我的靈手裡。然後我猶疑地停住：某些事似乎不大對勁。

如今我又做錯了什麼？我完全睜開了我的靈眼，向下瞪著我的手。它緊握著一「把」空氣。可是我有一瞬感覺到那門把的硬度和體積。然而只有空氣在那兒。很顯然，是我幻覺出了門把。門還在好幾呎外。在對自己失望之下，我回到我的身體，下決心要計畫出一個新的行動方向。

當我進入我身體時，我聽見羅在浴室裡。我心想，不知他會不會進來看看我在做什麼。叫醒我的肉身。

在第一個和第二個插曲之間，我是全然警覺而清醒地在我的靈體裡，但仍與肉體有聯繫。在這狀態，我體驗到只能稱之為狂喜的感受，我整個身體都捲入了。雖然那感受並非局部的，但在本質上它顯然充滿了性能量，而當我離開身體時，這種感覺仍非常強烈地持續了一陣子。

我另一個學生蘇和我自己，都覺知到創造、通靈和性能量都只不過是同一力量的種種不同面向。有時候我們可以在性方面積聚這能量，然後換過去，將這能量由一種形式轉換到另一種。這種性的感覺伴隨著許多夢中投射，而在其他夢中投射裡卻完全沒有。不過，它們之所以會出現，很容易引起建立在社會禁忌而非其他任何因素上的詮釋——並且很容易引起應當是「性的幻覺」，卻往往沒被認出來。

這兒有另一個例子，也是來自我自己的記錄，在其間我努力維持住適當的意識，並且使這投射完美。我希望，這形形色色的插曲會闡明投射能由睡眠狀態引發許多方式中的一些。

這經驗發生在一九六七年九月二十七日，在家裡社交聚會之後的當晚。那天晚上我喝了幾杯葡萄酒，就寢時，我沒法睡得舒服，常常假寐而又醒來。我在十一點半上床，在一點半記下這經驗。

當我入睡時，我正在想著紐約撒沙拉托加溫泉市的國會公園。突然間，我覺察到我已開始了一次投射，但我並不確定這過程已進行到什麼地步了。舉例來說，我發現自己非常清楚地看見國會公園，然而我卻還沒到那兒，而我的頭以一種非實質的方式在悸動——就好像我是聽到而非感覺到那悸動。這伴隨著一種我現在接受為某類投射所獨具的嗡嗡聲和其他很響的聲音。我的頭感覺充滿了一種白光。我靈體視線所見的每樣東西並不是黑暗的，反倒是不透明的白色。

雖然我以前沒面對過這些特殊的狀況——一半在一個環境裡，又一半在外——我仍決定繼續投射。我即刻發現自己沿著園中小徑走著，有時稍微在它上方。就如在艾爾麥拉一樣，今夜是黑暗有霧的。我的視覺完美地作用著，但過了一會兒，我的聽覺才發生作用（在好的投射裡，所有的感官都是超級完美的）。我努力調到更清晰的焦點，並且真的享受著走過小徑的樂趣。我有好幾年沒到那個公園去了，心裡有意識地覺得愉快。偶爾我停步看看有沒有任何改變。到目前為止一切如舊。

在公園窪地的盡頭，有數層石階導向另一條街道，及一幢我曾短期住過的老屋。我走到那兒，樓下前門是半開的，但為了要看看我有多行，我穿過關著的那部分而走上樓。在漫步過樓上的走廊而沒看見任何人之後，我走到外面的側陽臺去，站著看公園，並且享受夜晚的空氣。

這段時間，我都非常意識到開始困擾我的白光。它彷彿充滿了我整個頭部，光越來越強烈。我頭裡面的一種怪異嗚嗚聲也令我分心，而我的頭本身也開始覺得輕得奇怪。我越試想集中精神在我的環境裡，這些效應就變得越強。

我想到，也許這些效是該回到我身體的警告，或情況不妙的指示。同時我又毫無辦法實質地檢查一下我的投射——我沒碰到任何人——而我決定，既然我離我的身體有兩百五十哩之遙，不如自己想辦法弄到我能弄到的不論什麼證據。

我忽略那白光，意願自己到城另一邊的林登家去。我立刻發現自己在他們家的前廊上。有一下子我懷疑是否在正確的地方，然後我看見舊的側廊已完全被拆掉了，而加上了另一個前廊。這是個扭曲還是個幻覺？我用意志力叫所有的幻覺消失，但每件事仍保持原樣。這通常表示那環境是個「真實的」地點。天色很暗，屋子裡沒有燈光，我決定進屋裡去。

在此刻，我頭裡白光的悸動加快了，並且變得非常有力。有一陣子我覺得好像我的意識真的可能被席捲而去，或好像我真會回不去我的身體似的。在這整個經驗當中，我不斷「測試」那光的強度，每一次都決定不管它而繼續下去。現在我決定最好打道回府。

於是我發現自己在我的靈體裡。剛剛在我肉體上方，但卻在相反的位置。我的靈手帶著它奇怪的感受和悸動的光，是朝南的在我腳的上方。有幾分鐘我不停波動——回到公園，隨即又回到我房間——同時白光非常劇烈的悸動著。最後我只意願自己進入我的身體，經驗了一些困難，失去知覺一會兒，然後掉回身體裡去。

一直到一九七〇年夏天，當我們開車往北時，我們才真的經過撒拉托加。當我們在那兒時，我要羅繞道到林登家。那房子和我經驗中的一模一樣，側廊拆掉了，而加建了一座前廊。

既然這本書是關於夢境，包括夢中投射，這兒並非將醒時與出神狀態拿來和夢中投射比較的適當地方。我只不過希望展示一些由夢境投射的可能種類。以下是一九六九年一月六日卡爾・華京斯的第一次投射經驗。

一切都始自當我翻身去打開床邊的燈的時候。它發出了一種明亮的紅光，令我覺得奇怪而不可解。我起身去浴室，但當我開始走路時，覺得頭非常暈。當我到了門前時，有種怪異的感覺，好像我掉了什麼東西在後面。當我回頭望向身體的方向時，差點彈起來。我真的留下了某件東西——我的身體！隨即領悟到我是在我的靈體裡。

然後我記起來，我剛上床的時候覺得有個人在房間裡。就在那個時候，蘇•穆林（卡爾後來的太太）神出鬼沒地出現了。當我看見她時，我建議我倆一同到珍的家去，讓珍知道我們是在出體，但蘇卻想要聊聊。我們聊了一會兒，現在我卻記不得聊些什麼了。我一直觀察我在床上的身體，它變了位置，平躺在床上。先前它是面對窗戶的。我特別對它的眼睛感到興趣，若不是房間裡的陰影令我異想天開，就是那眼睛大睜著，卻是空洞無神的。當我再轉向蘇的時候，她已不見了。

現在，我很不容易停留在我身體之外了，卻發現藉由呼氣，可以讓我保持自己在靈體裡。我一度回到身體裡，起身而以為我是實質地這樣做，並且是在一種正常狀態，但隨即看見我的身體在床上……

最後，我向上看，看見我母親在我面前。她躺在床上，而我無法知道我是否在她的臥房裡或透視過牆壁或怎麼樣。我開始想到珍說過的關於人出了體卻不自知，而好奇不知道媽媽那時是不是出體了。在此時，她竟坐了起來，指著我。這提醒了我賽斯有時候指著人的方式。顯然這令我擔憂，因為我跑向我的身體尋求保護。在這之後，我在身體裡醒過來，而寫下了我第一次的出體之旅！

同一晚，蘇記錄了這個筆記：

由睡眠狀態我投射到卡爾那裡，對他大叫，直到他的靈體坐了起來。我嘗試到珍的家去。

我最愉快的夢邂逅是在一九六九年的五月九日，我在出體狀態與羅的相會。在那天稍晚，我與一位牙醫有約，但在早晨，我在九點半躺下來，特為嘗試一下由夢境的投射。我打了個盹，在十點半醒來，什麼都不記得。我失望卻很有決心地將鬧鐘設在十一點十五分，再試一次。我幾乎立刻睡著了。

首先，我發現自己在畫室裡，而羅也在那兒。他和我一同上床，我們做愛。知道今天是星期五，我很驚訝他在家，而且和我一樣都是在出體。我告訴羅，我們討論了一下，也討論到我們對於出體做愛的驚訝。然後，一邊笑著，並且好奇的，我們一同走到客廳看每樣東西。那房間和那早晨全都是正常的。我們擁抱，而且開玩笑——我們所擁有的身體顯然在我們看來好像是真的。然而，對其他人而言，我們是隱形的。

這令我想起去看看我的肉體。我們知道羅的身體會是在辦公室。我走進臥室裡，但那床是如我離開它時的樣子，只不過是空的。這真的令我迷惑了。我叫羅，他也看不到我的肉身。「我的身體應該在床上，」我說，「我們為什麼看不到它？」我們討論到現在為止所發生的事，卻無法解開那個謎。「可不可能我們根本真的都是實質的呢？」我問。

「不可能，」羅說，「我的身體是在設計部門。」說了這句話後他就消失不見了。我發現自己回到了臥室。我離開公寓，而在出體狀況有了兩個非常長的冒險，全都清晰而生動，並且記錄在我的筆記裡。

不過，我仍無法想出羅和我真的發生了什麼。很幸運的，在下節裡，一九六九年五月十二日的第四八一節，賽斯開始解釋。那一節課也包括了對夢中投射更進一步的提示。

魯柏涉及了你的經驗是十分正常的，雖然你在意識上並不記得這件事。儘管如此，你仍要為那次的邂逅負大半的責任。在有意識與無意識兩方面，你都在想關於魯柏的牙醫之約。你想給他信心，並且讓他安心。這變成了情感上的推動力。

今晨稍早魯柏在寫作，不知不覺間，他心電感應地覺察到你的情感在場。這令他起了做一個投射實驗的念頭，他想要知道是否能變得更覺察到你的形象。你本身並不必然想要投射，但想要在這兒給予他安慰。那願望把你弄到這兒來了。你的意識心完全為你在設計部門的活動占據了，因而給予內我完全的控制。

以同樣的方式，你們的確不知不覺地旅行到其他的實相裡。你們以「正常的」方式感知，那應再次的顯示給你們看，感知是不依賴實質形象的。你們都曾由夢境以這樣一種方式一同旅行。你們沒有理由不能嘗試這種實驗，試著一起在同一個時間投射。

如果你們從一個夢境這樣做的話，那麼必須準備兩個半小時的時間，因為第一個部分會被用來做預備。你們也可以在入睡前給自己這種暗示，可以藉約好在——比如說，清晨三點在客廳見面來開始。

如果開始時，最初的旅程只在你們的公寓裡，你們會覺得比較自在。約瑟，你比魯柏睡得更沉些，所以別忘了給你自己暗示要正常的醒過來，並且記錄任何的經驗。如果你放一件非常喜愛的東西在客廳裡可能也有幫助。

為了你自己的目的，在你的畫架上放一幅未完成的畫也會幫助你投射到畫室裡去，因為你會想去研究它。你常常這樣做而都不記得了。不過，如果你倆一同旅行會對你們有利。在投射當中，你們可以幫助彼此維持適當的意識和目的。如果魯柏在投射，他應嘗試喚起你的靈體。

當他更進一步發展時，能對你有很大的幫助。你也可以試試一些夢，在其中，如果你開飛機，那時你要告訴自己會自夢中醒來而投射。你會知道那飛機是一個夢體，但如果你想要的話，卻能為你的方便而保持住它，因此，你一開頭不會害怕墜落。

在這種例子裡，你由肉身撤出了你的感知能力，它們會像是運作如常，卻是更生動且範圍更大。你的思維立刻獲得了一個你隨即能感知的形象。舉例來說，如果你想到一隻狗，相當無意識地，你就會形成一隻狗的形象，然後你再感知牠。

就是因為這個內在實相的即刻創造並向外投射成形，所以你們在物質系統內才經驗到時間——這是為了訓練你們，以給你們時間去學會處理自己的創造物。那麼，只有當你們的心神在一種平靜狀態，才該嘗試投射實驗，如魯柏在他的「黑物經驗」之後應該知道的〔在《靈界的訊息》裡描述過〕。

現在，靈界系統之內有「客觀的」實相存在。換言之，有不只你們自己的「心念形象」（thought-forms）。當你在適當的精神狀況裡時，自己的心念形象可以是明確地有益，而如果你不是的話，它們則能阻礙你的進展。舉例來說，一個在一種絕望心態下的男人，更可能會強調新聞令人不快的那些面，並且在他遇見的人的臉孔上看到愁苦而非喜悅。他會忽略在街邊玩耍而感到滿足的孩子，反倒注意到一個骯髒襤褸的小孩，縱使那小孩在更遠的地方。所以，當你投射時，你的心態會大半決定你有哪種經驗。

在構造物背後的原始強度決定其存在的長度……不去管它的話，任何這種構造終究會消失。不過，它會在電磁實相裡留下一絲痕跡，而在那兒，當某些條件符合了或有利時，它就能被任何人發動。

不給這樣一個構造物能量，就有點像刺破一個氣球似的……那麼，所有注意力必須從它那兒移開，因為它會因你的注意力而興旺。

蘇和我很肯定我們在出體狀態曾會面許多次。有時候我倆當中有一個人記得，有時則另一個人記得。不過，在好幾個例子裡，我倆都記得並且記錄了我們的經驗，它們卻是相似但不完全相同，在此我們希望做更多的研究。羅現在對投射變得熟悉得多，所以他和我計畫靠我們自己做一些更進一步的工作。在幾年之間，我們希望能匯集對別人有所幫助的某種資料。

我常常夢到給我的某個學生上賽斯課，而幾乎在每個例子裡，所涉及的那個人都在當晚記錄下同類的夢。在蘇的例子裡，這發生過五或六次。

Chapter

22

意識的內面

更多的投射指導
作為奇特感官經驗的投射

從夢境的投射令我感興趣，因為我相信它使我們以一種最直接的方式經驗到自己意識的內面。換一種說法是，我們是完全靠自己的，在一個主觀的環境裡操縱，覺察到意識的作用，當它沒有吸滿或抓緊客觀的細節時。這種探索充滿了驚奇，在這些狀態裡，意識於明確的條件內、一個有秩序的經驗系統內運作。但我們必須努力去發現這些條件及系統是什麼，相對於我們自己幻化而出或重疊在這個實相上的幻覺影像。

雖然我們在一個夢裡可能自發地「醒過來」，但某些程序的確有幫助，而這些能引發由夢境的投射。在先前的章節裡它們曾被提及，但此地我要盡可能簡短地再談一談。首先，你必須領悟到你在做夢。在睡前給這樣子的暗示將有助於這種認知。

這個知識自動將夢境改變成另一種狀態，在其間，批判能力被喚起，並且運作。夢行動不再被視為理所當然，經驗也被審視。舉例來說，你可能在你的房子裡「醒來」，如果這樣的話，比對它們正常的擺設以檢查你的房間。任何正常不屬於那兒的東西也許就是個幻覺，是平常做夢過程的一部分。如果你意願這種影像消失的話，它們會消失，留下你在基本的非幻覺環境裡。如果你合理化任何這種成分，或不加批判地接受它們，那你就可能回到平常的做夢狀態裡。

下一點是領悟到你是警覺、有意識且清醒的。雖然你的身體是睡著的，你能探索你發現自己在裡面的環境，或旅行到另一個地點。不過，你可能沒在自己的家裡「醒來」，反倒在另一個地點、一座城市、一間房子，或不熟悉的地方變得警醒起來，在那兒要與平常的環境對照幾乎是不可能的。

在這兒，你可以依賴常識。舉例來說，如果你發現一個女孩穿著泳裝，站在一條冬天的街上，那麼兩者之一必須消失。如果那女孩是主要的不協調因素，而其餘的都彼此適合，那麼就意願那女孩消失。將這個辦法用在你遇到的任何其他這種影像上。再次的，你會被留在基本的環境，而可以照你所想的去進行。你可以接受這種影像，並且與它們嬉戲，或者觀察它們，看看會有什麼發展。但只有在你領悟到它們是幻覺的時候才可以如此。不過，如下一個賽斯摘錄會顯示的，這個做法也有例外的時候。

如果要旅行到別的地方去，就意願你自己到那兒。旅行常常彷彿是即刻的。在某些時候，你也許會發現自己不由自主的從一個地方被捲到另外一個地方。如果你仍在自己的身體裡，或離它不遠時，如先前描述過的，你也許會、也許不會看見自己的身體。你也可能發現自己在非實質的所在或地點，在其中，物質並不以它通常的樣子表現出來。賽斯在一九六六年九月七日的第二八四節裡，將這點解釋得很清楚。

在物質宇宙裡，你們同意接受某些資訊。你同意將之形成某些模式，也同意完全忽略其他資訊。現在這些——稱為基本假設——是形成你們物質系統那明顯的永恆及一致的主要基礎。

在你們進入內在實相的旅行裡，你無法帶著這同樣的基本假設去進行。實相本身按照你接受的基本假設而完全改變。物質實相建立其上的一個基本協議，是假設物體有一個獨立於任何主觀肇因之外的實相，而這些物體在明確的特定限度內是長存的。

物體在這些其他系統裡可能出現又消失，用剛才提及的基本假設做基礎來評斷實相，一個觀察者會堅持那物體不是真的，因為它們表現得不像他相信物體必然會表現的樣子。那麼，不要因為夢影像可能出現又消失，就理所當然地認為它們不是真的存在。

內在宇宙以及基本上非實質的系統有個一致性的存在。但這是建立在一套全然不同的基本假設上，並且這些才是會讓你在其他系統裡能操縱或了解它們的關鍵。與此相關的有好幾個主要以及許要的基本假設：

1. 能量與行動基本上是相同的，雖然兩者都不必然得應用在實質行動上。
2. 所有的物體基本上都源自精神行動。精神行動是被導引的心靈能量。
3. 永恆無關時間，存在的價值取決於其強度。
4. 物體是以高度專門化的方式被知覺的一堆能量。
5. 對一個物體而言，「在時間順序裡的穩定性」並不是先決條件。只有在物質宇宙裡，那才是一個基本假設。
6. 真正有阻礙的「空間」並不存在。
7. 在這兒，廣闊的現在更能為感官所感知。

8.唯一的阻礙是精神或心靈的阻礙。

只有當這些的基本假設被視為理所當然時，你的投射經驗對你而言才會合理。適用的根本是不同的規則。在此，你主觀的經驗是極為重要的；那是說，就強度而言，任何既定經驗的生動程度將比任何其他事都重要得多。

你可以不分軒輊地得到來自過去、現在與未來的成分。你也許確信一個既定插曲是潛意識揑造的結果，只因為時間順序沒有被維持住，而這可以是個細微的謬誤。舉例來說，在一個既定的夢投射裡，你也許經驗到一個事件，那顯然是由實質的過去來的，然而，在它之內也許有不符合的成分。在一間一七〇〇年的老式房間裡，你也許看出去，而看見一輛汽車駛過，很顯然地，你想：這是扭曲。然而，在這樣一個例子裡，你也許跨在時間上，看見，比如說，這房間如它在一七〇〇年的樣子，以及街道如它出現在你的現在的樣子。這些成分可能肩並肩地出現。那汽車可能突然自你眼前消失，而被一隻動物取代，或整條街可能變成一片田野。

「這就是夢運作的樣子，」你也許想，「這不可能是真的投射。」然而，你也許看到街道以及在它「之前」存在的田野，而那些影像也許一個被移位到另一個上面。如果你試圖以物質的基本假設來判斷這樣一個經驗的話，它將會是無意義的。先前提過，你也可能看見一座從沒存在於物質實相裡的建築物。這並不表示那形象是個幻相，你只不過是處在一個你可以撿起並且轉譯面前能量模式的位置罷了。

如果在同樣境況之下，另外一個人遇到了這同樣「潛在的」物體，他也可以像你一樣的看到它。不過，由於他自己的個人因素，也許感知而轉譯整個模式的另外一部分。他可能看到最初構想起那座建築的那個人的形象。

到一個很大的程度，在物質系統裡，你視時間為順序的習慣形成了經驗的類別，並且也限制了經驗。不過，這習慣也統合了經驗。在內在實相裡，是沒有順序時刻的這種統合和限制性面向。換言之，時間不能被依賴來統一行動。統一性因素會是你自己的理解與能力。所以，在內在實相裡面，你沒有被迫去感知行動為一系列的片刻。

插曲會藉由不同的方法而彼此發生關聯，那些方法會是直覺性的、極其選擇性的，並且心理性的。按照你自己直覺的本性，你將在複雜的實相迷宮裡找到你的路，你將找到你預期會找到的東西，你將由可得的資訊裡尋找出你要的東西。

在物質經驗裡，你是與你熟悉的一個環境打交道，完全遺忘了在學習過程被導入其明確的方向之前，它所代表的混亂與不可預知的本質。你學會以一種極度明確的方式去感知實相。當你在與內在或基本上非物質的實相打交道時，必須學會變得不專門化，然後學會一套新的原則。不論那經驗看來是否合乎邏輯，你很快便能學會去信任你的感知。

在一次投射裡，將會有一種不同的問題。舉例來說，一個人的形象也許是一個心念形象，或一個人相當不自覺地送出的一個像他自己的片段體。那形象也可能是另一個投射者，像你自己一樣。它也許是一個潛在的形象，像任何潛在的物體一樣……就好像一再重播的一個形象的記錄。

那形象可能是你自己的另一個版本。我們將討論在這些之間區分的方法。一個男人可能突然出現，而後被一個小女孩取代。對邏輯心智而言，這會是荒謬的發展；然而，那女孩可能是那男人先前或未來的轉世自己的形象。

你明白嗎？這統一性是不同的。基本上，對「廣闊的現在」感知是自然可得的。你神經的肉體機制像個限制性的設計般地運作。藉由這種方式表現，它強迫你以更大的強度集中焦點在你所能感知的東西上。

由於這種制約的結果，你的思維過程被形成並且發展。人格的直覺部分並不是這樣形成的，而在任何內在的探索裡，這些都會很有效地運作。

基本上，你能看見任何特定的地點，如它存在於你過去一千年裡，或存在於未來一千年裡的樣子。肉體感官作用所遮住的實相之面向，比容許你感知的要多……然而，在許多內在探索裡，你會自動地將經驗轉譯成感官能利用的方式……儘管如此，任何這種轉譯都是原版的一個二手版本——該記住的一個要點。

那一節裡，賽斯講到的影像和形象，在當你排除了先前提及的你自己的幻覺時，仍不會消失。下一節裡，賽斯對基本假設做了更多的解釋，並且首次提到與投射相關的，因迷幻藥而引起的幻覺狀態。

（摘自一九六六年九月十二日第二八五節）

基本假設代表了一個既定的存在系統在其上形成的基本前提。可以說，這些是基本法則。那麼，你們的肉體機制是配備好以這樣一種方式來作用，以致實相是透過特定基本假設的鏡片被感知的。如果只運用肉體感官，你幾乎不可能以任何其他方式感知實相。

實際地說，你找不到任何與這些假設矛盾的事，因為它們是你肉體上所有你能經驗或感知的東西。這些基本假設是偽裝系統的架構。當你探索其他實相時，幾乎自動地以你自己系統的基本假設去詮釋這種資料。

這極度地曲解了這種資訊。不過，內在感官並不為那些假設所束縛……這就是為什麼這麼多的靈異或主觀經驗，看來彷彿與物理法則牴觸。你必須學習適用於其他系統的「法則」。

統轄物質實相的基本假設的確是有效的，但只在物質實相之內。它們不適用於別處，不過，人有一個自然的傾向，會繼續去用這些假設來判斷經驗。但隨著經驗的累積，這習慣將失去它大半的力量。當你存在於物質系統裡時，到某個程度，內在經驗必定為其染色。舉例來說，為了要讓這種資料升到有意識的層面上，那資料必須被轉譯成自我能了解的說法，而那轉譯必然會扭曲了原本的經驗……

身體的整個實質有機體被訓練對某些模式反應，這些是建立在身體的基本假設上。神經系統明確地對一大片的視覺影像反應。這種影像是透過皮膚接收，也透過眼睛接收的。整個系統是極為複雜且有組織的。為身體的存活，這顯然是必要的。

不過，生物上來說，這組織是人工的，並且是學來的，但它並不因此而較不僵化。這個感知的組織結構可以被打破，如近來LSD實驗所顯示的。可是，這可能有危險。這事真的會發生的這個事實，顯示出感知系統在生物上並非整個結構的一部分，卻是學到的二手反應。不過，對整個有機體而言，打破平常感知的強固模式是很令人不安的。反應的內在穩定性突然被席捲而去。這些情況下，在電磁與化學兩方面，以及在神經系統之內，都發生了尚未為人所知的改變。

只有內在感官是配備來處理且感知其他實相系統的。倘若經過訓練，甚至扭曲也可以減至最低。不加分辨地利用迷幻藥物，能嚴重動搖在物質實相裡想有效操縱所必要的習得反應模式；它打破了微妙的聯繫，並且擾亂電磁的機能。這可能會導致自我毀滅。

發展內在感官是感知其他實相的一個有效得多的方法，並且正確遵循這方法的話，自我不僅更強大，也會更有彈性，甚至對物質實相的意識也增加了。這種發展變成整個人格的一個綻放及自然的擴展。

這些基本假設是如此為你的存在的一部分，以致它們籠罩了你的夢。不過，在這些基本假設底下，自己的一些部分以一種全然不同的方式感知物質實相，不受物體跟物質形象的影響。這裡你直接地體驗觀念，而不需要象徵。你認知到你「過去的」人格，並且知道它們與你自己的人格同時存在。

練習「心理時間」會讓你觸到自己的這些部分。自我並沒有被這種做法人工化地解構掉，它只不過是暫時被繞過了。所獲得的經驗的確變成了肉體結構的一部分，但因為自我同意暫時站在一邊，所以並沒有大規模的感知解構。

自我並沒有像在藥物實驗裡那樣被轟擊，並且被迫去體驗能把它嚇成完全失序的混亂及可怕的感知。在你們系統裡的存活，是依賴自我之高度專門化、聚焦、局限、卻明確的性質。自我不該僵化，卻也不該故意被削弱。

物質實相據以形成的基本假設，代表自我的安全基礎。我們永遠在自我的同意之下運作。的確，自我以自己的方式詮釋所獲得的內在知識，但在這樣做時，它被不可限量地豐富了。

自我只能存在於這些假設的範圍之內。主要的夢經驗終究會被織入由這些假設組成的一個結構裡，而你記得的就是這些。這些對你而言成了基本的資訊，但這資訊是在象徵形式裡的。你明白嗎？物體就是象徵。夢的物體往往象徵自我除此之外無法感知的實相。

有些出體經驗是極難歸類的，並且在發生後很久仍保持栩栩如生，這些可稱為不平凡的感官事件。有些令人想起了藥物導致的插曲，只不過它們有更多的警覺與自我控制感。我心裡記得我自己的兩個特殊經驗。

其一涉及了絢麗的色彩。一月的一個禮拜五下午，我躺下來嘗試一次投射——冬天裡我最後一次的投射實驗。那時羅出去了，且又是細雨綿綿沉悶的一天。我剛開始這本書的定稿，而告訴我自己，可以有一次精采的投射來用在這一段當中。我特別要求在屋子裡的一次投射，而非到一個外面的地點。

我睡著了，夢到羅剛回家，我們開始重新裝飾這房間。雖然我看到他很感驚訝，卻毫不質疑地接受他回來得早的這個事實，而並沒領悟到此時我是在做夢。我發現這房間轉變成從未見過的絢爛色彩——燦爛、閃爍、活生生，並且比我可能想像的色彩還要豐富。在屋子裡的每樣東西，都染上這種美妙超凡的色彩而鮮活了起來。我覺得自己以一種最難解釋的方式喝乾了它且吸收它。白牆被色彩複雜的壁紙與絲絨窗簾所取代。那顏色本身彷彿有一種自然的生命，由裡面亮出來，活力充沛地悸動著。

我繼續讚嘆這些顏色，而跑到下一個房間去看這效果是不是充斥於整個公寓裡。我在浴室鏡中的影像令我震住了，我圍著一條橘色和黃色線交纏的可愛頭巾，每一條線都在現在充滿房間的金光裡閃閃發亮。我取下頭巾，好奇的檢視它，然後又看入鏡中。我自己的頭髮發亮，每一根分別的頭髮都因為色彩而變得很有生氣與美感。我的皮膚看起來也一樣，顯出最微妙的色調。

我回到前屋，現在幾乎明白了我的狀態。「羅，這並不真的是我們的公寓，是嗎？」我問，我再四處看看。「我一定是在做夢。窗臺邊的盆栽不是我們的。它必然是一個幻相。」

「妳是正常地醒著的，」羅說。「那盆栽是我們的，妳只不過是忘記了。」所以我接受了他的說辭，而從來沒有想到他可能是我的一個心念形象。

接著又有其他的探險：羅消失了，而我發現自己在一條奇怪的室外走廊走著，它好像一條公共的通道，只不過高高在空中。有其他的人經過，全都穿著好看的飄逸長褲，以及有著無法形容色彩的長袍。當我向下看時，看見自己穿著某種貼身、發亮質料所製的一條美麗長褲。

下一件我知道的事是，我正在飛越比這邊更偏南的一片陸地，因為那兒沒有雪，並且有一個美國東岸中段風貌的景色。許多汽車在朝北開，並且在下面的一個十字路口有一些騷動。一個女人由附近的一座屋子裡出來觀看。某種路障被設了起來。我試著飛得更近地面，以便看得更清楚些。但卻颼的一下被拉過空中，回到了艾爾麥拉。

我回到我的身體而經驗了一個假醒，在其間羅和我說話。我等不及睜開眼睛來觀看房間看起來像什麼樣子，並且那些色彩是否仍在那兒。相反的，房間相較之下已褪色了。

「羅，我有了最瘋狂的經驗，但很不幸的，我現在回來了，因為所有那些亮麗的色彩都不見了。」我說，並告訴他發生的事。當我說完了話，某些東西吸引了我的目光——那壁紙，雖然並不像先前那樣的絢爛，但它卻也不是應該在那兒的白色牆壁。

懷著這個領悟，我真的在平常的房間裡醒來，看了一下時間，這整個經驗在下午兩點——我上次看鐘的時間──及三點之間發生。然後我發現我的左手完全不能動了，彎起來而動彈不得。它完全沒有任何感覺，當我試著移動它時，它不肯聽話，我認定這是來自投射的肌肉僵硬，而安靜的等了幾分鐘。然後它才慢慢重獲行動力及感覺。

事實上，我只約略覺察到手的問題。相反的，我的腦海則充滿了我看到的絢爛色彩記憶。有一陣子，當我部分的將它們由它們消失進去的虛空之處喚回，幾乎被迷住了。我必須進城和羅會面，再一起去買日用品，所以得很快的著裝，但看來彷彿整個世界都黯然失色了。我很沮喪地走進城裡。好幾週之後，我才重新拾回對我們公寓的正常感覺，在那段時期，它看起來真是不可忍受的沈悶。就此而言，其餘的世界也一樣。我曾有過色彩生動的正常夢，但從來沒看過像這樣的東西，而我通常的塵世環境，也從來沒有沐浴在這樣的虹光裡過。

在一九六六年九月二十一日的第二八七節裡，賽斯關於幻相及物體有更多可說的，而以下摘錄的第一部分，也許有助於解釋我的經驗。賽斯談的是夢境裡的基本實相。

有時候你會自動地將這實相轉譯為物質的解釋。這種影像會是幻相性質的，但你可能要花點時間才能分辨其真正的性質。不過，你必須了解，所有實質物體也都是幻相性質的，它們可以被稱為集體幻覺。

在醒時狀態，你經常將內在實相轉譯成物體，而在夢境，又經常將概念轉譯成「假物」。在夢實相的某個範圍裡，概念及思維能被轉譯成假物而被運送。這就是當你在投射裡採用了一個假物時所發生的事，雖然我相當地簡化了這點。

當你旅行越過某一個強度的範圍時，甚至假物也必須消失。它們以一簇的狀態存在於你們自己系統的周圍，並且與之相連。顯然，看不見這些就表示你已經越過了自己的偽裝系統。如果可能的話，你隨即會旅行過一個強度範圍，在其中沒有偽裝存在。然後你會碰見下個系統的假偽裝，按照那個系統的不同，這個可能是也可能不是實質的東西。接著你會碰到偽裝區域的心臟地帶。在種種不同系統的外緣，完全無偽裝的區域應該令你想起潛意識裡在種種生命週期之間未分化的區域。這並非巧合。

你明白嗎，一般而言，在無偽裝的區域之內很少有通訊，雖然它們代表所有偽裝由之組成的基本材料，卻有分界的作用（沒有偽裝的話，你們用肉體感官感知不到任何東西）。

不過，那句話其實是無意義的，因為肉體感官本身就是偽裝。那兒沒有東西可供轉譯。在這些情況下，只有內在感官會容許你去感知。理論上說，如果你可以連接種種轉世之間的空隙，那麼也可以連接你的系統與其他系統之間的空隙。

再說一次：未分化的層面，是由形成所有系統之偽裝活力所組成的。這樣一個區域本身其實並非一件東西，卻是沒有包含偽裝的一部分活力，因而不為任何既定系統裡的那些人所認知。在這種區域裡，你是接觸到了無限，因為只是偽裝才給了你時間觀念……

好，在某些投射當中，就四周環境而言，你可能知覺不到任何東西，而只有你自己意識的流動。如果發生了這樣的事，你會是旅遊過這樣一個無偽裝的區域，隨之可以預期到下一個比較分化了的環境，而當你朝著另一個系統的心臟前進時，那環境彷彿會變得更清楚。

完全無偽裝的層面會是相當令人迷惑的，你可能自動地被誘使投射影像到裡面去，但它們不會生根，可以這麼說，卻會非常快速的出現又消失。這是一個寂靜的區域。一般而言，在這兒思維不會被感知到，因為它們的象徵不會被了解。

不過，如果達到了某種強度——一個強度的巔峯，那麼，你便可以感知廣闊的現在，如它存在於你原本系統之內的樣子。從這個巔峯，你可以看入其他系統，但在沒有適當的基本假設之下，你無法了解你所感知的。為了簡單之故，我用了鄰接系統的概念，彷彿它們是首尾相接的展現，但顯然事實並非如此，實相系統更像是一個橘子的瓣，而無偽裝的邊界區域則像是橘瓣之間的白膜。

那麼，那個橘子可以被比喻為包含許多系統的一個組群，然而，它本身只代表一個未被感知的整體的一部分。那麼你可以明白，為什麼有些投射會引你到與你那種線性旅行非常不同的方向，並且為什麼如你所知的，時間會是無意義的。

這種投射也不必然涉及如你所知的通過空間的旅行。有一些系統在強度上非常生動，卻根本不存在於物質系統裡。我相信現在人們認為時間與空間基本上是同一個，但它們兩者皆為另外某個東西的一部分。時間與空間只是你們用以感知實相的偽裝模式。你們在夢境裡感知的空間則與實相接近得多。

當然，在你們自己系統內的投射總是涉及了某種偽裝。如果沒有偽裝在場，你將知道你已在那個系統之外。既然有假物在場，那麼夢宇宙顯然與你自己的宇宙密切相連。縱使在那兒，某個程度，你都不受自己系統的時空因素束縛。那麼，在夢境裡，你是在物質取向的宇宙外圍。

再提到一點：你們自己系統的四周及裡面還有其他的系統。那未分化的區域像漩渦似地向外移動過所有實相。在它們之內很少碰到抵抗，除了作為系統之間的隔離物之外，它們也代表連接系統的內在路徑。不過，旅行者必須把自己的偽裝行頭留在後面，否則到不了任何地方。

你明白嗎，理論上來說，是可能以這種方式旅行到任何系統，而繞過其他系統。這樣一個旅遊者肉身不會變老，他的身體會在一種懸著的狀態。只有極少數的人曾以這種方式旅行。所獲得的大半知識逃過了自我，而這經驗無法被實質的大腦所轉譯。

不過，是可能在這種情況下旅行的，而有些這種資料會被自我的內在部分保有。就一個有創造力的個人而言，有些這種資訊可能被象徵性地表現在一幅畫或其他的藝術創作裡。

（這時賽斯談到一些對羅而言極為有意思的資料：）

一幅畫的每一筆代表了濃縮的經驗及壓縮的感知。在一幅好畫裡，當被另一個人活生生的意識感知時，這些經驗與感知幾乎爆炸出來。觀察者被強度籠罩了。絕佳的藝術作品也為觀察者再造了他自己的內在經驗，那是他從未覺察過的。如你所知，畫有動態，但畫本身並不動。這個觀念會幫助你了解就強度與投射而言的經驗，或了解意識的移動，而沒有必要通過空間之移動。真正的移動與空間毫無關係。唯一真正的移動就是在旅行的意識之移動。

與賽斯在以上的摘錄提及的可能旅行相比，我自己最近一次的投射是非常接近「家」的。再次的，那經驗後來令我想起有關服藥後的感官經驗報導。那經驗是極不尋常的，而我確信永遠不會忘記它。

上週四，一九七一年五月六日，我在近午時小睡了一個鐘頭，沒有給自己任何暗示。又是陰暗的一天，且空氣非常潮濕。我在羅的畫室裡「醒過來」，站在開著的窗前，向外看著梨樹，但抓住我注意力的卻是那空氣本身，它仍如往常一樣的透明，但卻像果凍一樣的濃。

驚愕之下，我將手戳出窗口，而這動作就引起了向外的波紋，在我手指旁造成相當深的「裂紋」，而在較遠的地方造成更淺的裂紋。我看見那棵樹不僅是被它深入泥土的根所支援，並且也被空氣本身支撐著。為什麼我一直認為枝幹保持挺立，只因為那就是枝幹本來的樣子？空氣本身也在幫著撐樹幹呢！

我完全警醒，並且好奇得不得了。好幾次，我盡其所能的將手伸出窗外，扭動我的手指。空氣被攪動了，好像布丁一樣。在很高處極黑的雲，與其餘空氣之間的對比，比平常要大得多，而顏色——深紫、一點帶灰的白，及幾處綠色與黑灰色——幾乎顯得像是一團、厚厚的，然後又變薄了。

我好奇，掉落的東西會怎麼樣？由每一件我看到的東西，我判斷它們會滑到地上或慢慢掉落過那有質感的空氣。不過，那效果絕不是死氣沉沉的。天空與空氣不斷的在動，也許像非常厚且凝成果凍的水，而樹則像巨大的海草卡在裡面。我感覺好像幾乎可以走在空氣上一樣，但由我手移過它的動作，知道它並不夠重到可以支撐我。

謹慎及臆測令我止步。一個理由是室內空氣是正常的；另一個理由是，我覺得好像我是由一種不同的感知架構，而對空氣有真實的一瞥。以某方式而言，是不是空氣慢了下來呢？

若是如此，我的「身體」是否也在同樣的狀態呢？空氣是不是真的像這個樣子，並且被某種意識以這種方式感知？或者它是在特定的分子活動階段呢？所有這些思緒都經過了我的腦海，但在我能想出能嘗試什麼其他實驗之前，我便彈回了身體。

這經驗是如此的令人深感好奇，以致在隨後的日子裡我常常想到它。那個禮拜天，當我們開車出遊時，我突然想到也許有一個力量從地上上來，與地心引力相反。當然，兩者可能是同一個現象的一部分。這可以解釋種子不只被陽光吸引，並且也被底下這個力量推擠，而的確穿過泥土向上生長。

那個經驗比那一天，或比那整個月裡發生的任何事都更為生動。當我忘記了那天我還做了什麼之後很久，還是會記得那經驗。稱這種插曲為幻相是無意義的。畢竟，它們是有效的心理事件，豐富了正常的經驗，開闊了日常感知的通常限制，並且鼓勵創造性的思維。這同樣適用於本書裡提到的所有夢與投射。這些經驗與意識的次元、與我們所知的正常實相共存，而我相信在它們之內，我們運用到天生具足的能力。

〈跋〉

一個個人的評估

珍・羅伯茲

十分坦白地說，我相信正常的夢是更深內在經驗的外殼。內在實相是裹在夢的影像裡面，正如當我們醒來時，它是裹在實質的影像裡一樣。夢的物體與實質物體一樣，都是我們用以感知——且扭曲——我們彷彿不能直接經驗的一個內在實相的象徵。在某種意識狀態裡，尤其是在從夢境投射時，我們達成一種奇怪警覺之均衡。藉由讓我們看到意識的產物，短暫地檢查我們意識的本質——當意識由通常的實質焦點被釋放出來時，創造的事件與經驗。

不論實質與否，意識都形成自己的實相。不過，我想是有一個「集體的」夢經驗，正如同有個集體被感知的物質生命，以及明確的內部狀況，夢生活發生於其中。只有內在的實驗會讓我們發現這個內部的景物。也許有一天，我們會自由的在其內移動，警醒、有意識，並且比我們現在更為聰明。

我相信那都是意識本有的一個次元，不論它存在於哪個階段，實質或非實質的。在死後，我們主要的存在是在內在次元裡，並且在睡夢裡，我們不自知地花了很多實質時間在其內遊蕩。關於我們的創造力，以及存在本質的線索可以在那兒找到，並且由其中浮現出如我們所知的正常意識之組織特質。

因為這本書並不是專門談投射的，所以我並沒包括那些由醒時或出神狀態起動的投射，雖然有些這種投射提供了絕佳的「證據」。不過，既然我「出去」而就物質實相來查對感知的可靠程度，因此在這些經驗裡，我自己的意識仍舊是物質取向的。

我的學生們提供我許多從夢境投射的報告。但我大半依賴我自己的，只因為我很熟悉在每個例子裡涉及的主觀感受，而且不想依靠那些必然是二手的報告。

這本書的性質也意謂著，我選擇了賽斯資料，就是因為它與夢及意識這類主觀經驗的關聯。如我曾試著舉出數例的，賽斯在課裡及與人的交談中，都能觀照到別人的需要。他的表現比只是一個聲音在傳遞稿本要精采得多。

從我們許多節課裡抽取談夢的資料，到某個程度，我是把它由活生生的脈絡裡抓出來。舉例來說，每節課都包括了羅的註，它提供了一個經常的實質架構，並且談到我們其時的日常活動。賽斯的獨白中點綴著幽默小語，或與羅的片段對話。不過，賽斯自己的書《靈魂永生》將以課的形式展現，讀者可以欣賞到賽斯課的整個味道。

我想要點出自從我們第一次經驗到這種性質的內在事件之後，我們所採取的方向，並且一般而言，也給那些想做自己「調查」的人提供指導方針。所以夢的詮釋——那是在夢事件之後的——沒有包括在這本書裡。

賽斯自己的書將更進一步延伸他對夢境的討論。我還沒有從頭到尾讀那個稿件，因為他尚未全部完成，而我想避免有意識地捲入其中。不過，羅告訴我，那書包含了一大堆談做夢意識的新資料。

我並不相信我們在內在宇宙裡比起物質宇宙會面對更多的危險。我們應該以常識及勇氣去探索每個世界。不過，內在宇宙是外在宇宙的來源，而旅行過它時，我們會邂逅自己的希望、恐懼及信念，而這些都處在流變不居的形式裡。

我的書寫完了，現在我坐在與我開始寫這本書的同一張桌邊，向外看著同樣的街道與遠山。春天又到了。昨天我寫出……

玄奧的春天
以繽紛花朵
將魔法
施展於大地……

因而，就如這本實質的書由靈感、創造力及夢的內在實相具體化出來，外在世界也由內在世界浮出。

愛的贊助

本書的順利出版，要感謝下列人士熱心贊助，新時代賽斯教育基金會在此獻上誠摯的祝福：

● 陳美惠（三千元）
● 楊馥維（一萬元）
● 盛　蘭（一萬元）
● 高儷文（一萬元）
● 劉素卿（一萬元）
● 李素芬（五千元）
● 盧火鐵（二萬元）
● 歐家蓮（五千元）
● 王佩汝（五千元）
● 廖全保（一萬元）
● 黃千芳（一千元）
● 楊麗琴（一千元）
● 高惠珍（五千元）
● 粟和惠（三千元）
● 莊孟士（一千五百元）
● 張淑惠（六千元）
● 周芮宇（一千元）
● 蔡佩穎（一千五百元）
● 張　煥（一萬元）
● 沈玫棻（一萬元）
● 李　南（一千元）
● 林美玲（一千元）
● 蕭茗珍（一千元）
● 吳素卿（五千元）
● 吳輝明（十萬元）
● 祥太文教基金會（五千元）

愛的推廣辦法

看完這本書，是否激盪出您內心世界的漣漪？

如果您喜歡我們的出版品，願意贊助給更多朋友們閱讀，下列方式建議給您：

1. 訂購出版品：如果您願意訂購一千本（印刷的最低印量）以上，我們將很樂意以商品「愛的推廣價」（原售價之65折）回饋給您。

2. 贊助行銷推廣費用：如果您認同賽斯文化的理念，願意贊助行銷推廣費用支持我們經營事業，金額達萬元以上者，我們將在下一本新書另闢專頁，標上您的大名以示感謝（每達一萬元以一名稱為限）。

請連絡賽斯文化或財團法人新時代賽斯教育基金會各地分處，我們將盡快為您處理。

●愛的連絡處

如果您認同本書的觀念及內容，想要接受我們的協助；如果您十分認同本書的理念，想依循本書的觀念成為一位助人者的角色；如果您樂見本書理念的推廣，而願意提供精神及實質的協助；請與財團法人新時代賽斯教育基金會各地分處連繫：

●台中總會　陳嘉珍　電話：04-22364612
E-mail: natseth337@gmail.com
台中市北區崇德路一段六三一號A棟十樓之一

●董事長新店服務處　林娉如　電話：02-22197211, 0921378642
E-mail: sethxindian@gmail.com
新北市新店區中央四街八〇號五樓

●板橋辦事處　邱譯萱　電話：02-82524377, 0915878207
E-mail: seth.banciao@gmail.com
新北市板橋區仁化街四〇之二號八樓

●三鶯辦事處　陳志成　電話：02-26791780, 0988105054
E-mail: sanyin80@gmail.com
新北市鶯歌區文化路二一四號

●嘉義辦事處　邱牡丹　電話：05-2754886
E-mail: new1118@gmail.com
嘉義市民權路九〇號二樓

●台南辦事處　關倩芝　電話：06-2134563, 0939295509
E-mail: sethfamilyl@gmail.com
台南市中西區開山路二四五號八樓之一

●高雄辦事處　黃久芳　電話：07-5509312, 0921228948　傳真：07-5509313
E-mail: ksethnewage@gmail.com
高雄市左營區明華一路二二一號四樓

●屏東辦事處　羅那　電話：08-7212028　傳真：08-7214703
E-mail: sethpintong@gmail.com
屏東市廣東路一二〇巷二號

●宜蘭辦事處　潘仁俊　電話：03-9325322, 0912296686
E-mail: sethyilun@gmail.com
宜蘭市宜中路一二〇號

●賽斯村　陳紫涵　電話：03-8764797　傳真：03-8764317
E-mail: sethvillage@hotmail.com
花蓮縣鳳林鎮鳳凰路三〇〇號

●香港聯絡處　董潔珊　電話：009-852-2398-9810
E-mail: seth_sda@yahoo.com.hk
香港九龍旺角花園街一二一號利興大樓5字樓D室

●深圳聯絡處　田邁　電話：009-86-138288-18853　E-mail: tlll-job@163.com

●洛杉磯聯絡處　Charles Chen　電話：002-1-714-928-5986　E-mail: newageusa@gmail.com

●紐約聯絡處　謝麗玉　電話：002-1-718-878-5185　E-mail: healingseeds@yahoo.com

●多倫多聯絡處　黃美雲　電話：002-1-416-444-4055　E-mail: tsaisun2k@yahoo.ca

賽斯文化 特約點

台北	佛化人生	台北市羅斯福路3段325號6樓之4	02-23632489
	政大書城台大店	台北市羅斯福路三段301號B1	02-33653118
	水準書局	台北市浦城街1號	02-23645726
中壢	墊腳石中壢店	桃園縣中壢市中正路89號	03-4228851
台中	唯讀書局	台中市北區館前路5號	04-23282380
斗六	新世紀書局	雲林縣斗六市慶生路91號	05-5326207
嘉義	鴻圖書店	嘉義市中山路370號	05-2232080
台南	金典書局	台南市前鋒路143號	06-2742711 ext13
高雄	明儀圖書	高雄市三民區明福街2號	07-3435387
	鳳山大書城	高雄縣鳳山市中山路138號B1	07-7432143
	青年書局	高雄市青年一路141號	07-3324910

依爾達 特約點

桃園	大湳鴻安藥局	桃園縣八德市介壽路二段368號	03-3669908
	賽斯花園	桃園縣中壢市中山路2巷49號	03-4225942
	向光之徑	桃園縣中壢市中山東路三段327號	03-4365026
	彭春櫻讀書會	桃園縣楊梅市金山街131號7樓	0919-191494
台中	賽斯興大讀書會	台中市永南街81號	0932-966251
	心能源社區讀書會	台中市北屯區九龍街85號	0911-662345
南投	馬冠中診所	南投市復興路84號	049-2202833
台南	賽斯生活花園	台南市安南區慈安路205號	06-2560226
	2075 Efharisto	台南市北區北成路20巷1弄28號	06-2816328
高雄	天然園	高雄市林園區林園北路264號	07-6450406
	大崗山推廣中心	高雄市阿蓮區崗山村1號	07-6331187
	鼓山中心	高雄市鼓山區裕興路145號	07-5526464
屏東	賽斯花園	屏東市廣東路120巷2號	08-7213545
	秋子壽司	屏東市興豐路68號	
台東	欣納的家	台東市廣東路252號	0933-626529
大陸東莞	心靈空間	741366528@qq.com	009-86-13712002012
馬來西亞	Reset/賽斯學苑	resetgarden@gmail.com	009-60379608588
	馬來西亞心時代協會	inquiry@newage.org.my	009-60175570800
新加坡	LALOLN	elysia.teo@laloln.com	009-6591478972

想完整閱讀賽斯文化的書籍嗎？
以上地點有我們全書系出版品喔！

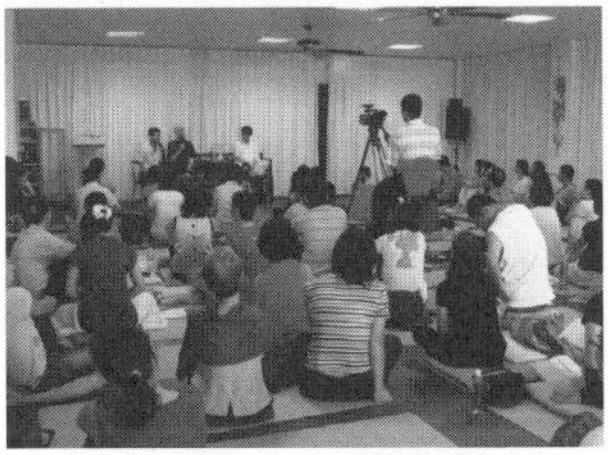

百萬CD 千萬愛心

請加入賽斯文化 百萬CD推廣行列

自2006年10月啟動「百萬CD，千萬愛心」專案至今，CD發行數量已近百萬片。這一系列百萬CD，由許添盛醫師主講，旨在推廣「賽斯身心靈整體健康觀」，所造成的影響極其深遠。來自香港、馬來西亞、美國、加拿大、台灣等地的贊助者，協助印製「百萬CD」，熱情參與的程度，如同蝴蝶效應一般，將賽斯心法送到全世界各個不同角落——隨著百萬CD傳遞出去的愛心與支持力量，豈止千萬？賽斯文化於2008年1月起，加入印製「百萬CD」的行列。若您願意支持賽斯文化印製CD，請加入我們的贊助推廣計畫！

百萬CD目錄＞（共八輯，更多許醫師精彩演說將陸續發行）

1 創造健康喜悅的身心靈
2 化解生命的無力感
3 身心失調的心靈妙方（台語版）
4 情緒的真面目
5 人生大戲，出入自在
6 啟動男人的心靈成長
7 許你一個心安
8 老年也是黃金歲月
9 用心醫病

贊助辦法＞

在廠商的支持下，百萬CD以優於市場的價格來製作，每片製作成本10元，單次發印量為1000片。若您贊助1000片，可選擇將大名印在CD圓標上；不足1000片者，也能與其他贊助者湊齊1000片後發印，當然，大名亦可共同印在CD圓標上。

1 每1000片，贊助費用10000元，沒有上限。
2 每500片，贊助費用5000元。
3 每300片，贊助費用3000元。
4 每200片，贊助費用2000元。
5 小額贊助，同樣感謝。

您的贊助金額，請匯入以下帳戶，並註明「贊助百萬CD」，賽斯文化將為您開立發票。
戶名：賽斯文化事業有限公司
郵局劃撥帳號：50044421
銀行帳號：台北富邦銀行
ATM代碼012　380-1020-88295

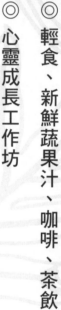

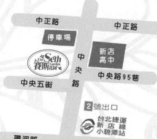

國家圖書館出版品預行編目資料

夢與意識投射／Jane Roberts著；王季慶譯. --初版. --
新北市新店區：賽斯文化, 2011. 05.
面；　　公分. --（賽斯書；11）
譯自：Seth, Dreams and Projections of Consciousness

ISBN 978-986-6436-20-8（平裝）

1. 靈魂　2. 夢　3. 意識

175.9　　100005297